本书出版获得内蒙古民族大学文学与新闻传播学院资助

|光明社科文库|

危素研究

王若明 ◎ 著

光明日报出版社

图书在版编目（CIP）数据

危素研究 / 王若明著． －－北京：光明日报出版社，2022.11

ISBN 978－7－5194－6909－2

Ⅰ.①危… Ⅱ.①王… Ⅲ.①危素—人物研究 Ⅳ.①K825.4

中国版本图书馆 CIP 数据核字（2022）第 216665 号

危素研究
WEISU YANJIU

著　　者：王若明	
责任编辑：史　宁	责任校对：贾文梅
封面设计：中联华文	责任印制：曹　诤

出版发行：光明日报出版社
地　　址：北京市西城区永安路 106 号，100050
电　　话：010－63169890（咨询），010－63131930（邮购）
传　　真：010－63131930
网　　址：http：//book.gmw.cn
E－mail：gmrbcbs@ gmw.cn
法律顾问：北京市兰台律师事务所龚柳方律师
印　　刷：三河市华东印刷有限公司
装　　订：三河市华东印刷有限公司
本书如有破损、缺页、装订错误，请与本社联系调换，电话：010－63131930

开　　本：170mm×240mm			
字　　数：270 千字		印　　张：16	
版　　次：2023 年 4 月第 1 版		印　　次：2023 年 4 月第 1 次印刷	
书　　号：ISBN 978－7－5194－6909－2			
定　　价：95.00 元			

版权所有　　翻印必究

目 录
CONTENTS

绪 论 ………………………………………………………………… 1

第一章　危素生平考述 …………………………………………… 9
　第一节　危素家世、子嗣考述 ………………………………… 9
　第二节　危素人生轨迹考述 …………………………………… 16
　第三节　危素心路历程考述 …………………………………… 47

第二章　危素交游考述 …………………………………………… 61
　第一节　危素与师辈友人的交游 ……………………………… 62
　第二节　危素与方外之人的交游 ……………………………… 72
　第三节　危素南下搜访遗书之行交游考 ……………………… 80

第三章　危素著作考述 …………………………………………… 99
　第一节　著述概况 ……………………………………………… 99
　第二节　《云林集》考述 ……………………………………… 104
　第三节　《说学斋稿》考述 …………………………………… 108
　第四节　危素诗文集续补考述 ………………………………… 122
　第五节　危素入明著考述 ……………………………………… 128

第四章　危素思想研究 …… 136
第一节　危素理学思想研究 …… 136
第二节　危素宗法思想研究 …… 145
第三节　危素君子人格观及政治思想 …… 150
第四节　危素文学思想研究 …… 158

第五章　危素文学创作研究 …… 165
第一节　危素对元代中期文学创作思想的继承 …… 165
第二节　危素的散文创作 …… 171
第三节　危素诗歌创作 …… 185

第六章　危素接受研究 …… 191
第一节　文学层面的危素接受研究 …… 191
第二节　评论层面的危素接受研究 …… 198
第三节　轶闻演绎层面的危素接受研究 …… 209

附录　危素诗文补遗 …… 220

参考文献 …… 241

绪 论

在中国的历史长河中，危素可谓一位特别的人物。他在文学、理学、史学、书法等领域均有不俗的成就，他的生命和学识与宋、元、明三个朝代有过关联。他生于元代，熟知宋史，曾广搜遗闻史料，参与编修《宋史》。身为南人，官位最高至从一品，这在元代是罕见的。元亡后本欲殉国，后被寺僧救起，又官仕明朝，是为国存史还是不舍仕途，留给后人无尽的评说。入仕新朝，先荣后辱，最后贬谪和州守余阙墓，受尽羞辱抑郁而终。死后仍未免遭到唾骂嘲笑，曳履的故事被演绎成各种版本，挂牌的故事也被讲述得不亦乐乎。更有甚者，《儒林外史》将其作为衬托王冕的反面人物，尽情地讽刺了一把。历史上的贰臣不止危素一个，况且处于历史形态比较特殊的元明更替之间，他的旧主——元顺帝也并未丧命，而是仓皇北逃，漠北仍然残留北元政权，这种情况下，他入仕新朝，为故国存史，也不为过。但长期以来，对危素的解读处于晦暗不明的状态，对他价值的体认还有待深入，究其原因：一方面，道德评价影响了价值判断；另一方面，元代诗文研究的滞后影响了学界对他的关注。虽偶有学者意识到他的重要性，但总体而言，现有的研究不够细致与深入，因此留有很大的研究空间。

文渊阁《四库全书》（集部一六三·别集类）《说学斋稿》收文137篇，民国时，吴兴刘氏嘉业堂刊刻了刘承干所辑《危太朴文续集》十卷，收危素佚文130篇，共计267篇。《全明文》收危素文281篇，增补14篇。《全元文》中对于危素文章整理得比较全面，广搜各地方文献、金石文献及《永乐大典》辑补佚文50篇，共收危素文317篇，增补力度非常大，也是目前为止对危素散文整理最全的文集，因此，本文的研究以《全元文》为基础展开。

《四库全书总目提要》载："（《云林集》）原集共诗七十六首，浙江鲍氏知不足斋本复从他书蒐采，增入补遗十四首，较为完备，今并仍而录之焉。"《四库全书》本《云林集》共收诗歌90首,《全元诗》增补10首,收危素诗歌100首。以上文集对危素诗文的整理为本文的研究提供了坚实的文献基础,但仍有增补空间。

回顾20世纪以来元代文学研究的历史,是一个以戏曲小说研究为中心到逐渐重视诗文研究的过程。1987年,李修生先生在《中国文学史纲要》中指出,元代文学是中国文学发展过程中一个非常重要的时期,是一个新的转折期,这个转折期酝酿了繁荣期,同时提出元代的诗、词、文有自己的特点,起着承前启后的作用。这一观点影响了20世纪90年代的元代文学研究,20世纪90年代以后,元代文学研究进入全面深化时期,对危素的关注、研究就是在这一背景下开展的。据初步统计,20世纪90年代以来公开发表的研究危素的论文有14篇(包括3篇学位论文),附论危素的论文8篇(包括5篇学位论文),研究专著未见,附论危素的重要著作有13部,研究涉及危素的思想、文学创作、史学成就、心态及命运考述、书法艺术、交游及《儒林外史》中危素形象七个方面。总体来看,学者们已经看到了危素的研究价值,研究领域也在不断拓展,但是研究的系统性、深入性不够,对危素进行个案研究不多,附论也多一带而过,有待后人完善。下面分别对这些研究成果加以评述:

一、思想研究

研究者大都从学术渊源的角度确认了危素右陆的立场,分歧在于把握危素对朱学的态度,是彻底批判朱学,还是主张朱陆合会,随着研究的发展,渐渐达成共识:危素批判的只是朱学末流,主张会同,这直接影响了后来的阳明心学。

最早认识到危素在理学发展史上的重要地位的是徐远和,他在《理学与元代社会》一书中将危素视为元季陆学踵武者的代表,从学术渊源的角度分析了危素右陆的立场,因此他对朱学末流进行了严厉的抨击,并分析了危素散见在文章中的哲学观点、文学思想、史学观念和政治思想,危素在文学上主张文为载道之器,反对视文为儒者之末艺的观点;史学上他重视史书的"垂监"作用,要求史官"秉中为史""据实而直书";政治思想上危素反对复古,主张因时变革。该书对危素思想归纳得可谓全面客观,之后的研究著作及论文观点大多由此派生,如杨立华、杨柱才、方旭东著的《中国儒学史·宋元卷》,胡青、桑志军的《危素学术思想探析》。胡青在他的另一部著作《吴澄教育思想研究》[1]中论及危素，认为危素对朱学进行严厉批判，不同于吴澄的其他弟子，危素完全投入陆学，并把这种学术观点和倾向从元代带到了明初。这一观点值得探讨，实际上危素的思想中也融合了朱熹的学说。书中还归纳了危素的教育主张，认为其重视学校教育，批判了当时局限于辞章之学的不良学风，提倡胡瑗的苏湖教法。

将危素在宋明学术传递中的重要作用具体化，并且把危素的哲学思想与教育思想相结合的是张东海的硕士论文《元代江西陆学教育哲学思想研究》[2]。作者认为危素提倡的"明体适用""既反对朱学的支离烦琐，又纠正了陆学的简易空疏，从而开启了明代王阳明学说中的'克治实功'的理论"。这篇论文以李存、刘壎、危素思想为代表，横向梳理元代江西陆学的教育哲学思想，从心性观、道德观、知识观、美学观、宗教观五个方面深入探讨，并用其指导我们当代的教育实践。论文对危素思想的爬梳十分细致深入，材料丰富，观点明晰。另有吴愫劫的《和谐家庭 和谐宗族——浅论危素社会思想之宗族建设》[3]从修族谱、建祖祠、兴世学、定族规四个方面梳理了危素建设宗族的社会思想，角度比较新颖，但论述不够深入。

二、文学研究

通行的各版本文学通史、断代文学史、分体文学史及文学批评史提及危素的不多。偶有提及也只是泛泛而论，如民国宋佩韦著的《明文学史》将危素列为明初仅次于宋濂、刘基等人的散文家。孙康宜、宇文所安主编的《剑桥中国文学史》[4]在评论马祖常诗歌的时候提到了危素，认为在他的诗歌中十分明显地体现了一种包容外族作家的广阔心胸，有一种整体文化事业观，这种观念不是立足于民族背景，而是建立在文本与才能的基础上的。杨镰著的《元诗史》[5]

---

[1] 胡青. 吴澄教育思想研究[M]. 南昌：江西教育出版社，2003：255-261.
[2] 张东海. 元代江西陆学教育哲学思想研究[D]. 南昌：江西师范大学，2002.
[3] 吴愫劫. 和谐家庭 和谐宗族——浅论危素社会思想之宗族建设[J]. 丝绸之路，2012（18）：53-54.
[4] [美]宇文所安，等. 剑桥中国文学史[M]. 北京：生活·读书·新知三联书店，2013：643-644.
[5] 杨镰. 元诗史[M]. 北京：人民文学出版社，2003：657-661.

充分肯定了危素在元末文坛的地位,也看到了危素诗在元诗与明诗衔接上的重要作用。

除文学史外,研究者对危素的文学思想进行了总结,多认为他继承了元代中期"文以载道"的观念,确立了以"经世致用"为核心的文学思想,并对其在元末文坛的地位给予了肯定。温世亮的《危素文学思想与创作实践平议》[①]认为危素上承前代文学观念,确立了以"文章有功于世"为核心的文学思想,其文学创作也成为元代后期文道合一观念的重要代表,下启明清时期的文学思想和创作。因此,作者认为,"将危素遮蔽于文学研究和文学史的叙述之外,不但跟他的文学成就不相符,而且不利于全面客观地认识元末明初文学的演进路径"。邵丽光的博士论文《元代散文研究》[②]论及危素,首先肯定了其在元末北方文坛的领袖地位,认为他继承了元代中期"文以载道"的散文思想;其次,他秉持"文与世运相高下"的观点;最后,他更注重文章的现实功用,提倡"经世致用"。

另外,学者们对危素诗文题材、风格进行了具体分析。题材上,其诗以题赠、写景为多,因长期高居庙堂,其文以应酬之作为多,诗文风格深受元代中期文风的影响,以通达晓畅、劲健清刚为特色;从文学传承上来看,危素是由元代台阁文学到明代台阁文学过渡的关键人物。重要著述如下:《中国诗学大辞典》中王学泰先生对危素诗歌的内容和特色进行了分析,认为危素诗中很少反映实事动乱,爱作歌行与五言古体。诗风平缓流畅,更像元朝中叶文人作品,缺少元末明初大多数文士所具有的飞扬硬矻,虽刻意学唐,但未学到浑成与气势,其诗虽少警人处但亦可读。《中国文学大辞典》认为危素在至正间(1341—1368)文坛有较大影响,是南方文人与大都的联系纽带之一,亦认为危素诗文以通达晓畅为特色,但以应酬之作过多为病。实际上,危素的应酬之作中也常论及时事、学术并表达自己的观点。张文澍的《蒙元之贰臣 朱明之废宦 易代之文人》[③]勾勒了危素诗文创作的内容和风貌,认为危素身经两代,他的作品既体现了元代中期"舂容盛大"文风的延续,又体现了元代晚期文学回归现实的

[①] 温世亮. 危素文学思想与创作实践平议[J]. 山西师大学报(社会科学版),2015(1):79-83.

[②] 邵丽光. 元代散文研究[D]. 石家庄:河北师范大学,2013.

[③] 张文澍. 蒙元之贰臣 朱明之废宦 易代之文人[J]. 厦门教育学院学报,2010(4):1-8.

一面。

　　另外，吴文治的《明诗话全编》① 辑录危素文集中诗话十八则。《中国古代诗文名著提要·明清卷》② 对《危学士全集》《危太朴文续集》《说学斋稿》《云林集》等危素文集的编辑状况及版本进行了详细的介绍。

　　随着研究的深入，小说中的危素形象也引起了研究者的关注。研究者从区分历史真实和艺术真实的角度进行分析，认为小说中的危素形象只是作者寄寓自己反思的一个文化符号而已，至于为什么选择危素，有学者认为多半是受明人笔记中的描写影响。刘庆华写有两篇相关论文，一为《〈儒林外史〉中危素的形象及其意义》③，比较了历史上真实的危素和《儒林外史》中的危素形象，并得出结论，吴敬梓通过塑造危素形象来表达对功名富贵的否定，寄寓自己对历史人生的反省；二为《〈儒林外史〉对史家笔法的运用与超越》④，认为吴敬梓有史官情结，通过危素表达对变节之士的谴责和对朝代兴替盛衰的反思，个人的荣辱得失与朝代更替密不可分。李圣华的《"元季之虎"危素——兼谈〈儒林外史〉对危素的讽刺》⑤ 以危素为例，论述明初贰臣诗人所处的尴尬境地。作者认为危素仕明并非不可原谅的错误，只是朱元璋不需要依靠贰臣，他的结局才格外悲惨。与《儒林外史》不同的是，历史上的王冕与危素实际上有过不错的交情，《儒林外史》对危素的描写应是受明人笔记影响。

三、史学研究

　　对于危素的史学思想，前面的论著偶尔提及，多集中于"秉中为史"的理念，孔繁敏的《危素与〈宋史〉纂修》⑥ 考述了危素的家世与仕履，认为危素对《宋史》的纂修做出了重要贡献，他积极促成三史置局纂修，并竭力搜访遗书，亲自参与修撰。《宋史·忠义传》中部分人物传记出自危素之手。

---

① 吴文治. 明诗话全编［M］. 南京：江苏古籍出版社，1997：14.
② 傅璇琮. 中国古代诗文名著提要·明清卷［M］. 石家庄：河北教育出版社，2009：2-4
③ 刘庆华.《儒林外史》中危素的形象及其意义［J］. 明清小说研究，2010（2）：138-144.
④ 刘庆华.《儒林外史》对史家笔法的运用与超越［J］. 小说评论，2010（A2）：112-118.
⑤ 李圣华."元季之虎"危素——兼谈《儒林外史》对危素的讽刺［J］. 古典文学知识，2012（6）：68-72.
⑥ 孔繁敏. 危素与《宋史》纂修［M］. 北京：北京大学出版社，1996：105-119.

四、书法艺术研究

危素是元末书法大家,涉及一些论著论及其书法特点、传承及影响。刘正成、楚默的《中国书法全集·元代编·元代名家卷》①谈到元末钱塘书家时附带谈了危素,认为危素书法上法度谨严,缺少个性,这应是其做官循规蹈矩、清白廉洁性格的反映。钱贵成的《江西艺术史》②在元后期书法家中介绍了危素,认为其书法师从康里子山,追踪晋唐,再学赵孟頫,书法气格雄伟,风骨遒上,危素还为去除当时隶书创作上的俗陋书风进行了努力,作《隶书歌》。元末明初的书法经过危素等人的传承,具有典雅温润、刚劲爽直的双重风格。

五、心态及命运考述

危素身处易代之间,在元时,欲展抱负力挽狂澜而又受掣肘;入明后进退两难、欲修史书而不得的复杂心境值得研究,但关注这方面的学者不多,仅有幺书仪在《元代文人心态》③一书中以"奔竞于仕宦之途者的悲哀"为标题论述了危素的"失身瓦裂"。作者认为危素一介汉儒虽以兢兢业业和小心谨慎跻身统治集团决策核心,但他不懂审时度势,没有从大背景的考察上决定自己的进退,以致最后身败名裂。作者并不同情危素,认为他一辈子于仕宦走火入魔,对名位孜孜以求,可憎且可鄙。该书成书于20世纪90年代初期,当时元代文学研究尚未全面展开,基础比较薄弱,在这种情况下能够全面细腻地分析文人心态实属不易。该书在当时很有影响,亦被多人引用,但是这样的研究拿到今天来看,恐怕会有些问题。书中对危素的定位失之偏颇,主观臆测居多,未结合危素经历及其所处时代的文化背景考察其心态和行为,因此有进一步研究的空间。

整体看来,随着时间的推移,学者们对危素的评价越来越客观。杨镰先生在《元诗史》中提出危素以名节为代价,保存了元史的完整。孔繁敏在《危素与〈宋史〉纂修》中指出,在我们今天,对易代之际人物的死或降的评价应结

---

① 刘正成,等.中国书法全集·元代编·元代名家卷[M].北京:荣宝斋出版社,2001:294-302.
② 钱贵成.江西艺术史(下)[M].北京:文化艺术出版社,2008:104-105.
③ 幺书仪.元代文人心态[M].北京:文化艺术出版社,1993:267-280.

合多方面因素去考察，对"以国史不死"的危素应予以表彰。吴晓红在他的硕士论文《危素研究》中针对后人对危素的异议，认为他的忠节观是一种抛弃"个人英雄主义"的理性忠节观。

危素一生命运坎坷，大起大落，但因其贰臣身份，文集、相关史料散佚严重，其人生经历的很多细节有待详考，对其准确客观、还原真实的评价也应建立在此基础之上。目前看来学界对这方面关注不够，仅有两篇论及。李精耕的博士论文《明代江西作家研究》① 试图考证危素的生年，但无果，存两说。尚衍斌的《读〈宋濂全集〉札记（六则）》② 考述了危素与曾坚的姻娅关系，即危素将女儿许配给曾坚的儿子曾佽，并对两人入明后的命运进行论述，作者推测洪武二年（1369）危素因进"甘露之言"失当被罢官，洪武三年（1307），因元顺帝病死之事受弹劾被贬和州。

六、个案及交游研究

较早认识到危素价值，并详加考索，对他进行个案研究的是吴晓红的硕士论文《危素研究》③，该论文从史学角度切入，分析了危素所处的社会、文化背景，考察了其家世、生平，对危素理学、文学、史学思想和成就进行梳理：在认识天理问题上，危素认为德为人生来所具有的，得之于天。同时强调朱陆学说在目标上的一致性，即维护纲常礼教，肯定朱子"思诚、慎独、集义、为仁"等思想，又针对元代朱学弊端提出"明体适用"，主张以朱学的笃实补陆学的高妙，重视读书，通过泛观博览体认自身的德性，该文对危素的理学思想和文学思想剖析得较为深刻，有一些精辟观点值得注意，如危素对朱陆学说的融合，对危素诗文内容、技法的概括，但整体来看，对危素家世、生平考证得不够细致，后附《危素年谱》简单勾勒危素生平事迹，但未标明相关文献及出处。

武海波的《危素交游研究——以师辈、同僚、方外友人为考察对象》④ 将危素研究的范围拓展到其交游上，论文将危素的交游对象分为"师辈""同僚""方外友人"三个群体进行论述，认为其同师辈的交游使其得到了学术指引，提

---

① 李精耕. 明代江西作家研究 [D]. 上海：上海师范大学，2008.
② 尚衍斌. 读《宋濂全集》札记（六则）[J]. 中国边疆民族研究，2015（1）：197-215.
③ 吴晓红. 危素研究 [D]. 南昌：江西师范大学，1996.
④ 武海波. 危素交游研究——以师辈、同僚、方外友人为考察对象 [D]. 广州：暨南大学，2014.

升了自己的社会知名度,与同僚的交游使其在仕途上得到帮助,与方外友人交游使其在心理上得到宽慰。遗憾的是,论文虽然考察了危素的家世,但并未论及其家族的交游对危素的影响;交游对象论述得也不够全面,也没有对其进行考证;文献来源不清楚。

综上,学界充分注意到危素学术思想在宋、元、明学术传递中的重要作用,对其理学思想、教育思想的梳理也颇为详尽。相比而言,目前对危素文学创作的研究过于笼统,应分类细化研究,对其在文坛的影响也应具体分析,对其诗文论的研究太过零散,缺少系统研究。与危素相关的其他领域的研究逐渐全面推进,均有涉及,对其人的评价也趋于客观公正,但研究不够深入细致,某些方面还留有空白。

第一章 危素生平考述

危素乃元末朝中重臣，于文学、理学、史学等领域均有不俗的造诣，他熟知宋元历史掌故，又交游广阔，颇具研究价值。然而，目前关于他的很多经历以及其心路历程少有人探及，其家世、子嗣及生平许多细节仍然未能厘清，若不及时定论，将会影响对其研究的准确性。

第一节 危素家世、子嗣考述

一、家世考

考危素家世依据的文献有危素的《先大父行状》①《临川危氏家谱序》②《危氏历代世系序》③《元续修族谱序》④《黄氏族谱序》⑤《金溪黄氏墓记》⑥和黄溍的《赠太常博士危府君墓志铭》⑦ 等。危氏本始姬姓，其祖可追溯到周朝。泰定二年（1325），危素作《临川危氏家谱序》谈到危氏起源说："危氏之始莫可稽，或谓周武王之妃感异梦而生，有文在手，似迂诞而难信，然疑若未可以遽削也。"而至正二十三年（1363）作《危氏历代世系序》时似乎得到更多证据，确定了其祖先是周武王庶子，因出生手中有异纹，因赐姓危，封于新，

---

① 李修生. 全元文·第48册[M]. 南京：凤凰出版社，2004：415.
② 李修生. 全元文·第48册[M]. 南京：凤凰出版社，2004：183.
③ 危流渊. 危氏历代世系序[M]//危流渊. 危氏通考. 长沙：岳麓书社，2011：33.
④ 危流渊. 危氏历代世系序[M]//危流渊. 危氏通考. 长沙：岳麓书社，2011：33.
⑤ 李修生. 全元文·第48册[M]. 南京：凤凰出版社，2004：208.
⑥ 李修生. 全元文·第48册[M]. 南京：凤凰出版社，2004：335.
⑦ 李修生. 全元文·第48册[M]. 南京：凤凰出版社，2004：380.

称为新公。之后四十余代，去古邈远，难以追述。

至晋永嘉中，其祖京公，避石勒乱，南渡于闽，为建州刺史。之后数代，危素本人也难以厘清。至正三年（1343）应友危德华之约作《元续修族谱序》和至正二十三年（1363）作《危氏历代世系序》两序中，京公之后数代祖先名讳、辈分及兄弟排行各不相同，综合考察相一致的信息，可知：唐时，其祖灵公，官至散骑常侍，并迁居至江西建昌南城双溪①。灵公长子真公，亦仕唐，为监察御史。真公子危凝②为唐泉州录事参军真生殿中侍御史内供奉，睦王府咨议参军，宋累赠太师。凝公长子危亘任洪州别驾、银青光禄大夫、检校刑部尚书、江西推官，宋赠太师。

危亘之子危全讽，字忠谏（夏良胜《建昌府志·卷十六》，明正德刻本），临川南城人，会昌二年壬戌（842）进士（金鸣凤《宦绩》，清康熙刻本）。时值唐乾符末年（879），南城盗起，于是纠集民兵及同县少年，以居所为军营，护卫乡井，安南都护谢肇闻而嘉奖其为讨捕将。后又平黄天感、朱从立乱。中和二年③（882），黄巢余党柳彦章攻破临川，逐走郡守掠夺而去，危全讽遂入抚州，朝廷下诏任其为抚州刺史，其后平叛乱，抚士民，修筑州衙、城墙，可谓是抚州城的开拓者（《九国志·卷二·危全讽传》），同时注重文化建设，发展教育和宗教事业，天复二年（902）他在抚州设立文庙（《江西通志·卷十七》中的《抚州儒学记》），兴儒学，设立州文学、助教等职官，各县设县学，

---

① 《危氏历代世系序》："一祖灵公，仕唐，官至散骑常侍，迁于建昌南城双溪居焉。"《元续修族谱序》中没有提及灵公。
② 两序中凝公的排行和名字都不相同。《危氏历代世系序》载，"真公生四子：次曰凝然，入睦王府咨议参军"。《元续修族谱序》载，"真公生四子：曰忠、曰通、曰乃、曰凝。凝公为咨议参军"。考危素《先大父行状》（《全元文》）："唐泉州录事参军真生殿中侍御史内供奉，睦王府咨议参军，宋累赠太师凝有子曰亘，银青光禄大夫、检校刑部尚书、江西推官、宋赠太师。"可知其名为凝，《元续修族谱序》中记载更为可信。
③ 按：《新唐书》卷九本纪第九及《资治通鉴》卷二百五十五唐纪七十一等史书皆载中和二年危全讽据抚州，《九国志》中《危全讽传》，载其中和五年为抚州刺史。据释澄玉《疏山白云禅院记》（《全唐文》卷九二〇）载，"至中和三年，方开巴山白云禅院。檀越朱公为遏边使。师又告曰：'山深地冷，时植不收。僧众渐多，难为供馈。'遂出山见太守危公"。可知中和三年，危全讽已为太守，故从正史说。

掌教育之事①。他大力倡导佛学，邀请多位禅师来抚州传经讲佛。中国禅宗五大流派之一——曹洞宗的发展与危全讽的大力支持密不可分。大顺元年（890），曹洞宗开山之祖良价的法嗣匡仁（避宋太祖讳又作光仁）禅师因白云禅院所在地巴山山深地冷，时植不收，出山谒见危全讽，危全讽鼎力扶持，派都押衙驰马巡视选址，最后选定书山（937年更名为疏山）为禅院新址②，使疏山寺成为曹洞宗的一大传教基地。光化二年（899），危全讽又上奏朝廷，称曹山峰顶有梵僧群集，唐昭宗下诏在曹山建荷玉禅寺③。抚州地区最早的书院——湖山书院和三湾书院，也是在他的影响下创建的④。开平三年（909）六月，危全讽为了收复被淮南节度使杨渥所占的洪州，与杨渥部将周本在象牙潭对战，战败被擒获，押至广陵（今江苏扬州），危全讽因曾救过杨渥之父，被释放，闲居广陵，天祐六年（开平三年，909），卒，追封为南庭王。

据危素的《先大父行状》和黄溍的《赠太常博士危府君墓志铭》可知，危全讽的六世孙为怦，怦之五世孙光大之子为危素祖父的高祖。可推知危全讽为危素的十五世祖。

危全讽后数代，危素在《危氏历代世系序》和《元续修族谱序》中记述有很大差异，尤其是涉及十五岁就以一首《题初月》⑤诗闻名于世的宋代诗人危拱辰。危拱辰，字辉卿⑥，南城人，淳化间举进士，累官至光禄卿⑦。《元续修

---

① 王建成．"南庭王"危全讽［M］//中国人民政治协商会议福建省光泽县委员会文史资料委员会．光泽文史资料·第25辑．南平：光泽县政协文史资料工作委员会，2008：34．
② 释澄玉．疏山白云禅院记［M］//刻本．董诰，等．全唐文·卷九二〇．扬州：扬州诗局，1818（清嘉庆二十三年）．
③ 佛祖统纪·卷四十二［M］//高楠顺次郎，等．大正藏·第49册．东京：大正一切经刊行会，1934：390上．
④ 杨忠民，段绍镒．抚州人物［M］．北京：方志出版社，2002：12．
⑤ 诗名多有不同，（清）历鹗《宋诗纪事（文渊阁四库全书·卷五）》诗名作《题初月》；《全宋诗》诗名作《新月》；（明）李贤的《明一统志（文渊阁四库全书本）·卷五十三》云："（危拱辰）十四、五代父为吏题《初月诗》，令尹异之．"
⑥ 危拱辰的字多有异文，（清）谢旻的《（康熙）江西通志（文渊阁四库全书本·卷一百六十）》载："危拱辰，字耀卿．"同书卷八十三载："危拱辰，字辉卿．"（清）曾燠《江西诗征（清嘉庆九年刻本·卷五）》载："拱辰，字辉卿．"（明）凌迪知《万姓统谱（文渊阁四库全书本·卷四）》载："宋危拱辰，字辉邦．从《全宋诗》说．"
⑦ 详见（明）凌迪知《万姓统谱（文渊阁四库全书本·卷四）》，以及（明）李贤《明一统志（文渊阁四库全书·卷五十三）》。

族谱序》中记载，危拱辰是危全讽的重孙，而据《危氏历代世系序》，危拱辰却是危全讽的孙子。考《全宋诗》，危拱辰于淳化三年（992）举进士。而危全讽于天祐六年（909）辞世，从两者时间差距推断，危拱辰当为危全讽重孙更为合理。危拱辰之子危祐，字梦弼，天禧间进士，曾出知邵州、廉州，后迁太学博士，为官体恤民情，直言无忌①，是著名的清官。危祐子之邵，曾任承务郎。至危之邵子危怦，即危素十一世祖时，危氏由南城徙至金溪。其后有危怦五世孙危光大，其子危鼎臣，生平均不详。

危素高祖危时发，宋赠承事郎，危素在《黄氏族谱序》②中述其原为唐江西兵马节度使黄表之后，盖后过继于危氏。危素从高祖危国材，宋端平二年（1235）进士③，据危素的《故宋秘书监毛公墓表》记载，曾官任监中门官、誊录官、大理寺丞④。黄溍的《赠太常博士危府君墓志铭》记："怦五世孙光大，有子曰鼎臣，府君（危素父危永吉）之高祖也。"按《危氏历代世系序》中所记，危怦五世孙只提及光邦，当和危光大为同辈弟兄。而危光大的儿子危鼎臣是危素父亲危永吉的高祖，即危素的五世祖。危光邦的孙子危国材曾官任大理寺丞。危素在《故宋秘书监毛公墓表》中提到的其从高祖大理府君当指危国材。

族祖危稹，字逢吉，旧名科，孝宗时更名稹，号巽斋，又号骊塘。宋淳熙十四年（1187）进士，与袁桷曾祖父为同年，又同为洪迈门人。袁桷的《临川危氏族谱序》云："危氏之盛，循环无穷，于是乎有考焉，是矣！维漳州大夫，于桷曾大父枢密越公，同淳熙进士，同乙科，同著作，同为番阳文敏公之门人。其弟南昌君，族祖正肃公实铭其墓。"⑤

危稹文章为洪迈、杨万里所叹赏，相与酬唱。历任南康军教授、临安府教授、武学博士，又迁诸王宫教授，力主改创宗学。迁秘书郎、著作佐郎，兼吴益王府教授，升著作郎兼屯田郎官。因撰诗送柴中行去国，忤宰相，出知潮州。后移知漳州，于临漳台建龙江书院，横经自讲。自请以归，提举崇禧观，年七

---

① 详见（明）凌迪知《万姓统谱（文渊阁四库全书本·卷四）》，以及（明）李贤《明一统志（文渊阁四库全书本·卷五十三）》。
② 李修生. 全元文·第48册［M］. 南京：凤凰出版社，2004：208.
③ 杨佐经. 宋代进士名录［M］//临川县志编纂委员会. 临川县志. 北京：新华出版社，1993：727.
④ （元）危素. 故宋秘书监毛公墓表［M］//李修生. 全元文·第48册. 南京：凤凰出版社，2004：497.
⑤ 李修生. 全元文·第48册［M］. 南京：凤凰出版社，2004：249.

十四卒。《宋史》有传，有《巽斋集》。弟危和，字祥仲，南宋开禧元年（1205）进士，为上元主簿，辟祠宇祀程颢，真德秀为记之，有《蟾塘文集》。世称"临川二危"。

危素在《黄氏族谱序》中提道："惟素族祖漳州府君昔与礼部同朝，赠别之诗见于家集。今天子诏修《宋史》，吏部及礼部与其孙茶陵军使端卿，素备数史官，实为之立传。"① 危积与宋吏部郎官黄次山、吏部尚书黄畴若同朝为官，并有诗歌唱和见于家集。因为这段渊源，危素在纂修《宋史》时，为黄次山、黄畴若立传时怀有一种特殊的感情，在撰写两人经历的时候似乎与族祖危积进行了一次穿越时光的交流。除此之外，危素在其文中多次提到其漳州府君，言语中充满崇敬自豪之情。

曾祖危炎震，为景定三年（1262）进士，与宋谏议大夫毛沉为同年进士，兼调吉州司理参军，治狱明允，文天祥与之交好，曾为其司理署题名"种德堂"。闻贾似道有意荐擢，年未六十，请致仕，后知临安府仁和县事，赐绯衣银鱼②。从曾祖危浩，曾修家谱，朝请大夫周方为作序③。

祖父危龙友，又名埴，字致尧，本五代十国时期闽国谏议大夫黄光之后，后过继于危氏④。生于淳祐七年（1247）七月，好读书，胆气过人。深得从姑父参知政事曾渊子爱重，携之以游诸名人巨公间，学问益广。南宋末，元军南下，以曾渊子命至潮州，崖山海战败，遍游南粤，为潮州小江等处盐司提举，后弃官，江西平章政事史弼欲授之南康路白鹿洞书院山长，不就，游于鄱阳湖、庐山之间，作诗自娱⑤。至元二十一年（1284），由临川梯云坊徙居高桥云林山，置书室"处一堂"。

父危永吉，字德祥，生于元至元八年（1271），卒于致和元年（1328）夏四月。雅好读书，工于诗文，事亲至孝。徙居云林山，躬耕田亩，虽贫仍赈济乡人。曾经训诫危素曰："世有学，未充而已。为利禄计者，既得之，又恐失之，

---

① 李修生. 全元文·第48册[M]. 南京：凤凰出版社，2004：208.
② （元）危素. 先大父行状[M]//李修生. 全元文·第48册. 南京：凤凰出版社，2004：415.
③ （元）危素. 临川危氏家谱序[M]//李修生. 全元文·第48册. 南京：凤凰出版社，2004：183.
④ （明）宋濂. 危公新墓碑铭[M]//黄灵庚，校点. 宋濂全集. 北京：人民文学出版社，2014：1268.
⑤ 危素. 先大父行状[M]//李修生. 全元文·第48册. 南京：凤凰出版社，2004：415.

竟何为哉？汝其求师取友，痛自修饬，期无愧于古人。贫贱乃士之常，不足念也。"善医学，有《医说》一卷传世。晚年有终于庐山之志，患疾不起未得。娶同里忠义社统领邓克志孙女，后封宜人，再娶建昌奉训大夫、瑞州路总管府判官黄顺翁之女①。危素《将医一首赠雍方叔》文中写道："素少好读医官书，尝从通其学者以问焉。"② 应是受父亲影响。

仲父危有成，尝客京师，求袁桷为其家谱作序。袁桷作《临川危氏族谱序》叙述了危袁两家渊源，祖上曾同为淳熙进士，同为洪迈门人③。叔父危功远，少从先天观曾贯翁尊师学，元明善与之为莫逆之交，曾盛赞其文④。范梈为之诗曰："玉堂学士危与吴"，将其与玄教第二代掌教吴全节并论。袁桷与之交往甚密，曾为之作《祭危功远》《题危功远山水》《危功远道士》《送危功远》等，戴表元为之作《虚室记》，吴澄为之作《虚室记后铭》，赵孟頫为之作《挽道士危功远》，贡奎作《扬州赠危功远》。

外祖父黄顺翁（1242—1314），字济川，世居建昌（今江西东部，属抚州），生于南城。为人有胆识且不慕富贵。延祐元年（1314），受奉训大夫、瑞州路总管府判官。病卒于江州，享年七十二岁。延祐四年（1317）葬于南城乡之南原村心，友吴澄为之题墓。有《朴斋集》三十卷藏于家⑤。

危素继室赵氏之父赵嗣椿（1277—1344），一名宏道，字良夫，号一中子，宋魏悼王廷美之十一世孙。泰定二年（1325），调将仕郎、漳州路总管府知事，范梈颇为器重，为其署"衡平"作记⑥。

综上，考危素家世可知，其祖上多有举进士者，体现其家族深厚的文化素养，一脉相承的家学深刻地影响了危素。虽然危素的祖父危龙友为过继于危氏，

---

① （元）黄溍. 赠太常博士危府君墓志铭 [M] //李修生. 全元文·第48册. 南京：凤凰出版社，2004：380.
② 李修生. 全元文·第48册 [M]. 南京：凤凰出版社，2004：282.
③ （元）袁桷. 临川危氏族谱序 [M] //李修生. 全元文·第48册. 南京：凤凰出版社，2004：249.
④ （元）危素. 先天观诗序 [M] //李修生. 全元文·第48册. 南京：凤凰出版社，2004：224.
⑤ 危素. 元故奉训大夫瑞州路总管府判官黄公行状 [M] //李修生. 全元文·第48册. 南京：凤凰出版社，2004：407.
⑥ 危素. 故将仕郎漳州路总管府知事赵府君墓铭 [M] //李修生. 全元文·第48册. 南京：凤凰出版社，2004：543.

但家学和家风对他均有很大影响。危素文章中多次提及祖上有胆识,能力突出,直言不讳的为官者,深以为傲,表现其强烈的家族自豪感。因此,想要对危素其人做出客观公允的评价,需从其家世背景入手细心考察。另外,其家族交游广阔,与宋朝名臣、元代文坛名流多有交往,对危素求学及交游也产生了很大的影响。

二、子嗣考

据宋濂《危公新墓碑铭》载,"子男子二人:攽①中至正二十年(1360)进士第,累官承直郎大都路同知蓟州事,今为安庆府儒学教授;斿(古同"旒"),登仕郎,大都路儒学提举,亦前年卒。女六人:一适同邑曾佾,坚之子也;余皆夭。孙二人:长太平,夭;次德童。"知危素有二子、六女、二孙。

长子危攽,字於巘②,至正二十年(1360)以明经擢进士第,官承直郎、检讨奉常,至正二十五年(1365),迁大都路同知蓟州事(宋濂《题危云林训子诗后》)③。入明后,危攽于洪武二年(1369)以儒生身份奉命分行燕南北,收集元顺帝时诏令章疏及野史碑碣(清代凌扬藻的《蠡勺编·卷十五》,岭南遗书本)。又贝琼《送危于巘赴安庆教授序》:"未几而公(危素)卒。越三年,复见其子于巘,粹然天球之不琢,故知其有后也。且将从而求公所著大篇短章合于经世者,遍观为快。而于巘又有司教安庆之命,来求一言以行,故述江西人物之盛,前后相望,今有萃于危氏一门如此。"④危素卒于洪武五年(1372),越三年,即洪武八年(1375),可知危攽于此年任安庆府儒学教授。

危素次子危斿,曾任登仕郎,大都路儒学提举。至正间任京学提举,奉制加封朱熹齐国公,颁上酳少牢致祭。明代诗人蓝智曾为其作诗《送京学危提举奉旨代祀文公祠墓加封齐国公》。宋濂《碑铭》中提到危斿:"斿,登仕郎,大

---

① "攽"有的版本作"於",黄灵庚《宋濂全集·危公新墓碑铭》后《校勘记》云《宋学士文粹》本作"攽",又黄溍《赠太常博士危府君墓志铭》中有"孙男二人:攽、斿。女一人"。

② 危攽的字,多有争议,据宋濂《题危云林训子诗后》(宋学士文集卷第二十六翰苑续集卷之六,《四部丛刊》景明正德本):"云林先生危公冢子,字於巘,自检讨奉常迁佐蓟(同'蓟')州,先生时领岭北行省左丞,独居房山。"

③ 危素于至正二十五年辞官,居房山,可知危攽最早于此年迁佐蓟州。

④ 李修生. 全元文·第44册[M]. 南京:凤凰出版社,2004:250.

都路儒学提举，亦前年卒。"《碑铭》中宋濂自述该文作于洪武十年（1377），那么危序当卒于洪武八年（1375）。

清人吴升《大观录·明贤诗翰姓氏》提到明代人危进："危太学进：公名进，字伯明，太朴子。诗列《光岳英华》三体诗中，其七言律音响琅琅，书有父风。"关于危进的情况，通过分析一些与他相关的诗歌，可探知大概信息。王翊《喜危伯明教授上京回诗以奉柬》载：

大兄甲子甫周圆，又捧除书下日边。太守正悬高士榻，诸生竞设广文毡。池芹时雨添新墨，坛杏薰风拂旧弦。老病客窗依泮水，愿分余润及同年。①

该诗作者王翊生卒年不详，《元诗选》中注："王翊，字伯良，为至正进士。"诗中提到王翊与危进为同年，而危玖为至正二十年（1360）进士，危序未中进士，又早卒。危玖曾任安庆府儒学教授，诗名称其为教授。因此，或许可以推断危进就是危玖，入明后因为某种原因而改名。

危素去世之时，其子危玖任安庆府学教授，后人或许定居于安徽。明人凌迪知作《万姓统谱》中记载：安徽怀宁人危山为危素后人。

第二节　危素人生轨迹考述

一、求学、出游阶段（1303—1342）

元成宗大德七年（1303），危素诞生在江西金溪县白马乡（今黄通乡）高桥村。危素出生之时，元朝统一天下已经将近30年，天下承平，人民基本认同了这一"以夷变夏"的朝代。昔许衡于前至元三年（1266）上奏《时务五事》云："以北方之俗，改用中国之法，非三十年不可成功。"许衡当时亲自致力于蒙古国子生的儒学教育，在下一代蒙古族人身上基本完成了其全面奉行"中国之法"的愿望。危素的青少年时期，即从元成宗大德七年（1303）至元顺帝至正二年（1342），是元朝前所未有的隆兴文治时期。

---

① （清）顾嗣立，席世臣. 元诗选·癸集下［M］. 北京：中华书局，2001：1168.

元成宗执政期间表现了对儒学和儒士的尊重，任用蒙、汉儒臣，下诏尊崇孔子，于大都新建宣文庙，并徙国子学于其中。元武宗即位后，勉励兴办学校，免除儒户的差役，并以太牢之礼祭祀孔子，加号"大成至圣文宣王"，对全国遵行儒教者予以优赦，由于他尊崇儒教，宫廷内外，习经成风。

公元1311年，元仁宗即位。由于其从小深受中原文化的熏陶，藩府中更有众多名家指点，在位期间推进了汉化改革，如尊孔重儒、勉励学校培养人才，一步步推行科举。皇庆二年（1313），元仁宗颁布诏令，施行科举取士制度，并于延祐元年（1314）开考，考试科目以经学为主，文学为辅，并指定以朱熹等人集注的"四书""五经"为考试参考用书。延祐二年（1315），元朝实行科举制度的首场廷试在元大都（今北京）举行，元仁宗亲自会试天下进士。科举制度的恢复，给士人带来新的希望，社会政治文化环境和士人心态都发生了很大变化。但由于遭受鸿吉剌·答己太后的干扰，元仁宗的"汉法治国"有始无终，士人们在政治浮沉中飘摇无依。

元仁宗之后继续遵循"汉法治国"的是泰定帝。公元1323年，元英宗在"南坡之变"中被弑，晋王孛儿只斤·也孙帖木儿被拥立为皇帝，改元"泰定"。泰定帝在位期间，否决了废除科举考试的提议，并且实行了重要的尊儒政策——开设经筵。经筵作为为皇帝讲解儒家经典和帝王之道的制度，早在汉宣帝时期就开始实行，尤其是北宋王安石曾经通过经筵活动使神宗接受并支持他的政治主张，使得学术和政治的关系变得密切。但元朝建立后迟迟没有确立正式的帝王经筵制度。泰定元年（1324）二月，泰定帝采纳江浙行省左丞赵简的建议，开设经筵，"三日一进讲"，聆听儒臣的讲解，为泰定帝讲经的有吴澄、虞集、邓文原、张起岩等大儒。泰定帝开设经筵也许只是为了提高汉文化水平，但汉儒们将此当成规谏劝诫、推行政治主张、跻身政权核心的途径。结果就如首倡经筵的赵简抱怨的一样："于是四年矣！未闻有一政事之行、一议论之出，显有取于经筵者。将无虚文乎！"[1]

天历二年（1329）八月，元文宗即位于上都，在位期间有意于兴文治：创建奎章阁、学士院，延揽名儒，讲授儒学，纂修《经世大典》。但其既倡导程朱理学，又崇佛教，佛教势力很大，朝政也为燕帖木儿掌握。

---

[1] （元）虞集.书赵学士简经筵奏议后［M］//虞集.道园学古录·卷十一.北京：商务印书馆，1928：206.

危素就在这样的社会文化背景中成长起来，他的青少年时期基本上是在读书、求学中度过的。他本来是满腔热情要济世报国，而每有新皇帝即位，都有意兴文治，以儒法治国，带给士人希望，但权贵各派系争夺权位的斗争激烈血腥，政局混乱、更迭频繁，身处其中的儒臣只能沦为权力斗争的牺牲品，无法实现匡扶正道的理想。危素虽隐逸山林，又不能忘情于世，在这种徘徊纠结、烦闷压抑的情绪中出游金陵。

（一）危素生年考

对危素生年的记录，各书有所不同，主要有两种观点：一为1303年，相关记载有邹树荣的《危太朴年谱》《辞海》和《中国历代人名大辞典》等；二为1295年，《中国古代名人生卒年谱历史大事》《中国历史大事年表·古代》《中国文学家大辞典》《全明文》《金溪县志》均以此年为是。

危素生于1295年之说，清人吴修在《续疑年录》中考证，"危太朴（七十八）素，生元元贞元年乙未，以宋文宪集：'至元元年[①]荐经筵检讨年四十一'推知之，洪武三年（1370）出居和州，再岁而卒"。吴修以危素于至元元年（1335）荐经筵检讨，推知其生于1295年，卒年七十八。翻检未见吴修所引《宋文宪集》版本，或是将"至正"误作"至元"。据朱彝尊《曝书亭集》中《跋危氏云林集》载，危素的《云林集》发雕于后至元三年（1337）（清代朱彝尊《曝书亭集·卷五十二》），也就是说危素在后至元三年才带着自己的诗集出游金陵，寻求引荐，至元元年是不可能入经筵的。冯先恕在《疑年录释疑》[②]中根据危素入经筵时的年龄考证了其生年，"按宋濂《宋学士文集》（正德刊本）五九，《宋文宪公全集》（嘉庆十五年吴县严荣校刊本）二七，《明文衡》八十，《翰林侍讲学士中顺大夫知制诰同修国史危公新墓碑铭》云：'公自至正二年（1342）入经筵为检讨，公年已四十矣'"。非吴修所引之"至元元年""年四十一"。将之同证《碑铭》中的记载，推出危素当生于1303年。又《明史》危素本传中载，"居一岁（当指洪武三年，即1370年），复故官，兼弘文馆学士，赐小车，免朝谒。尝偕诸学士赐宴，屡遣内官劝之酒，御制诗一章，以示恩宠，命各以诗进，素诗最后成，帝独览而善之曰：'素老成，有先忧之意。'

---

① 此处应指元惠宗后至元元年，即1335年。
② 辅仁大学.辅仁学志·第十一卷[M].第一第二合期油印本.北京：辅仁大学，1939：193.

时素已七十余矣"①。此中"七十余矣"或为虚指，或为误记，不能当作危素生于1295年的证据。冯先恕猜测吴修为牵合本传"七十余"之数，而以墓碑铭之至正为至元之误。

下面详考危素生年，宋濂《故翰林侍讲学士中顺大夫知制诰同修国史危公新墓碑铭》②（后文简称碑铭）载："呜呼！翰林侍讲学士中顺大夫知制诰同修国史危公，享年七十，以洪武五年（1372）春正月二十三日，卒于和州含山县之寓舍。"由此推知，危素当生于1303年。宋濂为危素故友，入明后又为同僚，此碑铭是宋濂据危素之子危伋所作两万言行状而写，卒年信息应该是准确的。

另有其文章为佐证二。一为《云林图记》："至正十年十有二月辛卯，寄居城南头陀寺。雪下盈尺，道无行人，夜展图玩之，忽忆去家十有四年，左亲戚，弃坟墓，竟何为哉？在令式，中岁之后，亦许致仕，予明年四十九，距纳禄之年固非远矣，幸而清朝从其早退，归与樵夫野叟嬉游山间，上下云月，歌诸公之诗，亦足以自乐也。"③从中可知，至正十年（1350）危素为四十八岁，推知当生于1303年，与宋濂记载相符。二为《江州路玄妙观碑》："至正十一年七月戊申朔，皇帝降玺书赐江州路玄妙观。观之学者王崇大虔奉之以还，而来属素著其事于碑。素惟昔唐翰林供奉李公及宋苏文忠公、黄文节公皆以年四十有九过斯观赋诗，传之后世。素虽藐然晚出，于三君子无能为役，而其行年适同，殆非偶然者。……素既叙而铭之。"④从中可知，至正十一年（1351）危素四十九岁，其生年当为1303年。⑤

---

① （清）张廷玉，等. 明史·列传第一百七十三·卷十三 [M]. 北京：中国文史出版社，2003：1544.
② （明）宋濂《危公新墓碑铭》各版本多有异文，本文据黄灵庚编辑校点《宋濂全集》，该本所用底本以取最早且讹误最少为原则，参校十多种版本，其中以明建文三年（1401）郑氏书塾刊本的《宋学士文粹》（今藏台北国家图书馆）为主，该本由方孝孺选定，与刘刚、林静等人亲自缮写。
③ 李修生. 全元文·第44册 [M]. 南京：凤凰出版社，2004：310.
④ 李修生. 全元文·第48册 [M]. 南京：凤凰出版社，2004：473.
⑤ 此处生年计算方法由危素文章中推知，如《全元文·第48册·南丰曾氏祠堂记》："间则命族弟三德至南丰，载沂国以下绘像，更为祠堂于金溪之南原祀焉，至元三十一年（1294）也。后五十有八年为至正十一年（1351），三德之孙熙修坏补敝，栋宇采章，焕然更新，因里中士黄君旱来游京师，属素为之记。"

19

(二) 读书、求学阶段经历

危素出生于一个清贫的书香之家。虞集在《送道士危亦乐归临川并序》文中赞扬道："危氏，临川之望族，文学雅正之士世世而有之，故予所谓不得尽交者也。"如前所述，危素祖上多高官、进士，交游亦广：危素族祖危积为洪迈门人，又与杨万里、柴中行有交谊；其弟危和与真德秀有交往；曾祖危炎震与文天祥交好；外祖父黄顺翁与吴澄为好友；危素继室赵氏之父赵嗣春为宋魏悼王廷美之十一世孙，范梈对他颇为器重；仲父危有成客京师，与袁桷有私交；叔父危功远与元明善为莫逆之交。一方面，家族的交际圈让少年时的危素就得以接触很多名儒，为其交游打下了良好的基础；另一方面，从家族渊源来看，危素祖辈与故宋很多名臣或为同年，或有交往，他们的友谊延续到危素这一代，危素因此熟知一些故宋掌故，对宋朝怀有一种特殊的情感，这在他耗费心血收集遗书史料撰写《宋史》时就体现出来了。

危素四岁时，祖父危龙友就对他开始了启蒙教育，宋濂的《危公新墓碑铭》载："公生四岁，其大父即使公读书，大父本黄氏子，来继于危，知公能亢危氏宗，督历之尤切。"知其祖父对危素寄予殷切期望，看到危素资质非凡，可为亢宗之子，于是悉心培养。启蒙教育对一个人的价值观、性格气质、行为取向影响深远，祖父的学识、见识、胆识、人生态度都对幼年的危素影响至深。危素在《先大父行状》中描述了祖父其人：

> 府君生于淳祐七年七月。少力学，工举子业，胆气甚壮。侍亲在吉州，夜见狱中有怪如火光，熠熠旋转地上，引弓射之，忽不见，怪遂绝。参知政事曾公渊子实府君从姑父，雅爱重府君，常携以从，因得尽游一时名人巨公间，而学问益广矣。父没，扶丧归葬，服除而宋已内附。曾公方以宋二王之命经略潮州，府君往候之。厓（崖）山兵溃，曾公航海去，府君遍游南粤。辟潮州小江等处盐司提举。居亡何，弃去。江西平章政事史公弼闻名，召相见。府君野服诣门，长揖不拜。与论事，甚说，署为南康路白鹿洞书院山长。府君闻之，一夕挈舟入彭蠡泽中，闻匡庐、衡、霍多大儒古仙遗迹，即往寻之，游览最久。间为五七言诗以自娱。读其词，有甘贫

贱、轻富贵、慕幽远之意。尝诵周元公《易通》，于所谓处之一则（后缺）。①

可见，少年的危龙友已经展现了非凡的胆识，又得以随姑父曾渊子②游诸名人巨公间，扩展了学问和见识，并为濒临灭亡的南宋尽了最后一份力，崖山海战失败后曾短暂为官，后游历归隐。危龙友为其读书之室名曰"处一室"，猜想其治周敦颐之学，周敦颐的《通书·颜子》曰："天地间有至贵至爱可求，而异乎彼者，见其大、而忘其小焉尔。见其大则心泰，心泰则无不足。无不足则富贵贫贱处之一也，处一则能化而齐，故颜子亚圣。"周敦颐的哲学体系的构建秉承了中国哲学本体论、认识论、修养论三位一体的内在逻辑，以天道观看人间百态。颜回看到了大道，将道德放在首要的位置，就舍弃了小的富贵等物质追求，因此感到安泰与充实，认为富贵贫贱都没有分别。危龙友的诗词中也体现了甘贫贱、轻富贵、慕幽远之意，这对危素应有影响，亦可猜想危素启蒙时就接触了周氏之学。危素曾作诗《过周元公濂溪故宅》③表达了对周敦颐的景仰之情。

危素八岁左右，在父亲的授意下拜谒乡先生，求学于周从周的儿子周士麒、周士岳。据危素的《宋乡贡进士周先生墓碣铭》④载，周从周（1227—1298），字文郁，宋淳祐六年（1246），乡贡士，曾从汤汉游，得其指点，以辞赋擅名，为文典雅温润，纡徐尽态。与参知政事曾渊子尤相知。宋亡，归隐山中。程钜夫有意荐引，以老辞。从危素的描述上看，周从周是典型的遗民隐士，"客至，必论前代典故、诸老风流，令子孙识之，曰：'恐后不能复知矣'"。并且从学于汤汉，三汤之学源于朱熹私淑弟子柴中行，从南宋开始，朱学与陆学由辩论开始走向交流和融合，朱陆二学并行，汤氏之学也一分为二：汤千、汤中宗朱学，汤巾及其从子汤汉则由朱入陆，如全祖望所云，"陆文安公弟子在江南西道

---

① 李修生. 全元文·第48册[M]. 南京：凤凰出版社，2004：415.
② 曾渊子（生卒年不详），字广微，一字留远，南丰（今江西南丰人）。曾巩后人，宋理宗淳祐十年（1250）进士，历右正言、监察御史、昭文馆大学士，权户部尚书，后迁同知枢密院事、两浙安抚制置大使兼主管临安府，拜参知政事，广西宣谕使。宋亡，赴水，为下所援，后奔安南，受礼遇。至元二十一年（1284）冬兵入安南，归服，后不知所终。明弘治《抚州府志》卷二二、正德《建昌府志》卷一六有记。
③ 李修生. 全元诗·第44册[M]. 南京：凤凰出版社，2004：231.
④ 李修生. 全元文·第48册[M]. 南京：凤凰出版社，2004：487.

中最大者，有鄱阳汤氏"①。《宋元学案》中也提到三汤及其学派："足以补两家之未备，是会同朱陆最先者。"② 危素文中又云周氏"所居与淳安令曾公子良甚迩，倡酬问答无虚月"。曾子良是曾渊子的族侄又是汤巾的三传弟子，周从周常与其切磋学问，因此，周从周应该是一位由朱入陆，和会朱陆的学者，其家学也有这样的特点，危素接受的也正是这样的学问。

危素九岁的时候曾奉祖父之命前往姑父刘有定处受学："我大父白鹿府君自邑徙居山中，适相近，闻公以文献故家，实世其业，妻之以季女。公尝开门授徒，素年九岁，府君命往受学。"③ 刘有定（1285—1349），字晋元，江西金溪人。高祖曾师从陆九渊，父曾手编《资治通鉴》。性宽裕敦笃，能言前史上下数千年事。后因为名贤之裔，檄江西儒学提举司，礼为邑校宾师。危素祖父危龙友闻其以文献故家，以季女妻之。从刘氏的家学渊源来看，属陆学一脉。

危素少年时期还曾求学于乡先生吴仲谷。在其文章《故临川处士饶君大可甫墓碣铭》中写道："余少则闲造郡城，必见乡先生吴仲谷氏，登清润堂，因识其婿饶君。"④ 知危素得到过吴仲谷的指点，吴氏字仲谷，名定翁，临川人，是宋末元初著名的隐士，工于诗，与虞集、揭傒斯等人交好，揭傒斯云："仲谷隐者也，其气孤，故独得其幽茂疏澹，而时振以岑参、崔正言。"称其诗学韦应物得其清婉，风格又近似岑参和崔鶠，可比卢挚。不应辟荐，终身不出。虞集曾为其撰《故临川处士吴仲谷甫墓志铭》，称其先世为陆氏之姻，陆学渊源深厚，又曾从平山先生曾子良游。曾子良（1224—?），字仲材，一字亦陶，号平山，南丰人，徙居金溪曾坊。咸淳四年（1268）进士。程钜夫荐为宪佥，推辞不就，书其门楣"节居"，与袁桷友善。平山之学受之徐霖，徐霖受之汤巾，也为由朱入陆。

危素还曾求学于郡中的另一位隐士孙辙，孙辙（1262—1334），字履常，号澹轩，人称"澹轩先生"，江西临川人。学行纯笃，事母甚孝，家居教授，善为

---

① （清）全祖望. 全祖望集汇校集注 [M]. 上海：上海古籍出版社，2000：41.
② （清）黄宗羲. 存斋晦静息庵学案 [M] //黄宗羲. 宋元学案·卷八十四. 北京：中华书局，1986：2843.
③ 危素. 处士刘公墓志铭 [M] //李修生. 全元文·第48册. 南京：凤凰出版社，2004：521.
④ 李修生. 全元文·第48册 [M]. 南京：凤凰出版社，2004：490.

文章。吴澄叙其集曰:"所谓仁义之人,其言霭如也。"① 为人处世以孝悌忠信为本,辞温气和,言论间未尝几微人过失长短,士子至郡者必来见,部使者长吏以下仁且贤者,必造访。江西行省宪司屡聘授官职,皆不就,元统二年(1334),年七十三卒于家。虞集曾为吴、孙两位先生作墓志铭,吴澄曾为孙辙诗集作序,并认为孙辙深得陆学之指归。

综合少年时期危素的求学经历,可知那时危素生活的地方——金溪已经形成了一个和会朱陆的文化圈,危素深受浸润,奠定了他一生学术思想的基调。

危家唐宋时迁徙到临川,先世多有藏书,但经历了元初战乱,留下的就不多了,也就无法满足少年危素的阅读需求了。无奈家中清贫,只能求助于亲友借书,成年后的危素对此很是感念,特载其所借书目,并附借书人家世出处,在其所作《借书录序》中我们可以了解青少年时期的危素学习的内容:

> 故于天也,日月星辰、风雨霜霓之象;于人也,圣贤仙佛、文武忠烈、战伐攻取、贼乱奸诡之迹;于地也,山川郡国、城郭冢墓、草木昆虫之物,靡所补载。反之于身,则性命道德昭焉。施之于事,则礼乐刑政具焉。至于法书碑刻、稗官小说、方技之微、术数之末,亦莫有所遗。②

危素读书不拘泥于经史,天地人文、小道末技皆有涉猎,他的治学方法有朱学色彩,向外探求,通过博览群书来由繁而简地穷极真理。祖父的启蒙之功及之后的转益多师、勤学苦读,十五岁的危素已经通晓五经大旨。由于家里贫困,危素在乡里开始做童子师,维持家里开销,生活的历练使得危素少年老成、稳重练达。

危素曾在《刘彦昺诗集序》中谈到他对诗歌的认识:

> 予惟诗之道大矣,盈天地之间,烟云之卷舒、风霆之震荡、日月星辰之森列、山川之流峙、草木之荣华、鸟兽之飞走、鱼龙之变化,无非诗也。自苏、李下至唐人,各以所见,自为一家言。独杜甫氏汪洋浩博,兼备众

---

① 见《元史·卷一百九十九》,《列传第八十六·隐逸》。孙辙所著《澹轩诗文集·二十卷》,今不传。
② 危素.借书录序[M]//李修生.全元文·第48册.南京:凤凰出版社,2004:192.

体，所谓杰然者哉。予年十六七，刻苦学诗，茫乎若望洋而不见其涯涘也。①

知其于十六七岁时开始刻苦学诗，并独推杜甫之诗，《云林集》中亦有《种菜为霜雪所杀叹》等模仿之作。

年及弱冠，危素就学于贵溪龙虎山卢氏之馆、乡先生桂氏兄弟。陆九渊曾于龙虎山上结庐讲学，因山形如象，改名象山，自号象山翁，称所居为象山草堂，亲书匾额为"象山精舍"，猜想卢氏之馆讲学亦承陆学。龙虎山为道教正一派祖庭，在此读书时，危素结识了许多道人，如玉清道馆的卢尊师及其徒李九成、吕虚夷、朱思本、毛永贞等。

延祐间，朝廷复兴科举，危素亦有意于此。徐长公主簿金溪县，危素前去拜访，请举子业。同时，危素积极求学于附近的大儒——吴澄、范梈、虞集、金溪森桂坊曾氏等人。据宋濂《危公新墓碑铭》载："……复徒步走临川吴文正公澄、清江范文白公梈之门，质而正之。二公皆折行辈，与之为礼，吴公至恨相见之晚，凡所著书，多与公参订之。虞文靖公集、孙先生辙，名德俱尊，其遇之一如吴公。由是公之名震动江右间。"② 此时危素虽一介布衣，但已声名远播。

泰定三年（1326）五月，24岁的危素携诗文求教祝蕃、李存，二公都非常器重危素，悉心传授学问。此年，柳贯为江西儒学提举，危素以诸生身份拜见，柳贯视之为好友，并训导善诱。天历、至顺之间，危素数次前往贵溪拜访陈苑，陈苑十分赏识危素的才华，对危素耐心启迪训诱。陈苑在当时程朱理学成为官学的大背景下坚守陆学，危素亦认为陈苑有扶树正道之志，而世人未能窥其蕴奥，一生隐约于闾巷，危素对此十分痛惜。

天历元年（1328），26岁的危素受金陵玄妙观住持陈玉琳之邀，作《虚白斋记》。元文宗出居江南时曾数次登临冶城山玄妙观，眷遇甚厚，即位后，改玄妙观为大元兴永寿观，并赐陈玉琳"虚白"之号，陈氏题其斋曰"虚白"，很多缙绅之士为之作记，陈玉琳嘱托危素作记。危素在文中表达了对元文宗善用人才、野不遗贤的赞颂。

---

① 李修生.全元文·第48册[M].南京：凤凰出版社，2004：250.
② 黄灵庚.宋濂全集·第三册[M].北京：人民文学出版社，2014：1268.

元统年间（1333—1334），而立之年的危素在疏山上的仙舟书堂读书。何仙舟为后唐官员，曾于唐宣宗大中元年（847）弃官后在疏山筑庐结室，兴建书堂，名曰"仙舟书堂"，是抚州地区最早的书堂。疏山位于江西抚河右侧，距江西省金溪县约四公里。疏山原名"书山"，与危素十五世祖危全讽颇有渊源，唐中和二年（881），时任抚州刺史危全讽持书上表，唐僖宗御笔亲书"敕建疏山寺"，"书山"由此更名为"疏山"。

危素人生的前半段基本上是在读书、求师、教学中度过的，同时他非常关注世事，有很强的社会责任感和道义感。富州（今江西丰城）分宁县人商琼妄兴淘金之业，荼毒乡里四十余年，翰林待制揭傒斯之从孙揭车同情百姓的遭遇，对此痛心疾首，多次以之告上。元统元年（1333）十一月，终于核实上报，户部命有司蠲之。州人欢欣，请危素述其始末，刻于石上，以示不忘。危素对此类横征暴敛之事深恶痛绝，又对揭车为民去害的精神大加赞赏，作《富州蠲金纪事》。

金溪乡先生黄以权之女黄玉娘，字嗣真，年十九，嫁新田吴泰发为妻。二十七岁时，吴泰发远贾溺亡，二子一女皆幼。黄氏迎夫丧归，撰《祭夫文》，口授经史，谆谆教导儿女，并于至顺三年（1332）作《训子诗》三十韵。① 黄氏从孙吴绶录诗并示之于吴澄，吴澄作文《题金溪吴节妇黄氏训子诗后》，吴绶又请危素作跋，危素作《书吴泰发妻黄氏戒子诗后》，认为黄氏"有行而又有文，儒生文士愧之者多矣，岂独足以表仪于闺阁哉"②。

危素还为金溪孝女的事情积极奔走。前述唐代有金溪两孝女为救父葛祐，投炉赴死，事闻于朝，遂下令罢废银冶，金溪百姓得以解除沉重的负担。元代平定江南后，又打算复开旧冶，地方官府转报了二女投炉之事后，作罢。危素惜二女之事不能闻之于天下，于元统二年（1334）四月初一，请虞集为金溪孝女作《孝女赞》。后又请李存作《金溪县烈女庙记》。

（三）出游经历

后至元三年（1337），危素刊刻诗集《云林集》二卷，出游金陵，虞集作《送危太朴序》，寄予厚望。危素到金陵后，以文出示张起岩。张起岩博学多闻，

---

① （元）吴澄. 题金溪吴节妇黄氏训子诗后 [M]//李修生. 全元文·第14册. 南京：凤凰出版社，2004：485.

② 李修生. 全元文·第48册 [M]. 南京：凤凰出版社，2004：262.

为元代"左榜状元"第一人,极少称许人,却很赏识危素,甚至说:"危君为状元,庶几相当,老夫有愧色矣。"①

危素在金陵曾寓居崇因寺雪堂,结交了很多僧道逸士。后至元四年(1338)三月十四日,危素与僧明晋、善继、如璧、山阴道士费一元等友人一同游览了牛头山,娱情山水之间。在金陵期间,危素还结识了朱右。

不久,张起岩升任江南行台御书中丞,拜为翰林学士承旨,知制诰兼修国史,知经筵事,携危素入朝,京师达官贵人久慕危素声华,争相论荐,盛极一时。翰林学士承旨多尔济巴勒(又作朵儿只班)在京师迎阳里为危素筑室客之,揭傒斯铭其室为"说学斋",李存为作《说学斋铭》。黄溍在为危素父亲所作墓志铭中也追及此事:"其子素博学而有文,间出游京师,一日隐然名动公卿间,莫不交口荐举之。"② 其间,诗人武恪的门人牟谦持武恪诗集来请序,又有太庙都监阎壎请危素为其父传记作序。危素在家乡时就很仰慕张养浩,来到京师,找到张养浩之子秘书郎张引,求得家中所藏名卿大夫记述交际之文及张公行事履历,作《张养浩年谱》一卷。

后至元六年(1340),危素拜访苏天爵,苏天爵颇为欣赏危素,并向危素索要文章阅读。至正元年(1341)四月,大都路都达鲁花赤康里公伯嘉奴请作左、右、南三警巡院,大兴、宛平二县孔子庙,并建学舍。危素佩服其为政知本,为作《兴学颂》。

二、元朝出仕阶段(1341—1368)

权臣燕帖木儿死后,元统元年(1333)六月,年仅13岁的元顺帝经历一番周折后终于即位。不久,燕帖木儿的儿子唐其势叛乱。元统三年(1335),丞相伯颜粉碎唐其势叛乱,却因此势力大增,把持朝政,采取一系列排挤汉人的政策,如禁止汉人参政、取消科举考试等。后至元六年(1340),元顺帝罢免并流放伯颜。至正元年(1341)脱脱(脱脱帖木儿)为相,大改伯颜旧政,复科举取士,世风丕变,汉人、南人备受歧视、排挤的境遇有所改观,社会矛盾有所

---

① (明)宋濂. 危公新墓碑铭[M]//黄灵庚, 校点. 宋濂全集. 北京:人民文学出版社, 2014:1268.

② (元)黄溍. 赠太常博士危府君墓志铭[M]//李修生. 全元文·第30册. 南京:凤凰出版社, 2004:380.

缓和。

据金华王余庆《虞邵庵书拟岘台记并诗》后题识记录：

  虞公篆法、八法、楷书暨文章皆萃美于兹卷，而南丰先生之文行又因以起百世敬慕于无穷焉，非苟玩其词翰而已。至元六年岁次庚辰夏四月十八日，金华王余庆识于吾友太朴危君京师迎阳坊之寓舍。

危素在后至元六年（1340）已到大都，目睹了"脱脱更化"大刀阔斧的改革，引发了他内心深藏已久的济世报国之志。至正元年（1341），脱脱改奎章阁为宣文阁，重开经筵，遴选欧阳玄、李好文、黄溍、许有壬四人为皇帝进讲，元顺帝"用心前言往行，欣欣然有向慕之志"。第二年，40岁的危素凭借自己的声望和才华赢得了大臣们的交相荐举，入经筵为检讨。

（一）初仕生涯（1342—1353）

早在少年时，危素对积极推行汉法、善用人才的元文宗、元英宗就怀有仰慕之情，有报效之心，如作于天历元年（1328）的《虚白斋记》，就赞扬了文宗野不遗贤的仁心：

  素惟昔文宗旧劳于外，周知民事，公卿大夫士有文武才德知能者，悉取而用焉。至于方外之臣，虽长往于山林，无事乎禄爵，而亦不欲遗乎其贤。仁哉！帝王之用心也。①

英宗遭遇"南坡之变"后，汉臣们对这位大力度施行"以儒治国"的皇帝普遍有仰慕、追思和惋惜的情绪，危素也曾在诗中流露这种情感：

  英宗皇帝时，逆气横乾坤。贼子不知父，乱臣已忘君。臣素愤薄世，胆气长囷轮。念之万感集，血泪射秋旻。②

---

① 李修生. 全元文·第44册[M]. 南京：凤凰出版社，2004：364.
② 危素. 送王起元之分宁教官任[M]//杨镰. 全元诗·第44册. 北京：中华书局，2013：235.

所以，危素得以进入经筵，为皇帝讲学，传递儒家的治世理念，可以说实现了他多年的夙愿。关于危素何年入经筵为检讨，各个版本的《碑铭》多有异文。《丛书集成初编》本、文渊阁《四库全书》本、《宋学士全集·危公新墓碑铭》均记载："公自至正元年用大臣交荐，入经筵为检讨，公年已四十一矣。"《明史·危素传》也持同一说法："危素，字太朴，金溪人，唐抚州刺史全讽之后。少通《五经》，游吴澄、范梈门。至正元年用大臣荐授经筵检讨。"而《四部丛刊》本、《宋学士全集·危公新墓碑铭》记载："公自至正二年用大臣交荐，入经筵为检讨，公年已四十矣。"考宋濂文集的版本源流，《四部丛刊》本、《宋学士文集·七十五卷》乃据明正德九年（1514）张缙刻本影印，此集为宋濂入明后所作，为宋濂生前亲手编定，命子宋璲缮录精整，后为张缙所得，于正德九年按本翻刻录入。冯先恕先生也考证了正德刊本的《宋学士文集》当为初刻全本。《丛书集成初编》本、《宋学士全集·三十三卷》乃据《金华丛书》排印，《金华丛书》中的《宋学士全集》实来自明嘉靖三十年（1551）韩叔阳刻本。文渊阁《四库全书》本、《文宪集·三十二卷》，体例与韩本同，亦出自韩叔阳刻本。比较而言，《四部丛刊》本、《宋学士文集》可信度较高，而以前考危素生于1303年也可知其当于至正二年入经筵。

当时经筵一月进讲三次，讲文都由危素亲自撰写，危素曾经为元顺帝解析"民惟邦本"之言以进，遭到了典领大臣的非难，认为他过于峭直。危素毫不让步，说道："经筵之职，所以格君心，反不以民之疾苦告邪？纵加罪，罪在操觚者，素请当之。"危素思想中浓厚的道义感让他冒着可能被加罪的危险直言进谏，而元顺帝并未怪罪，听后还很高兴，赏赐了危素。不久，就下诏发钱粟千万，赈济河南永平百姓。

自汉代以来，中国一直有盛世修史的传统，新建立的朝代纂修前代的历史，而元代立国已久，因政局动荡、"义例"未定等原因一直没有进行。脱脱改革以来，文治大兴，到了修史的最佳时机。最早提出修史建议的人是巙巙（康里巙巙），巙巙进读《资治通鉴》时，"因言国家当及斯时修辽、金、宋三史，岁久恐致阙逸（缺佚）"[①]。危素从巙巙处听说此事，知元顺帝也以未能修史为憾，便积极推进修史进程，当时御史台、国史院以此事交请于中书省，但未见回复。

---

① （明）宋濂，等. 巙巙传［M］//宋濂，等. 元史·卷一四三. 北京：中华书局，2013：326.

于是至正二年七月十三日，危素上书于右丞相贺惟一，言明了修史的原则和重要性，列出了一直以来拖延修史的四种理由且一一加以驳斥，并给出解决方法。对于争论不休的辽、金、宋何为正统的问题，危素认为不必拘于正统观，元代立国于宋、金未亡之先，非承宋、金而有国，三者皆可为正统。贺惟一被危素打动，至正三年（1343）三月，与脱脱等人奏请修史，元顺帝正式下诏进行纂修，分史设局。据《庚申外史》中记录，分修三史的决定是脱脱决断三国各与正统，各系其年号，或许脱脱听取了危素的建议。可以说，修史之事的成功，很大程度上得益于危素的斡旋之力。

元顺帝下诏后，三史便同时开始纂修。危素参与了《宋史·忠义传》的编写。危素祖上与两宋很多官员皆有渊源，写作时，对这些在民族战争中捐躯殉节、忠谏杀身的忠义之士倾注了深厚的感情，在他文集中提及的为其作传的忠义之臣有冷应澄、林勋、舒璘、沈焕、黄次山、黄畴若、黄端卿、彭龟年、周锷、杜谊、杜范、杜衍、柴中行。

但修史又面临一个问题——史料的缺失，当时江南诸处宋之遗民后裔还多有畏忌，将所藏书籍送官者极少，中书省考虑危素在江南的声誉和影响力，便派危素前往河南、江浙、江西等地，搜访遗书佚史。这个差事非常辛苦，危素自述：

> 至正三年诏修辽、金、宋史，遣使旁午，购求遗书，而书之送官者甚少。素以庸陋，备数史馆，中书复命往河南、江浙、江西。素承命恪共，不遑宁处，谕以皇上仁明，锐志删述，于是藏书之家稍以其书来献，驿送史馆，既采择其要者书诸策矣……素之跋涉山海，心殚力劳，有不足言。后之司笥闉（管钥）者诚慎守之，不至于散亡可也。有志于稽古者，岂必有所增广其学问云尔。至于人情之险阻、事物之胶轕（葛），别为之录，以示儿子，俾知生乎今之世，虽事之小者，奉公尽职之为难。①

宋禧在《代刘同知送危检讨还京师序》中也肯定了危素对搜书工作的尽心尽力：

---

① （元）危素. 史馆购书目录序［M］//李修生. 全元文·第48册. 南京：凤凰出版社，2004：211.

> 明年，经筵检讨危君太朴奉使购求其书，周流楚、吴、越之疆，搜微抉幽，极其心力之所及而后去。

仅在四明一处，危素就得书七千余卷，为写作《宋史》打下了深厚的文献基础。宋濂在《危公新墓碑铭》中评价："书（史书）成，公之力居多。"从整个修史过程中危素所为来看，此语非溢美之词。

危素来到京师后，对金溪孝女之事仍是念念不忘，以之告金溪县丞尹大鹏，尹氏上任后看到孝女祠破败倾敞，号召百姓新建，至正元年三月修成，以书告危素。危素又请吴师道为新建孝女庙作记。搜书南下路过钱塘时，又请杨维桢为孝女赋诗，由是，金溪孝女之事越传越广。

至正五年（1345），修史完成，危素受到奖励。黄溍文曰：

> 未几，上复用言者建白，妙选儒臣，纂修三史，又以素为史官，史事既毕，中书奏以素为国子助教，用资历及恩例阶承事郎，遂追赠府君承事郎、太常博士。①

知危素此年改承事郎，为国子助教，其父亦因此追赠承事郎、太常博士。元顺帝也愈发赏识危素，命其注《尔雅》、校雠《君臣政要》，危素很快就完成了，元顺帝赐金及宫人，危素皆辞。

危素为国子助教，以其渊深的学问使六馆学生折服，分监上都时，省下自己的餐钱，修建监门，修葺斋舍，并将分教上都以来教师姓名刻于石，不使之湮灭无闻。顺帝使之书写佛教书，危素认为自己的职责只是教化民众，外教之书不宜书。授经于宫学，创教学条例，使所教贵戚大臣之子畏服。

至正七年（1347），危素除应奉翰林文字同知制诰，兼国史院编修，后转任宣文阁授经郎，兼经筵译文官。至正八年（1348），复应翰林应奉，此时，危素负责编修《后妃功臣传》，面对很多缺乏证据、难以细考的史事，危素买饼馈赠一些之前的宦官、外戚，详细叩问，加以复核之后，才敢动笔，卒为全史。

京师三皇庙祭祀原无礼乐，至正九年（1349），江西湖东道肃政廉访使臣文

---

① （元）黄溍.赠太常博士危府君墓志铭［M］//李修生.全元文·第48册.南京：凤凰出版社，2004：380.

殊讽进言，谓三皇功被万世，而京师每年春秋祭祀，只命太医官主祭，仪制过于简单。中书省接受了他祭祀三皇的建议。于是命太常定仪式，工部范祭器，江浙行省制雅乐器。又命太常博士定乐曲名，翰林国史院撰乐章十有六曲。危素为定撰乐章。至正十年（1350），顺帝诏令提升三皇庙祀的等级规格，与宣圣庙祀等同，派遣大臣主持祭祀，并下令为制礼作乐，完备礼仪。至正十一年（1351），危素迁太常博士，为隆三皇祭祀之礼，又定著仪文，作《祭礼》一卷，颁行郡县。危素此举出于保护传统文化的目的，也实现了元初以来一些文臣们的夙愿，吴澄、胡祗遹等人都曾激烈批判过仅将三皇看作医药业之神祭祀，此事至危素时才有了结果。危素有幸参与，又怎能不尽力使祭礼隆重，而传诸天下。

危素任太常博士期间，还奏请顺帝亲自到南郊祭天，另筑北郊祭地，斥责合祭之非。从西汉元始年间实行天地合祭以来，一千多年间关于天地合祭还是分祭，争论不休，没有定论。元代立国，早在元成宗大德九年，中书省就此事曾召集翰林院、集贤院、太常礼官等讨论，决定确定天地分祭制度；但此后的十几年间，虽屡有讨论，在北郊建立方丘祭祀却始终没有付诸行动，一直到顺帝时还是如此。危素对古制颇有研究，依据《周礼》，冬至圜丘祭天，夏至方丘祭地，礼乐依时令不同而有区别，危素主张按照古礼，天地分祭。

危素初仕期间，更多的是展现自己的才华，兢兢业业地撰写史书、推行古礼和儒家思想，向他的理想走近了一小步，但因自元世祖以后，省台之职不用南人，危素尚无缘进入实权部门。

（二）实权机构生涯

至正十一年（1351）五月，韩山童、刘福通在颍州（今属安徽阜阳）聚集民众三万人，高举"虎贲三千，直抵幽燕之地；龙飞九五，重开大宋之天"的大旗，发布讨元檄文，红巾起义爆发。这一起义拉开了元末各种势力起义的序幕，大江南北各地纷纷起义。为了应对危急的形势，增强统治力量，镇压起义，至正十二年（1352），顺帝下旨，南士皆得居省台，危素得以进入实权机构。

至正十三年（1353），危素任国子监丞，擢兵部员外郎。任国子监丞时期，危素捐赠自己的束脩，刻印小学类书籍及史季敷《夏小正经传考》，以惠后学。居兵部时期，奉命到雄、霸二州垦田，开辟田地上千万亩。为了加强中央的军事力量，元朝政府调集一部分精锐部队驻扎在大都周边，为了解决军队的粮食问题，就在京郊各地屯田耕种。危素带领手下开辟田地千万亩，有效地保证了大都周边稳定。

至正十五年（1355），危素升任礼部郎中，拜监察御史，迁工部侍郎。任礼部郎中时，严守礼制，更正了皇太子谒庙之礼，撤去牲体，百官以便服贺于东宫。任监察御史时，请录英宗朝谏死之臣御史观音保等四人的后代为官。又为天历初年举兵反叛的四川行省平章政事囊加歹（又作囊加台、南家台）雪冤。当时囊加歹欲拥护元明宗，听说文宗夺位的消息，就起兵讨逆。顺帝为明宗之子，即位后于后至元六年（1340）追查文宗谋害明宗之事，下诏撤去文宗庙主。危素从儒家正统的立场看囊加歹，认为他实为反对篡权的忠臣。

危素任工部侍郎，顺帝想要以蒙古语译佛教三藏经，下部刊行，危素认为无益，进谏于顺帝，遂罢之。此时淮南兵乱，危素奉旨查考原因，正赶上维扬、京口等地严重饥荒，危素命守臣发楮币数万赈灾，百姓因之活者甚众。危素还为时任淮西宣尉使的余阙上捍贼功状，请升其官秩。又请于淮安立宋徐节孝书院，徐节孝是指北宋著名才子、孝子徐积，去世后，朝廷赐谥"节孝处士"，当地官府和百姓为他修建了祠堂，曰徐节孝祠。①

至正十六年（1356），危素任大司农丞。此时随着各地起义的爆发，南方各地的屯田都被战火摧毁了，粮食运输的漕运交通也被切断，大都出现了严重的粮食短缺。因此，顺帝命危素主持京南保定的屯田，经过治理，保定几无旷土，宋濂评价曰"时海输不至，军国多仰焉"，肯定了危素的功绩。

至正十七年（1357），危素任大司农少卿，复入礼部为尚书。此时局势越来越危急，危素一改往日常态，不再沉默寡言，无所保留地谈论政事得失，并提出自己的建议。

至正十八年（1358），危素任参议中书省事，提出挽救天下应以择将帅、举贤才为本，并提出一系列具体措施：请专任甘肃行省平章定住总西方兵，勿遣其迎帝师，误军事；任用枢密副使普颜不花（又作巴布哈）为中书参政，治理江南，以也先帖木儿、黄常为礼部尚书，颁历安南，立兵农宣抚使司安畿内，任贤守令，以抚流窜之民。并谏于顺帝："今日之事，宜卧薪尝胆以图中兴可也。"可惜，危素提出的方案虽能切中肯綮，但顺帝未能尽用。为了进一步任贤

---

① 今皆以为最早是明代景泰天顺年间太守邱陵在其祠讲学，始称节孝书院，其实始于元代。

选能，督促铨曹推选人才，危素改变旧制，将每日具十名仕者上中书改为每日选取五名仕者，五日一上中书，减轻负担后，铨曹之吏各思奉职业，很多延滞已久的仕者得以施展才华。

至正十九年（1359），任御史台侍御史。此年作《中书参议府题名记》，追忆了曾任中书参议的官员，认为应慎重选择任此职的官员，才能惠及百姓。又奉旨为程钜夫撰写神道碑铭。当时乱兵杀易州达鲁花赤，危素请借守令以控制兵权。当时中书左丞成遵以下六人因受赃得罪①，独贺丞相、平章干栾与危素三人清白，皇太子书"澄清忠义，清白传家"八字褒赐危素。

至正二十年（1360），危素任中书参知政事同知经筵事，严谨断案，为很多蒙冤官员洗清冤屈，遇有要员欲包庇罪臣，虽反复请求而危素不应。礼部员外郎姜硕，因出使伪汉政权陈友谅处不屈而死，危素奏请封赐其子。当时京畿歉收，国用不足，危素奉旨以钱币诰敕百姓进献粮食，危素以大义感化百姓，于是"荷负来输者填道"。上都宫殿失火，顺帝欲重建大安、睿思二阁，危素上书劝谏，遂罢其役，减轻了百姓的负担。

至正二十三年（1363），红巾起义被镇压，宋政权覆亡。战争暂时平息后，扩廓帖木儿与孛罗帖木儿两派军阀斗争开始激化，在华北屡次为争夺地盘而互相攻伐。扩廓帖木儿为增强自己的力量，甚至与盘踞江淮的朱元璋相勾结。危素据此向御史大夫普化进谏："养虎者欲其不相搏噬，则别其牢。今欲二人无斗，莫若加其职而分地处之。用孛罗帖木儿为丞相，治四川，以扩廓帖木儿为丞相，治河南，各责其成功，可也。大夫曷不为上言之？"普化进言后，顺帝及皇太子都很赞同，只是恰逢搠思监丧妻不出，危素进言未能施行。

昔危素未任中书参知政事时，江南经略使普颜不花、李国凤，请封朱熹为齐国公，以杨时、罗从彦、李侗、真德秀、蔡沉等朱熹老师及弟子从祀于孔子庙廷。危素为御史时，也曾请封谥刘蕡，但事上中书，未果。危素在参知政事任上，两件事情都得以实行，危素还作文以少牢亲自祭祀刘蕡之墓。刘蕡是唐文宗宝历年间进士，在当时宦官外胁群臣、内挚天子的背景下，敢于直言指斥

---

① 至正十七年，贺惟一因事忤皇太子，皇太子欲去之，以成遵及参知政事赵中等人皆贺氏一党，欲除之以孤贺惟一。至正十九年，手下承风望旨，使宝坻县尹邓守礼弟邓子初等人，诬陷成遵等人受赃，入狱杖死。至正二十四年，御史台臣为翻案，复给还其所授宣敕。

33

宦官乱政误国。危素于此时为其请封谥，应是痛恨当时宦官朴不花乱政。

至正二十四年（1364），危素任翰林学士承旨，八月，孛罗帖木儿入相，出为岭北等处行中书省左丞。此时朝廷内部矛盾也很尖锐，皇太子与右丞相搠思监、奇皇后同乡宦官朴不花等人以扩廓帖木儿为外援，这一派与顺帝母舅御史大夫老的沙不和，顺帝遣回老的沙，老的沙途中归于孛罗帖木儿军中。至正二十四年（1364）三月，搠思监、朴不花等人称孛罗帖木儿与老的沙图谋不轨，顺帝下诏削孛罗帖木儿兵权、官职，令归四川。据《庚申外史》记录，此诏书实为危素草之：

> 初，削孛罗兵权时，搠思监召承旨张翥草诏。翥曰："此大事，非见主上，不敢为之执笔。"乃更诏参政危素就相府客位草之。草毕，过中书郎中说之曰："我恰了一件好勾当，为朝廷出诏，削孛罗兵柄，此正拨乱反正之举也。"郎中曰："相公此举，莫不拨正反乱也。"客有畅勋在座，因曰："拨正反乱，其犹裸体缚虎豹者也。"孛罗至京师，闻之，召危素责之曰："诏从天子出，搠思监客位，岂草诏之地乎？"素无以对，欲将出斩之。左右解曰："当时素以一秀才，岂敢与丞相可否乎？"遂止之。且以负天下才名，乃除和林省左丞，即时上道。①

不知道此记载是否属实，但诏书中令孛罗帖木儿归四川，倒是和之前危素的建议一致，而且危素对当时两派内乱愈盛的境况很是担心，其"裸体缚虎豹"的精神也值得赞扬，最后孛罗帖木儿因危素"负天下才名，乃除和林省左丞"。宋濂《危公新墓碑铭》中也记载："孛罗帖木儿入相，出为岭北等处行中书省左丞。"或许正是因为此事。

即便是被发配到偏远的岭北，危素依然兢兢业业地工作。和林为太祖肇基之地，却无图志可征，昔虞集曾经对此感慨不已②，危素请于朝，作《和林志》。昔，郯王彻彻秃被伯颜构陷所杀，后伯颜被黜，郯王门下士人夏侯尚玄来到京城再三上书，奏明郯王冤屈，后顺帝诏天下，为郯王雪冤。危素曾为其作

---

① （明）权衡. 庚申外史 [M] //陈力. 中国野史集粹. 成都：巴蜀书社，2000：311.
② 虞集《全元文·第26册·跋和林志》："是以至者惑未必能言，言者未必能文，记载邈如，每为之三慨。"

34

《夏侯尚玄传》。到和林后，又补其子为宣使。危素本来想随遇而安，在岭北继续自己的使命。但埑速达儿为省平章，因为私人间的恩怨杀了右丞答里麻巴，这使危素触目惊心，"是尚可以仕邪？不去，祸且及"。上书为答里麻巴辩无罪后，危素辞官居房山。朝中将相重臣皆以书请，危素不应。丞相史列门来问计，危素感慨皇太子抚军院误国，已不可救，唯有请河南王扩廓帖木儿总兵固守京畿。

危素弃官居房山期间，曾前往福建漳州龙溪书院。危素在为刘诜所作《桂隐刘先生传》中提道："先生殁十有六载，素始遇令孙山长伯珵于龙溪书院，出示先生行状、墓铭、谥议等篇。"刘诜卒于至正十年（1350）九月，十六年之后即至正二十六年（1366），此时南方大乱，很多地方都被起义军占领，但福建省始终在元朝的控制之下。南北陆路交通被战乱阻断，福建与大都之间的海运始终通畅。考龙溪书院位置有二：一处位于广西宜州，另一处位于福建漳州。危素族祖危积曾出知漳州，并在漳州创建了龙溪书院（一名"龙江书院"），猜测危素应是去往漳州的龙溪书院，追念这位也曾弃官自还的先祖。

至正二十八年（1368）七月，元顺帝北奔，淮王帖木儿不花监国，请危素复职为翰林学士承旨，危素上书请求辞免，而明军入京，元朝灭亡，此年危素已66岁。危素说："国家遇我至矣，国亡，吾敢不死？"欲投所居报恩寺中井殉国，友人释大梓和徐彦礼劝他："公不禄食四年矣，非居位比。且国史非公莫知。公死，是死国之史也。"危素不死，明军将及史库，危素言于镇抚吴勉，保护了累朝实录，为明初撰写的《元史》提供了原始资料。

表1.1 危素仕履表

时间	年龄	官职	政绩
至正二年（1342）	40	经筵检讨	1. 上书促成修史 2. 参与编修《宋史·忠义传》 3. 往河南、江浙、江西等地搜访遗书遗闻
至正五年（1345）	43	承事郎 国子监助教	1. 分监上都，省餐费建监门，修葺斋舍 2. 题开国以来分学上都教师之名于石

续表

时间	年龄	官职	政绩
至正七年（1347）	45	文林郎 应奉翰林文字 同知制诰兼国史院编修 宣文阁授经郎兼经筵译文官	授经官学，创教条、置账历，每天记载学士勤惰，每月汇总赏罚
至正八年（1348）	46	应奉翰林文字	1. 录修史进献书籍目录 2. 执事太社太稷祭祀 3. 撰《三皇飨祀乐章》 4. 修《后妃功臣传》
至正十一年（1351）	49	儒林郎 太常博士	1. 亲祀南郊，筑北郊，斥合祭 2. 修正谥法、祀典 3. 同张翥一起补正礼文缺漏
至正十三年（1353）	51	奉训大夫 国子监丞 兵部员外郎	1. 作《上都分学书目》 2. 捐束脩刻小学书及《夏小正经传考》 3. 奉诏在雄州、霸州垦田，辟田几千万亩
至正十五年（1355）	53	奉议大夫 礼部郎中 朝散大夫 监察御史 工部侍郎	1. 赞皇太子受玉册，撤牲体以便服贺之 2. 请录英宗朝以谏死之御史观音保等人之后 3. 为四川平章政事囊加歹雪冤 4. 请旌表容城魏敬益买田又还田之举以敦廉让 5. 谏罢止刊行以蒙古语译佛教《三藏经》下部 6. 察访淮南兵乱，谕守臣发楮币赈维扬京口饥民 7. 上余阙捍贼功状请升其官 8. 复请于淮安立宋徐节孝书院
至正十六年（1356）	54	朝请大夫 大司农丞	分治京南，保定几无旷土
至正十七年（1357）	55	中奉大夫 大司农少卿 礼部尚书	

续表

时间	年龄	官职	政绩
至正十八年 （1358）	56	参议中书省事 经筵官	1. 专任平章定住总西方兵，勿遣其迎帝师误军事 2. 任用普颜不花为参政，治理江南 3. 建立兵农宣抚使司安定京城 4. 安抚流窜之民 5. 发钱粟千万赈河南永平灾民
至正十九年 （1359）	57	通奉大夫 御史台治书侍御史	
至正二十年 （1360）	58	通奉大夫 中书参知政事 同知经筵事 提调四方献言详定使司	
至正二十四年 （1364）	62	资政大夫 荣禄大夫 翰林学士承旨 知制诰兼修国史 岭北处行中书省左丞	作《和宁志》
至正二十五年 （1365）	63	弃官	1. 将相重臣以书请之，不听 2. 丞相史列门问计，建议请河南王扩廓帖木儿总兵保卫京畿
至正二十八年 （1368）	66	翰林学士承旨	
洪武二年 （1369）	67	翰林侍讲学士知制诰同修国史 中顺大夫	撰《皇陵碑》
洪武三年 （1370）	68	复官兼弘文馆学士	整理平日撰述，欲类编行世

三、入明出仕阶段（1368—1372）

（一）入明概况

至正二十八年（1368）正月，朱元璋经过多年的血腥征伐终于在南京称帝，定国号"明"，建元洪武。八月，明军攻占大都，危素等元朝故臣谒见徐达。洪武二年（1369）二月，危素等人到达南京，得到了朱元璋的召见。授官翰林侍讲学士、中顺大夫、知制诰、同修国史。朱元璋非常欣赏危素的才华，数次向他咨询元代兴亡之故，并将撰写皇陵碑文的任务交给了他。后因失朝，被劾免官。洪武三年（1370）正月复官，四月，兼弘文馆学士。这年的冬天，危素被监察御史王著等弹劾，被免职，出居和州。

明初金溪人吴伯宗的诗集《荣进集·卷三》中收有两首诗，一为《美危太朴奉使南归》：

使者南归海上城，远还慰藉见交情。书来乌粤知强健，诗到耽罗识姓名。绮语红尘忘结习，黄麻紫诰被恩荣。传经更忆危夫子，一代衣冠属老成。

一为《送危学士赴京》：

亲庭拜舞彩衣裳，祖庙留连碧玉觞。六月火云连海岱，一篙潦水下舟航。蓬莱宫殿烟霞远，翰苑文章日月长。霄汉飞腾属髦士，即看簪笔侍君王。

从两诗内容看危素入明后似乎曾奉使南归家乡，还颇为荣光。但据学者考证，这两首诗原作对象并非危素，原作者也非吴伯宗[①]。《太和正音谱》等书皆著录有《危太朴衣锦还乡》杂剧正名，《儒林外史》楔子中关于危素的情节也是在明初危素衣锦还乡的背景下展开的，或许和这两首诗的流传有关系。

朱元璋出身低微，用武力夺取天下，建立了大明政权，不像传统世袭传承

---

① 陈青松. 游子·寓贤：元末明初流寓江南的江西文人研究 [D]. 天津：南开大学，2014.

的皇帝那样名正言顺，因此，他格外用心维护，生怕一向讲究正统的士人们有所非议。由此导致他对士人的态度很是矛盾：一方面建国立业一定要用到士人，礼贤下士、求贤若渴；另一方面很是厌恶，处处提防，猜忌怀疑、打压迫害。有学者认为明初知识分子政策是朱元璋僭主心态的重要体现①。同时，朱元璋对忠义之人怀有一种崇敬之情。据《明史》载："洪武元年，命中书省下郡县，访求应祀神祇，各名山大川，圣帝明王，忠臣烈士，凡有功于国家及惠爱在民者，着于祀典，令有司岁时致祭。"② 在这些访求对象中，忠臣烈士是重点。不仅为本朝平定天下过程中牺牲的忠臣建立忠臣庙、塑像祭祀，连前朝死节的忠臣如余阙，也为建庙祭祀。

那么，朱元璋应该很厌恶危素这样的"贰臣"，为何还要厚待他呢？当时明朝立国未久，北元政权尤在，而且拥有一支以扩廓帖木儿为首的强大军队，政权还不稳定。另外，士人们多不认同朱明政权，随着理学的发展与深化，元代士人的普遍心态是将君臣大义置于夷夏之别之上，视前朝为故国，充满眷恋怀念③。因此，朱元璋需要一批比较有影响力的元朝故臣效力于他，来证明明政权的合法性和正统性，削弱士人和百姓的抗拒心理。

据《明史》记载：元故官来京者，危素及张以宁名尤重。张以宁在元末任翰林学士承旨，危素虽然归隐了四年，但其作为元代重臣及在士人中的影响力显然要超过张以宁。朱元璋怎能不重视？危素刚到南京，朱元璋便下诏赐新制衣冠（陈建《皇明通纪法传全录·卷五》）。又频繁召见，咨询详谈，饮酒唱和。危素因失朝被免官，复官后，赐小车，免朝谒。《明史·危素传》中记录了朱元璋眷宠危素的一个片段：

> 尝偕诸学士赐宴，屡遣内官劝之酒，御制诗一章，以示恩宠，命各以诗进，素诗最后成，帝独览而善之曰："素老成，有先忧之意。"

虽然危素的文学才华似乎征服了朱元璋，但以朱元璋对贰臣的鄙薄，应该

---

① 索宝祥. 论朱元璋的僭主心态——兼及刘基之际遇 [M]//吕立汉，李飞林. 刘基文化论丛. 延吉：延边大学出版社，2013：123.
② （清）张廷玉，等. 明史·卷五十 [M]. 北京：中华书局，1974：3886.
③ 见钱穆《读明初开国诸臣诗文集》及续篇，萧启庆《元明之际的蒙古色目遗民》《元明之际士人的多元政治抉择：以各族进士为中心》等文的研究。

不会打算重用危素。如陈建在《皇明通纪法传全录·卷五》中所言："上用素虽以文学备顾问，心实薄其为人。"

为了明确自己是应天命的正统君主，洪武元年（1368）十二月，朱元璋命宋濂、王祎等人纂修《元史》。洪武二年（1369）二月，在南京天界寺正式开局编写。修《元史》应该是危素入明最想做的事情了，而且他是最适合编写《元史》的人选，既熟悉顺帝朝史事和典章制度，又有之前编修三史的经验，尽管如此却无缘参与其中。宋濂曾经在《吕氏采史目录序》中谈过进入史局人员的标准："起山林遗逸之士协恭共成之，以其不仕于元而得笔削之公也。"最基本的一点就是"不仕于元"。据陈高华先生考证，除了一些元朝的学官外也有破例入史局者，就是陈基和殷弼。陈基在元末曾做过经筵检讨，还当过张士诚的幕僚，殷弼当过张士诚的枢密分院参谋官。但是，危素被排除在史局之外。陈高华先生认为，朱元璋对元朝遗臣是心怀疑忌的，他不会不知道危素的专长和声望，关于《元史》编纂人员标准的制定，很可能就是针对危素而发的①。

值得注意的是《元史》于洪武元年（1368）二月正式开局编写，而危素亦于洪武二年（1369）二月后因坐失朝被劾免。危素为何失朝？是否因未能参与修史而不满，以这种方式向朱元璋抗议。洪武二年八月，由于缺少顺帝朝资料，修史工作暂停，朱元璋派人到全国各地收集相关资料。而对顺帝朝政治、经济、文化状况非常熟悉的危素却被闲置冷落。更为可笑的是，《元史》中部分列传的撰写正是依据危素当年撰修的《后妃功臣列传》。据考危素最晚于洪武三年（1370）正月复官。危素为何被劾免后，又接受了官职，是否对参与修史还抱有一丝希望，迫切地想参与编写他最熟悉的顺帝朝历史；而洪武三年二月重开史局，七月完稿，危素自始至终都没机会参与修史的工作，他挽救的从成吉思汗到元宁宗的十三朝实录，成为纂修《元史》的主要材料。复官后，朱元璋赐予危素小车，并免其朝谒，表明荣宠，内心却从未接受危素。

所以，朱元璋只是利用危素的影响力，把危素当作元朝旧臣与新朝合作的典型，并不需要他做什么实际的工作。而且，我们可以想象危素和朱元璋的相处，不会太融洽。在元代比较宽松的政治环境中，危素峭直的个性还算能博得元顺帝的欣赏和重用，但如果危素对朱元璋其人以及当时的政治环境缺乏足够

---

① 陈高华.《元史》纂修考［M］//吴凤霞.《辽史》《金史》《元史》研究·第九卷.北京：中国大百科全书出版社，2009：525.

了解的话，还是沿着元代的旧路走，必定会触碰朱元璋的诸多禁忌。

宋濂文《天降甘露颂》（《銮坡前集·卷一》）曾经记载了一件事情，能让我们得以一窥两人的关系：

> 洪武二年冬十月十有三日甲戌，膏露降于乾清宫后苑苍松之上，皇帝特敕中官折示禁林诸臣……上若曰："甘露之降，载在往牒，然休咎之征，当以类应。朕恶足以致斯？卿等尚明为朕言之。"上参知政事臣稼对曰："圣人之德，上及太清，下及太宁，中及万灵，则膏露呈瑞。陛下恭敬天地，辑和民人，故天不爱道而嘉祥徵显也。"一起居注臣观对曰："帝王恩及于物、顺于人而甘露降。陛下诞宽民赋，众庶欢豫，底于敉宁。神应之臻，职此故也。"翰林侍讲学士臣素对曰："王者敬养耆老，则甘露降而松柏受之；尊贤容众，则竹苇受之。今露降于松，则陛下养老之所致也。宜以制币策告宗庙，颁于史馆，以永亿万年无疆之闻一。"上情存损挹，皆推而不居。言既已，丞相帅其班以退。

《晋中兴书》中有记："王者爱养耆老，则甘露降于松柏之上；尊贤容众，则甘露降于竹苇之上。"危素加以引用，有人据此认为危素谄媚新主，气节尽失。但细加思量，危素加"尊贤容众"这条似乎有些多余，《续文献通考补》及《昭代典则》等史书谈到这一件事情时均删去了此条，而直书甘露降于松柏事。考此时背景，正是撰写元顺帝朝历史，因收集资料而暂停的时期，危素是否针对朱元璋制定的"不仕于元"的修史用人规章，劝诫朱元璋要尊贤容众，善用人才。按照宋濂文中的说法，朱元璋的回应是因自谦而推辞。这件事还记载于《明太祖实录·卷四十六》，记载得更为完整，前与宋濂的记载一致，只是后面补上了朱元璋的回答："卿等援引载籍，言非无征，然朕心存警惕，惟恐不至，乌敢当此，一或忘鉴戒而生骄逸，安知嘉祥不为灾异之兆乎？告诸宗庙，颁之史馆，非所以垂示于天下后世也。"宋濂看到了其中的微妙处，于是删去了这段话，只说"上情存损挹"。

宋濂文中称危素为"翰林侍讲学士"，知洪武二年（1369）十月十三日，危素还未被罢官。危素有文《济南府治记》：

> 天子即位之二年，敕海内郡县皆建公署，以骇众观，仍命中书以图式

示四方。事竣，俾刻石以纪岁月，并载什用之物。……洪武三年正月，翰林侍讲学士临川危素记。①

从文中记述来看，洪武三年（1370）正月，危素任侍讲学士之职，可见至此时已复官。而《明太祖实录·卷七一》中记录"洪武二年，授侍讲学士，坐失朝免。三年四月复其官。"又《明太祖实录·卷五一》载，洪武三年夏四月庚辰，"置弘文馆，以胡铉为学士，命刘基、危素、王本中、睢稼皆兼学士"。或将授危素弘文馆学士之职的时间误记为其复官的时间。危素入明后所作之文，唯此一篇署明之年号及自己的官职，似不应有误。故知，危素因失朝被罢官在洪武二年（1369）十月十三日之后，于洪武三年正月复官。据以上考，洪武二年（1369）十月，危素还任翰林侍讲学士，或许是因为此事触怒了敏感多疑的朱元璋而被罢官。

入明后，在一些事情上危素还是起到了老臣的作用。如王昶《金石萃编·卷一一八》载：

国朝洪武二年，太祖大封功臣，下礼官议铁券制，学士危素奏唐和陵时赐武肃铁券见在，上遣使即家访焉。

危素的浩博确实为朱元璋解决了一些问题。另外，入明后，危素感受到这"以夏变夷"的时代，应该也有些许的归属感。明人陈建在《皇明通纪法传全录·卷五》中记录危素曾向朱元璋进言元代胡僧残害宋理宗骸骨之事：

上尝与侍讲危素论宋元兴替，素言："元世祖至元间，胡僧嗣占、妙高欲毁宋会稽诸陵，时夏人杨辇真珈为江南总摄，使请如二僧言。遂发诸陵，取其金宝。以诸帝遗骨瘗于杭之故宫，筑浮屠其上以压之。又截理宗顶骨为西僧饮器，天下闻之，莫不心酸。"上闻叹息久之，谓素曰："南渡诸君无大失德，与元又非世仇，元既乘其弱并取之，何乃复纵奸人肆酷如是！"即命北平守将吴勉访索顶骨所在，果得西僧庐中。既送至命有司厝于京城之南，至是绍兴以《永穆陵图》来献，遂敕葬于故陵。

---

① 李修生. 全元文·第48册［M］. 南京：凤凰出版社，2004：371.

这件事埋在危素心底很多年，在元时无法向皇帝进言，此时终于可以无所顾忌地说出，将理宗顶骨归葬。

前文考证，危素入明后有一些文章传世，以此可以勾勒他入明后的行止。其中，尤其值得注意的是危素参与了张孟兼《西台恸哭记注》的题跋集咏。在当时的政治环境中，歌咏前朝遗民事迹，成为明初诗文的一大主题。至元二十八年（1291），谢翱登浙江桐庐县西富春山之西台，悼念文天祥，作《西台恸哭记》，洪武二年（1369），张孟兼为之作注。笺注一出，引起了朝野士人的广泛共鸣，危素、陈基、胡翰、王祎、郑涛、高启、唐肃、刘基、刘崧等人都为之题跋赋诗，保存下来的跋文有二十一篇。有学者专门研究了这些题跋的立意："以后人眼光来看，《登西台恸哭记》是拿来阐发'夷夏之防'、论证朱明开国'重光华夏'的极好题目，然而在这二十余篇跋文当中，仅有一篇及于此意，其余立意均在赞颂谢氏之忠节、揄扬'无所逃于天地之间'的'君臣大义'。"① 这就有点追念前朝的意思了。从危素的题跋来看，虽主要是从追溯渊源，保存文献的角度来撰写，但也"为之太息久之"。如杨镰先生所言："这种题跋集咏曾是前朝文坛盛事，在明初则触犯了忌讳。"② 很多诗人或因此境遇悲惨。张孟兼的注作于洪武二年（1369），明抄本《登西台恸哭记注》有唐肃跋，署作于洪武四年；胡翰序，署作于洪武二年。危素跋也当作于洪武二年至洪武四年之间。这件事为危素之后的被罢官、远谪埋下了伏笔。

洪武三年（1370）五月，朱元璋诏设科取士。以御史中丞刘基、治书侍御史秦裕伯为京畿乡试主考官，侍读学士詹同、弘文馆学士睢稼、起居注乐韶凤、尚宝司丞吴潜、国史编修宋濂为同考官③。可以看到，在大明王朝第一场科举考试的乡试考官中依然没有危素，同为弘文馆学士的刘基、睢稼却位列其中。可以想象，危素在明朝的仕宦生涯是表面荣光，背后辛酸。左东岭先生认为刘基入明后创作陷入叹老嗟悲低调的原因，除了与明初严酷的政治与文化政策有关，更重要的是气节问题的巨大心理压力所造成的，认为刘基在君臣之义上很难摆脱他人的非议④。那么，作为故元的高官，危素应该也承受着这种非议。

---

① 张佳. 新天下之化：明初礼俗改革研究［M］//张佳. 亚洲艺术、宗教与历史研究丛书. 上海：复旦大学出版社，2014：27.
② 杨镰. 元代文学编年史［M］. 太原：山西教育出版社，2005：598.
③ 徐学聚. 国朝典汇·卷一二八［M］. 台北：台湾学生书局，1965：150.
④ 左东岭. 明代文学思想研究［M］. 北京：商务印书馆，2013：49.

洪武三年（1370）四月，元顺帝病死于应昌，元太子爱猷识理达腊即位，六七月间消息传至朝中（《明太祖实录·卷五六》），大臣欢庆称贺。对君臣大义非常敏感的朱元璋命礼部榜示："凡北方捷至，尝仕元者不许称贺。"（《明太祖实录·卷五三》）危素在此范围内，这件事对危素的影响因没有相关资料未能细考。但是另外一个人，与危素身份、经历很相似的刘基，据杨讷考证，刘基未能参与撰修《元史》，在官场中的浮沉以及归隐家乡，都与曾仕前元有密切关系①。事实上，朱元璋对这些元朝旧臣的戒备之心从未释怀过。

此年，明军在应昌之役中大败北元，俘获顺帝的孙子及后、妃、诸王、官属等人，得宋元玉玺、金宝、玉册等，危素的好友曾坚感慨此事，作《义象歌》。易代之际，一头不肯跪拜新主的大象一时间成为遗民们竞相吟咏的对象，林鸿作《义象行》，萧岐作《义象传》。曾坚的《义象歌》今已不存，从林、萧两人的诗文来看均是将明政权看作僭伪政权，表达对前朝的忠心和眷恋。曾坚为此丢掉了性命，朱元璋对元代旧臣和遗民们的忍耐似乎到了极限。此年冬天，危素被贬谪到和州守余阙庙。学者们历来对危素是否谪守余阙庙多有争议，明代诗人蓝涧有首诗《闻危太朴大参闲居淮西》可证明危素确有其事：

蒲轮白发步瑶街，诏许淮西卧草莱。太史文章雄两汉，少微星象近三台。明诗之作称元老，旧日经纶倚大才。纵把渔竿休远去，衡门定有鹤书来。

关于危素被谪守余阙庙的原因，多与厌闻履声相联系，如陈建《皇明通纪集要·卷五》载，"一日，上御东阁侧室静坐。素至，履声橐橐，彻帘内。诏问为谁，对曰：'老臣危素。'上曰：'尔耶！朕将谓文天祥耳！'素惧，顿首，流汗浃背。上曰：'素，元朝老臣，何不赴和州看守余阙庙'"。其实，危素和州之谪有很多因素：首先，对朱元璋来说，政权已经稳定，科举考试的实行又为他提供了很多和前朝没有什么联系的新进人才，危素已经失去了利用价值；其次，危素之前的言行对朱元璋多有触犯，已埋下了积怨；最后，朱元璋需要打击一个贰臣降官的代表，来激励本朝的大臣效忠自己。如明人陈汝锜在《建文时死事家妻女》中所言：

---

① 杨讷. 刘基事迹考述［M］. 北京：北京图书馆出版社，2004：119.

高皇帝风励天下，诏求前代忠烈死事者以闻，明著祀典。其在留都则自闵壮缪、卞忠贞而下至元福寿辈，皆有祀祝。称皇帝遣官修祀事惟谨，而又贱危素之不死，谪守余阙庙；纵蔡子英北出塞，从元主于和林；叹王保保之不臣已，为真男儿，使秦王妃其妹，用以砥廉隅、劝委赟为人臣者意良深。

而危素也结束了自己在明朝短暂而苦涩的仕宦生涯，凄凉地踏上前往和州的路途。

（二）危素去世时间及原因考

关于危素卒日，有三种记录。一为宋濂《危公新墓碑铭》，记录为洪武五年（1372）正月二十三日：

> 呜呼！翰林侍讲学士、中顺大夫、知制诰、同修国史危公，享年七十，以洪武五年春正月二十三日，卒于和州含山县之寓舍。其年二月十五日，权厝于含山，某年月日，始迁葬金溪白马乡高桥之原。①

二为明徐一夔《始丰稿·卷六》中的《跋危内翰所撰炬法师塔铭后》，记录为洪武五年正月二十五日：

> 宝石山荪师以临川危公所撰《炬法师塔铭》装潢成卷，持以示余曰："此危公垂殁之笔也。"其文总若干字，而点窜又计若干字。字大如蝇头，而兼用行草。其孤於识其后曰："此文洪武五年正月十日先君子所作，是月二十又五日，以疾终。今以此文寄其徒秋岩昆仲，用先君子之意。"

三为朱右《危学士哀辞》，记录为洪武五年十二月：

> 是年冬，公去居含山。明年辛亥六月，得公手札。又明年壬子八月既望，梦公访予寓，止临水，坐大槐下，出稿中文见示，语间而寤。越月，

---

① 黄灵庚. 宋濂全集［M］. 北京：人民文学出版社，2014：1268.

又梦公语予曰："圣人在上，勤恤民隐。"它语觉后旋忘。比勤公出处，乃知是年十二月卒于含山，则梦时，公竟殁已。呜呼！方公存日，未尝有梦，既殁乃屡形于梦，岂（下文缺）。①

朱右之说乃是辗转得知，不足为信。宋濂所写卒日是据危素长子危份所撰行状而写，徐一夔《始丰稿》中的记录也是据危份在《炬法师塔铭》后所识，两者相较，危份行状中所记似乎更为准确：危素卒于洪武五年正月二十三日，二十五日于含山置棺待葬，后迁回金溪安葬。后危份在整理危素生前著作时作题识，应是将权厝日误记为卒日，危素应是卒于洪武五年正月二十三日。

至于危素是如何去世的，记载也不一。上引徐一夔《跋危内翰所撰炬法师塔铭后》中危份题识言曰"以疾终"，另一种说法是危素自经（自缢）而死，如明廖道南《殿阁词林记》卷六（影印本）曰：

> 素仕元，秉文衡，都枢要，学者仰之如星凤。及徐达收燕蓟，命仕元者投告身，素与编修黄哻约死于难，哻死而素背约焉。及至跻显荣，陟清华，愧东阁之履声，惨南滁之汗颜，竟自经于沟渎而不之耻，庄生有言哀莫大于心死，素之谓矣！

又如明戴重《河村集·卷三》中《危太朴墓己巳》载：

> 危太朴放居和州，未几，自经死，葬含山东门外。

明人的说法主观性很强，猜测危素被贬守余阙墓后，惭愧不已，自经而死。而徐一夔在《跋危内翰所撰炬法师塔铭后》中提到，危素在去世前十五日为炬法师撰写塔铭，未及脱稿别书而卒：

> 於，今为安庆府教授；秋岩，则荪师字也。予以此本乃公未脱稿之文，行草兼用，且加点窜，读者难认。取今天界寺住持泐公所为行状，正其差讹，命诸生方质录于稿本之后，以便读者。且属荪师，请善书者登其文于

---

① 李修生. 全元文·第50册 [M]. 南京：凤凰出版社，2004：679.

石，而以稿本留于山中，使后人见公当垂殁之际，其文与字画不苟如此。公以文章翰墨名世，著作既稿，而楷、行、草三体并臻于妙。凡世臣大家，释老寺观，穹碑短碣，多出公手。至于遐方裔壤，得其片言只字，莫不宝以为玩。当时号称辞翰两绝。公凡为文，既脱稿，类皆楷书登石。此文如其孤所志，去捐馆之日十又五日尔，盖以病，仅克属稿，不及别书也。因识于卷末，以归荪师。八年十月。（《始丰稿·卷六》）

可见危素无自经之意，去世前还在作文。又谈迁《国榷·卷五》记录：壬子洪武五年正月，危素疾。《明实录·太祖实录·卷七一》亦载："后谪居和州含山县。至是，以疾卒。"知其确是因病去世。

第三节　危素心路历程考述

一、"慷慨紫芝曲，惨淡梁甫吟"——入仕之前心路

综观危素入仕之前的岁月，具有元代文人共有的出世与入世纠结的矛盾心理，这与他生活的时代背景密切相关。从出生到入仕，危素共经历了十任皇帝，虽然他们多能用汉法治国，安抚百姓，但总有乱臣贼子作恶，政权更替频繁，危素人生道路的选择也随之不停改变。

危素从小随祖父治儒业，深受儒家思想影响，有浓重的济世情怀和社会责任感。一开始，他似乎想走以科举入仕这条常规之路。危素18岁的时候曾经到金溪主簿徐长公处请举子业，延祐重开科举，给士人以希望，也鼓舞了年少的危素走科举之路。但随着元仁宗执政热情的消退，原来颁布的新政令难以实施，甚至撤回，旧制复辟。地方上吏治腐败，社会矛盾激化，儒治退潮，危素的热情似乎也熄灭了。

除此之外，元代将朱学定为考试圭臬，士子"非程朱学不试于有司"（欧阳玄《赵忠简公祠堂记》），危素本为和会朱陆的学者，虽然不完全反对朱学本身，却反对设科取士以此为宗，在《吴文正公年谱序》文中，危素批判道：

方宋周元公倡圣贤之绝学，关洛之大儒继出。迁国江南，斯道之传尤胜于关境。已出，当国者不明，重加禁绝。嘉定以来，国是既章，而东南

之学者靡然从之，其设科取士，必以是为宗，其流之弊，往往驰骛于空言，而汨乱于实学，以至国随以亡，而莫之语。公生于淳祐，长于咸淳，而斯其何时也？乃毅然有志，拔乎流俗，以径造高明之域。①

在当时的文化背景下，这种批判非常大胆，危素认为朱学末流往往流于空言，汨乱实学，南宋灭亡的原因就在于此。吴澄也反对科举以朱学为主，危素应受其师一定影响，因此，这是危素后来不再参加科举的一个原因。

元代从元世祖时开始实行"以吏治国"的政策，因此，出仕还有一条较为坦荡的路就是出任吏职，然而危素已经充分认识到元代吏治的黑暗，他曾经深入分析过元代胥吏如何危害社会：

彼胥吏之患，中原吾不知也，扬以南，此辈尝健贱且阨（厄）于前代，一旦得用，如猛虎之脱槛，饥鹰之挚鞲，其势不得而御之。由是视贿赂为权衡，或更一字而生死祸福其良民，或援一例而聋瞽铃制其官长，使圣君贤相子惠元元之意不得播其下，而疲癃残疾、鳏寡孤独有不胜其困，可哀也。②

还分析了儒生入吏的两种可能：

彼儒生苟贤者也，自以为吾之学足以治其国家天下，屈而居之，尝自悼矣，不得于上，山林而已，何至俛首包羞、低回隐忍以自辱哉！甚者反舍其所学，而以趋世媚俗为能。则号曰儒，其实非也。③

因此，危素也不可能选择这条人生道路。

危素的家乡江西道风浓厚，道教名山龙虎山、华盖山上道观密布。在这样的文化氛围熏陶下，危素骨子里孕育了道家思想。危素曾经就读于龙虎山，与政治关系紧密的正一道就是在龙虎山上兴盛起来的，读书期间危素与玄教道士

---

① 李修生. 全元文·第48册[M]. 南京：凤凰出版社，2004：242.
② 李修生. 全元文·第48册[M]. 南京：凤凰出版社，2004：155.
③ 李修生. 全元文·第48册[M]. 南京：凤凰出版社，2004：155.

朱思本、毛永贞、薛毅夫等人都有交往。危素的老师虞集也有浓厚的道教情结，自号"青城道人"，与玄教掌教张留孙的弟子吴全节交情匪浅，这些师友与道教的渊源也影响了危素。

于是在危素出游金陵前刊刻的诗集《云林集》中，我们常能看到这样的诗句，如在《送程明游华盖山》中写道：

> 余本尚疏放，夙志思林皋。何当绝埃壒，高举乘鲸鳌。颉颃飞霞佩，不必烦圭刀。①

又如《奉答孙履常先生见寄》：

> 闭门无梦到京都，自爱云林水竹居。浊酒肯从田父醉，穷乡自与故人疏。②

还有《山中歌》：

> 朝牧于林，暮钓于溪，吾何忧而。③

然而，这些诗中呈现的洒脱出尘似乎又有些悲伤无奈的意味，细细品味他的其他诗歌，可以寻到些许线索，如《山堂一首寄一二知己》：

> 结发好经籍，雅志颇山林。静怡屏世虑，庶免外物侵。舍东一亩宅，宴处神不淫。泛泛碧涧流，翳翳春云阴。双厓气嶒崒，渴日县欹崟。天景落往沼，原泉到来深。筠桧净茸茸，藤萝郁沉沉。颇谐旷荡意，济世宁无心。羲农安在哉，周孔不可寻。唯将一斛酒，坐对南山斟。慷慨紫芝田，惨淡梁父吟。朋知日疏远，何以相规箴。④

---

① 杨镰. 全元诗·第44册 [M]. 北京：中华书局，2013：221.
② 杨镰. 全元诗·第44册 [M]. 北京：中华书局，2013：224.
③ 杨镰. 全元诗·第44册 [M]. 北京：中华书局，2013：229.
④ 杨镰. 全元诗·第44册 [M]. 北京：中华书局，2013：218.

面对世风浇薄、儒道不存的现实，危素又无法安心过悠然自得的隐居生活，在他的观念中应是"遭逢盛时当返朴"①，那么生逢乱世，就当入世，为百姓、国家尽士人之责。实际上，危素对当时为官之难是有了解的，在《送史县尹诗序》就谈到做县尹之难：

> 至若今之为县则大不然：上官制之，奸胥欺之，民之稍富强者得以把握之。甘心于污秽、枉己而从人者可幸无事；若稍鼓其才智，襮其操行，毁辱不还踵而至矣。虽君子不以利害成败而论事，然有先见之知者于明哲保身之道亦靡不尽焉。②

了解可谓深刻。但少年危素在泰定二年（1325）正月，看了家谱中历代为官、兢兢业业的祖先的事迹，受到鼓舞，认为士人不能以世之盛衰改变忠孝之节：

> 嗟乎！微而大，大而微，贱贫富贵之一去一来者，天也，非人之所能为也。至于浚诗书之泽，树忠孝之节，恶可以衰盛而易其心哉？知不可以衰盛而易其心，则吾徒之自勖，其能以已耶？③

这年三月，他作了一首《东风行》，《乾坤清气集·卷四》收此诗，题目又作《入京》，似乎要付诸行动，北上入京：

> 余居深山，郁郁不乐。醉中长歌，以东风命篇，与一二知己倡和之。时泰定二年三月。东风浩荡吹江南，危子行年二十三。长谣空谷天荡荡，剑倚白日风潭潭。气高颇怪星象动，身在岂为饥寒贪。宫中圣人朝万国，臣抱犁锄在山泽。终年读书空自劳，三岛求仙岂能得。齿牙不动心未摧，欲奏长策天门开。周公仲尼没已久，麒麟凤凰去不来。世无忠臣与孝子，

---

① （元）危素. 赠朱元吉卖墨［M］//杨镰. 全元诗·第44册. 北京：中华书局，2013：232.
② 李修生. 全元文·第48册［M］. 南京：凤凰出版社，2004：186.
③ （元）危素. 临川危氏家谱序［M］//李修生. 全元文·第48册. 南京：凤凰出版社，2004：183.

四海风俗何由回。①

危素感慨自己多年读书,却无所用,求仙之路非其志。况且世风日下,周孔湮没,更需要臣子行道济世,寻回古道。于是决心要去京城一展抱负。在写给朋友的诗中,也有类似的诗句:"相期早献金门策,莫向林泉老此生。"②

但不知为何,危素未能成行。或许吴澄、虞集等师友相继离职返乡,让危素提前看到了自己入世后的结果,得以了解当时特殊的政治环境:泰定帝虚崇儒臣,又有权臣用事、宗室混乱,儒臣的治世理想根本无法实现。危素初生牛犊不畏虎的一股冲劲被现实击得粉碎。在后至元二年(1336)危素写作的两篇文章中,他的观点已经发生变化,认为士人出处当观乎时势:

夫儒者之学于古也,岂欲浮湛里巷,而不思以自见哉?欲自见而不遭其时,不可也。③

君子之于小人,察其所趋而已。至若见之于事,则观乎时之有遇有不遇,势可为与不可为。势不可为而强为之,时之不遇而强行之,古之知进退存亡之道者不如是也。仕于今者,乘国家混一之久,法制修明,黜陟严信,不可谓时之不遇矣。然而人心风俗之变久矣,服劳州县者亦诚难哉!④

不愿浮沉里巷,却又不逢于时,忧郁无奈中危素只能继续自己的求学之路,不断充实自己,陆续拜访附近大儒,并关注乡中时事。

士人出游是自古以来的传统,儒家圣贤几乎都有出游的经历。危素的老师吴澄曾在至大元年(1308)左右为同乡何中作《送何太虚北游序》⑤,文中追溯了这一传统,从广博见闻和交友两个方面论证了士人出游的重要性:

---

① (元)危素. 东风行 [M] //杨镰. 全元诗·第44册. 北京:中华书局,2013:233.
② (元)危素. 和答张原相见寄 [M] //杨镰. 全元诗·第44册. 北京:中华书局,2013:230.
③ (元)危素. 送曾君静从军广西序 [M] //李修生. 全元文·第48册. 南京:凤凰出版社,2004:154.
④ (元)危素. 送史县尹诗序 [M] //李修生. 全元文·第48册. 南京:凤凰出版社,2004:186.
⑤ 李修生. 全元文·第14册 [M]. 南京:凤凰出版社,2004:233.

若夫山川风土、民情世故、名物度数、前言往行，非博其闻见于外，虽上智亦何能悉知也？故寡闻寡见，不免孤陋之讥。取友者，一乡未足，而之一国；一国未足，而之天下犹以天下为未足，而尚友古之人焉。①

吴澄的这种思想自然也会传递渗透到危素的思想中，只是危素太过幸运，那个时代顶级的思想家、文学家多汇聚于江西，不须远游便能得其教诲，如虞集所言："以天下之士，一国之士，而处乎一乡焉，吾不待去亲戚、远坟墓，而得见之，不亦幸乎？"后至元三年（1337），家乡附近的名儒硕彦拜访殆尽，35岁的危素决心出游金陵。虞集为作《送危太朴序》，据文中所言，吴澄、范梈等老一辈师友接连殁世后，危素彷徨不已，欲远游开阔见闻，结交天下之贤士，增广学识。虞集亦对其寄予厚望：

吾子其行矣。登东山，则见鲁矣；登太山，则见天下矣。吾子得一乡之善士而友之，则吾子亦一乡之善士矣；得一国之善士而友之，则吾子亦一国之善士矣；得天下之善士而友之，则吾子亦天下之善士矣。②

吴澄在《送何太虚北游序》中还批判了当时已经迥异于古代的士人出游现象："方其出而游于上国也，奔趋乎爵禄之府，伺候乎权势之门，摇尾而乞怜，胁肩而取媚，以侥幸于寸进。"吴澄既如此厌恶这种带有功利性的出游，深得其赏识的弟子危素的出游应不以干谒为目的，况且危素选择的目的地是金陵而非大都。只是危素没有想到，这次金陵之游开启了他长达28年的仕宦生涯，再做云林自在人已不可得。

二、"谁挽天河洗甲兵，但骑款段还家乡"——入仕心路

危素在元朝出仕的26年间，常念及辞官归隐家乡。无论是他出仕早期、脱脱更化时期，还是后期起义纷起、朝廷内外争斗混乱时期，他内心中都有归隐情结。

早在至正六年（1346），危素好友葛子熙修史后南还时，危素就想要结庐空

---

① 李修生. 全元文·第14册 [M]. 南京：凤凰出版社，2004：232.
② 李修生. 全元文·第25册 [M]. 南京：凤凰出版社，2004：185.

山，坦露了归隐的想法：

> 余久在羁旅，以朴愚不能媚于世，亦思与子熙复求当日游从之乐，诛茅空山，弦歌先王之风雅。顾自累于贫，未能舍其升斗之禄，为之惘然自失者久之。①

危素自述因累于贫困，未能舍弃微薄的俸禄南还，为此惘然良久。至正十一年（1351）作《广信桂氏三世文集序》中，危素也提到："其后，先生即世，余亦以家贫干禄，久而不能归。"贫穷的确是危素反复提到的一个词，如《种菜为霜雪所杀叹》中"云林山人穷到骨，手种菘菜连中唐"②。又如《邓叟时可大寒中见过语余曰余今六十八岁矣有一子在闽三年无消息顾贫且病无所依倚不能无求于世余悲之欲济之橐无一金相对叹息追和苏子赠扶风逆旅诗载之简轴不以送叟》中"愧我相逢贫到骨，悲歌此曲意苍茫"③。多次以"贫到骨"来形容自己，可见危素生活之窘迫。危氏到危素父亲一辈家中便已很清贫，危素十五岁就开始讲学养家，二十六岁父亲去世，支撑家庭的重担就都落到了危素的肩上。或许，对于危素来说，贫穷真的是他此时留任京师的一个原因。

至正十年（1350）时，危素文中又提及此事，并想象自己有天乞身归乡，得享与友人纵情山水之乐：

> 若余之不才，贪恋微禄于辇毂之下，眷焉乡邑，实迹兹山。于是及其强健，乞身以去，托迹烟霞水石、孤迥寂寥之地，则隐者之称宜归于仆，吾彦修君果能让之否乎？④

此年在另一文中，危素也有此意：

---

① （元）危素. 送葛子熙序［M］//李修生. 全元文·第48册. 南京：凤凰出版社，2004：161.
② 杨镰. 全元诗·第44册［M］. 北京：中华书局，2013：220.
③ 杨镰. 全元诗·第44册［M］. 北京：中华书局，2013：234.
④ （元）危素. 云松隐者图序［M］//杨镰. 全元诗·第44册. 北京：中华书局，2013：221.

危素研究 >>>

至正十年，余之不肖，窃尚友其人于千载之上，苟得乞身以去，名山大川可以游目而骋怀，一日复寻旧游之迹于玉清之馆，期与君践斯言于他日，未为晚也。①

红巾起义爆发之后，元朝政治形势日益严峻，元廷开始重用危素，他开始一步步进入实权机构，发挥才能，此时辞官更不可能。在其之后的文中，仍频繁提及归隐。如至正十一年（1351）《先天观诗序》载：

他日仙者金蓬头结草庵观傍，独居廿有六年。素屡宿庵中，闻松风涧水之音，清清泠泠，有高举远引之志。顾窃禄于朝，侵寻华发，读诸公之诗，恍若梦游尘湖之上，其能无感于其中乎？②

又如至正十五年（1355）《南丰曾氏祠堂记》载：

则素他日乞身于朝，归与俊彦之士沈潜其间，岂非余生之大幸乎哉！③

至正二十年（1360）左右，危素在《云林图续记》④中表达了对家乡的思念以及为官的艰难：

一二大臣辟致掾仕，駸駸乎敭历侍从，备官政府，岂不自知其疏缪之才匪所克堪也？向蒙恩拔授司农少卿，当辞，入北岳之葛洪山。拜中书参议，亦辞。进参知政事，则又辞。庶几孔子所谓"陈力就列，不能者止"，《易》之"不事王侯，高尚其事"，则非素之所敢知也。山中之人尚有以悲其志否乎？古之名臣去就系时之轻重，进退关道之盛衰，一言而可以结人主之知，慰天下之望，于是功施于社稷，泽被于生灵。后之仕者能若是乎？

---

① （元）危素. 送道士李九成序 [M]//杨镰. 全元诗·第44册. 北京：中华书局，2013：168.
② 杨镰. 全元诗·第44册 [M]. 北京：中华书局，2013：224.
③ 杨镰. 全元诗·第44册 [M]. 北京：中华书局，2013：337.
④ 危素在文中提到，提任参知政事时请辞。危素于至正二十年升参知政事，知此文最早作于至正二十年。

此余所以愿薶（埋）名铲采于云林之下，以终其身，而不敢贪荣冒进，以自速其悔吝也。

至正十一年（1351），红巾起义爆发，至正十二年（1352）四月，金溪被占领，秋天消息才传到京师①，从此南北交通阻隔，危素五年间与家里亲人失去联系，恰有族人带来其弟书信，勾起了危素思乡之情，感慨没能去父母坟前祭拜，于是以考满请辞，而宰相挽留，后几次请辞，都未得到准许。在这篇文章中，危素还阐明了自己请辞归隐的原因：他认识到自己的微薄之力无法补缀破碎的乾坤。

归根结底，危素屡次请辞的原因只是源于儒家"得君行道"理想的失落。结合元末的历史来看，起义如火如荼，朝廷内部奇皇后、皇太子与朴不花等人把持朝政，两股主要军事力量孛罗帖木儿与扩廓帖木儿斗得你死我活，为朱元璋壮大力量争取了时间。危素看得太过清楚，他对元政权已经失去了信心，甚至绝望。经过现实的磨砺，危素明白：他所处的环境实在不适合实现理想，只能借助归隐去寻找一个虚无的、美好的精神世界。

即使如此，危素儒者的济世情怀却已根深蒂固。虽然一直存有归隐之心，却不能忘情于世，每被任命一官职，他都竭尽心力工作。面对严峻的时局，频繁上书，提出一系列挽救时局的建议，努力补缀乾坤，不屑于"循墨以容身，贪墨以肥己，奸诡以阿时"②。如果《庚申外史》的记录是真实的，危素曾冒险草诏削孛罗帖木儿的兵权，也是试图削弱一方兵力，避免消耗内部力量。可惜的是，顺帝并没有如危素所希望的"卧薪尝胆，以图中兴"。

危素出岭北及居房山时，因留存的相关资料很少，无法详细了解其内心动向，仅作猜测。此时危素家乡已被起义军占领，并且南北陆路交通阻隔，不能归返。高启有诗《金华郑叔车父仲舒仕燕十年不得闻元年南北既通叔车即往省至京师遇焉时仲舒方卧病叔车侍养久之仲舒命归祀先茔将行赋诗送之》，从题目可知洪武元年（1368）之前至少有十年南北交通是不畅通的。

---

① （元）危素. 故刘君允恭夫人余氏墓志铭[M]//李修生. 全元文·第48册. 南京：凤凰出版社，2004：536.

② （元）危素. 中书参议府题名记[M]//李修生. 全元文·第48册. 南京：凤凰出版社，2004：359.

然而，大都的生活也是令人窒息的。元朝气数将尽，危素无力回天，眼看着朱元璋步步进逼，朝内内讧却仍在继续。或许为了实现自己的田园梦，危素沿着海路去往福建漳州的龙溪书院，此时福建是少数几个还在元朝控制范围内的省份，其族祖危积曾弃官在此讲学，危素是否也有这种想法，想在此讲学终老？但不久后，朱元璋平定福建的战争又开始了，危素又不得不返回大都。危素后至元三年出游金陵时，不会想到日后"然则载瞻云林，岂终若蓬莱弱水之不可即耶？"

三、"落拓京华久未归，山中闲却绿蓑衣"——入明心路

前述危素在元时，虽处政权核心，却始终没有归属感，深感不能实现济世理想，屡次欲辞官归隐。后弃官居房山四年，淮王帖木儿不花监国，复起为翰林学士承旨。按宋濂撰碑铭记载，危素曾"上章控辞"，是拒绝接受这个官职的，可是还没来得及得到回复，明军就已入京。而且早在其居房山时，就屡有将相重臣以书请复官，危素也都拒绝了。当元灭亡，大兵入燕时，碑铭中记载危素当时所言："国家遇我至矣，国亡，吾敢不死？"① 这仅是从元统治者对他有知遇之恩的角度来看，认为从道义上看自己应该以死相报。他身边的好友寺僧释大梓与徐彦礼劝道："公毋死！公毋死！公不禄食四年矣，非居位比。且国史非公莫知。公死，是死国之史也。"② 其实细看这段话，非完全为危素不死找借口，确为事实：危素的确是最了解元朝历史的人，而且有修史的经验，是修《元史》的最佳人选。

当年南宋灭亡后，南方士人非常关注对宋代历史的保存。有学者认为，元初史学中"国可亡，史不可亡"意识的加强，是一个值得注意的现象③。以修史的方式表达对前代的怀念和尊重，成为元代汉人的一个共识。危素南下搜书时，至江西庐陵，为详细了解南宋崖山之战遗事，曾访问故宋礼部侍郎邓剡家。邓剡参加过崖山之战，兵败后投海未死，被元军俘获，对崖山之战细节非常了

---

① （元）宋濂. 危公新墓碑铭 [M] //黄灵庚，校点. 宋濂全集. 北京：人民文学出版社，2014：1268.
② （元）宋濂. 危公新墓碑铭 [M] //黄灵庚，校点. 宋濂全集. 北京：人民文学出版社，2014：1268.
③ 钱茂伟，王东. 民族精神的华章：史学与传统文化 [M]. 北京：北京图书馆出版社，2004：99.

解。为劝说邓剡后人将先祖"秘不示人"的文献进上,他撰文《与邓子明书》,信中写道:"更望慨然助成国家之制作,使宋三百年之有其终。"①从中可看到,危素是多么重视为故国存全史,多么重视追寻宋亡前的史实。那么,他本人深谙元亡前夕史事,也完全有能力修史,使元有所终,这怎能不成为他活下去的动力!

危素积极推进修辽、金、宋三史时,曾上书贺惟一,文中表达了他的史学观点,"昔人有言:可以亡人之国,不可以亡人之史。盖记载其一国之政者,其事小;垂监于万世之人者,其功大故也"②。这里危素超越了狭隘的遗民修史观,从垂监万世的角度来看修史之功。总之,危素的确有着强烈的历史情怀,因此,在意图以身殉国之时,友人以存史劝其不死,的确点醒了危素,经历了家国巨变之后,保留元代的历史或许是他实现自身价值的唯一方式了。朱希祖先生曾说过:"亡史之罪,甚于亡国。亡国而国史不亡,则自有复国之日。何则?其魂魄永存,决不能消灭也。"③ 这样看来,危素入明而不死,并且接受官职,与希望参与编修《元史》应该是有关系的。

宋濂《危公新墓碑铭》载,危素有"《元史稿》若干卷,藏于家"④。又据清代黄虞稷《千顷堂书目·卷四》正史类载:"危素有《宋史稿》五十卷又《元史稿》五十卷。"可知,危素入明后,在没有机会参与官修《元史》的情况下,自己动手编修元朝历史,撰写了若干卷《元史稿》。朱右在《危学士哀辞》中记录了洪武三年(1370),在南京遇到危素时的情形:

> 自是元运日蹙,□□□□□□□□大明革命,公拜□□□□□□文馆,予亦以洪武庚戌之岁,被□□□□□□与公遇,握手道旧。公取平日撰述文稿,□□□□而以十千小字识篇端,将类编行后。⑤

---

① 李修生. 全元文·第48册[M]. 南京:凤凰出版社,2004:151.
② (元)危素. 上贺相公论史书[M]//李修生. 全元文·第48册. 南京:凤凰出版社,2004:149.
③ 周文玖. 朱希祖文存[M]. 上海:上海古籍出版社,2006:173.
④ 黄灵庚. 宋濂全集[M]. 北京:人民文学出版社,2014:1268.
⑤ (元)朱右. 危学士哀辞[M]//李修生. 全元文·第50册. 南京:凤凰出版社,2004:679.

知此时危素将精力主要放在整理著述文稿上，并欲类编行于后世。贝琼在《送危于巘赴安庆教授序》文中也记录了此年他见到危素的情况：

  皇明洪武三年，始识于京师，则既老矣。然耳聪目明，与学者商榷古今，终日无倦色。①

文中所说的"商榷古今"，不知是否为危素与学者们讨论一些历史问题，有助于修史。

截至目前，笔者查考到的危素入明后所作文章有为李祁《云阳集》作序，为张孟兼《西台恸哭记注》题跋，为杜本作《元故征君杜公伯原父墓碑》，为郑涛作《送郑叔车还乡序》，为杨维桢《大明铙歌鼓吹曲十三篇》作跋，作《济南府治记》，为唐肃《丹崖集》作序，为天宁寺作《天宁寺碑记》，为徐尊生祖父徐梅叟作《春亭先生徐君子高墓志》。诗歌有《题营丘山房》《南京别王道士》《送郑仲宗听宣谕还归》。下面试从这几篇文章入手，分析危素入明后的心态。

首先，这几篇文章中，除《济南府治记》文末署"洪武三年正月，翰林侍讲学士临川危素"外，其余署名皆不奉明朝正朔及官职。《云阳集序》仅署"临川危素"，《西台恸哭记注》跋署"前史官临川危素识"，《元故征君杜公伯原父墓碑》署"前史官危素"，《送郑叔车还乡序》署"临川危素太朴书"《大明铙歌鼓吹曲十三篇》跋署"临川危素"、《丹崖集序》署"前太史临川危素秦淮旅舍书"，《天宁寺碑记》署"国史临川危素记"。②从《春秋》微言大义地写出"元年，春，王正月"开始，奉正朔就成为一种表达政治立场的方式。有学者研究表明，陶渊明在东晋时所作诗作都署年号，入宋后仅题甲子，表示"耻事二姓"。而元明之际的很多士人欣赏陶渊明的这种做法，"书甲子"成为遗民诗中反复出现的意象③。危素也以这种方式隐秘地表达了自己对元朝的怀念和对明王朝的不认同。在《天宁寺碑记》文中记述天宁寺经历易代重建经过

---

 ① 李修生. 全元文·第44册 [M]. 南京：凤凰出版社，2004：250.
 ② 杨宪萍. 宜春禅宗志 [M]. 北京：中国文史出版社，2007：240.
 ③ 张佳. 新天下之化：明初礼俗改革研究 [M] //张佳. 亚洲艺术、宗教与历史研究丛书. 上海：复旦大学出版社，2014：33.

时，仅以甲子记年，未提及改朝换代之事：

> 岁甲辰仲之月，郡请沙门克文主之，畚瓦砾，辟草莱，志图兴葺。乃仍旧基，谋作正殿，经始于岁丁未十月。会郡守刘侯贞以吏治之暇，缮城郭，新公署，群情佥同，百废俱举。召父老而谕之曰："斯为一郡佛寺之首，祝厘报上，旧有道场，可不助其创作之役乎！"众曰："诺。"期年殿成，广七丈五尺，为六楹。深四丈六尺，崇如深之数。木石修整，瓴甓坚致。既还旧观，遂来请记。①

文中甲辰年为至正二十四年（1364），丁未年为至正二十七年（1367），天宁寺正殿于丁未年十月开始兴建，于洪武元年（1368）年十月建成。此殿的建造跨越了元明两个朝代，对于这历史性的一年，危素仅以"期年"带过，未奉正朔。而将自己的身份仅定义为"前史官""国史""前太史"，也说明修史在他入明后的生命中的重要性，或者说是唯一的支撑。

其次，在其入明的文章中，没有表现因失节而产生的悔恨哀怨的情绪。如在为李祁所作的《云阳集序》中写道：

> 方日夜望其还朝，冀有丽泽之益，而烽火日炽，君周旋兵甲间十有余年，动以正义激发人心，扶植天理，迹其始终，无所污染，可谓难也已。朝廷方以君名进士，畀以民社，擢诸风纪，骎骎显用，而君固无意于出仕矣。君之于文，卫道甚严，书事有法，有纡徐开朗之气，无鉤（钩）棘骫骳之态，流布于四方者不少，夺攘毁弃，仅存什一于千百。其孤位衔哀邻境，裒辑成编，然多避地所作。新安俞君子懋来镇永新，将刻而传之，属张、揭两公薨逝已久，不及观君之晚节而一览斯文，非可叹哉？延祐初，采前代之制，设科以取士，迨君赐第之岁，盖已二十年，七对殿廷。是科两榜之士舒翘扬英，往往以贤豪自负。及国家失太平，诸君多已物故，若君之厉志以保身，著文以传世，有子以承家，诚所未知多见。猿鹤沙虫，公论岂得而尽泯乎？然则君庶几可以无憾矣。君尝佐州婺源，俞君深知其发言行事而欲永其传，秉彝好德，尤可书也。君讳祁，世居茶陵，一初其

---

① 李修生. 全元文·第48册 [M]. 南京：凤凰出版社，2004：347.

字云。临川危素序。①

李祁，字一初，别号希蘧，茶陵人。元统元年（1333）进士，曾任应奉翰林文字、婺源州同知、江浙儒学副提举，后以母忧解职，隐居永新山中。元亡后，自称"不二心老人"，洪武中征召旧儒，李祁力拒不起。去世后，俞子懋为其刻遗集《云阳集》十卷。危素在文中感慨李祁周旋兵甲间十余年而无所污染之难，又感叹在易代之际李祁能够保全晚节、著文传世、有子承家，实在太难得，应该没有什么遗憾了。在文中，我们看到即使是在为李祁这样的守节之士的文集作序时，危素也没有因为自己身仕二朝而表现出任何的惭愧歉然，而是潇洒地写道："猿鹤沙虫，公论岂得而尽泯乎？"他以牺牲名节为代价来保存国史，相信死于战乱的人们会懂得他的付出。

从这些文章中，我们可以看到危素在士人中的影响力依然还在。危素参与了明初两次同题集咏：一次是为郑涛父子回乡送行；一次是为张孟兼《西台恸哭记注》题跋。又应邀为李祁和唐肃文集作序，应礼部尚书崔亮实之邀作《济南府治记》。可知，危素在文人中的影响力并未因他仕明而有所改变。

从入明后所作的诗歌中也可一窥危素的心绪，在《送郑仲宗听宣谕还归》②中他还在大声疾呼古道纲常："唐虞世已远，大道久榛荒。不有兴礼让，何以扶纲常。"回念过往："承平构屯难，钜族多流亡。郑氏独完聚，绵绵有余庆。念昔与群从，从容在班行。"最后还是不忘鼓舞旧友修身自强："圣学莫涯涘，进修当自强。"可见，改朝换代之际，坚守在危素心中的仍是儒家的信念，可谓止于至善。

综上，危素入明后，虽然接受了官职，但是在内心中对朱元璋的政权是不认同的。同时，因为以存国史作为自己活下去的动力，他没有理由为失节而感到羞愧。对朱元璋回应的那一声"老臣危素"，因为有来自心底的傲岸不屈，所以显得格外的桀骜不驯，朱元璋听得也格外刺耳，牵连起之前危素的种种作为，朱元璋意识到，危素从来未曾真正臣服过自己，才以打发危素去守余阙庙这种极致的侮辱打压危素。

---

① 李修生. 全元文·第48册［M］. 南京：凤凰出版社，2004：258.
② 李修生. 全元文·第48册［M］. 南京：凤凰出版社，2004：240.

第二章　危素交游考述

想要全面了解危素其人，友人是一项重要考察目标。危素一生交游广阔，据笔者统计，仅他诗文集中出现的友人就将近200人。这些友人地位、身份各异：有高官显宦、世家子弟，有世外高人、僧人道士，有普通文士，也有俊儒硕彦。如吴澄、虞集、范梈、柳贯、揭傒斯、李存、祝蕃、陈苑、杨维桢、方从义、吕虚夷、迺贤、宋濂、张翥等，几乎涵盖了元代中后期文学、学术思想等领域的杰出人物，这些友人中，辈分高、名望高的人物大都对危素青睐有加、寄予厚望，平辈、后辈则对危素无比景仰，充分证明了危素继吴澄、虞集、范梈等人后在文坛的主导地位。除此之外，这些友人的思想、品行、个性特征等方面可以折射危素本人的性格操守。通过研究，我们发现危素交游的特点有四：一是交友不论身份地位，都一视同仁，即使沉沦下僚的友人，危素也始终珍视其友情，有机会便积极荐举；二是交游时间长，很多友人一旦结识便成终身挚友，常有书信往来；三是忘年交较多，危素友人中长他二三十岁的师友非常多，却都对他折节相待，十分推重；四是友情深厚感人，在危素与友人互赠的诗文中流露的情感往往真挚动人。以上四点，充分说明危素为人宽厚、品行甚佳、情感丰富，同时他成熟干练，才识过人，确为一代杰出士人。另外，与一些方外之人的交往又证明危素身上有清逸不俗的一面。

由于危素友人众多，研究时选取了三个具有代表性的角度：与师辈友人的交游、与方外之人的交游、南下征书与普通友人的交游，以此试图勾勒危素交游的大致风貌。

第一节　危素与师辈友人的交游

一、危素与陈苑、祝蕃、李存

陈苑（1256—1331）字立大，号静明，人称静明先生，江西上饶人。当时举世皆以朱学为圭臬，他却潜心习传陆学，尽求陆九渊及其门人著作读之，益知益行。一生弃科举业，设帐授徒。门生众多，知名者有李存、祝蕃、舒衍、吴谦，人称"江东四先生"。

祝蕃（1286—1346），字蕃远，一字直清，江西贵溪人。六岁就学，博涉经史，师事陈苑。延祐四年（1317），授绍兴路高节书院山长，兼贡于乡。曾赴京参加会试，未第而返，历任饶州路南溪书院山长、集庆路学正、饶州路儒学教授，辟为湖广行省掾史。至正初年（1341），任浔州路经历。

李存（1281—1354），字明远，又字仲公，人称番易（阳）先生，江西安仁人。其人博学，弱冠即学习阴阳、名、法、神仙、浮图等百家之书，好为古文章。延祐参加科举，一试不第，即归隐山林，虽三以高蹈丘园荐、许处之翰院，不应，留居家乡以授馆为业，有书屋题为俟庵，文集因此命名。

《宋元学案》载：

> 危素，字太朴，一字云林，金溪人也。学于祝蕃远之门，称高座。其请业而退也，蕃远必目送之，谓侍者曰："他日能传吾道而行之者，其斯人也夫！"亦学于李仲公，所以待之者如蕃远。①

知危素同为祝蕃、李存之高足，深得祝、李赏识，寄予厚望，得陆氏之学真传可谓深矣。危素《静明书塾记》云："……素天历、至顺间数拜先生于家，所以启迪训诱，无所不用其情。"② 知其26岁至28岁时又多次拜访陈苑，得其

---

① （清）黄宗羲. 承旨危云林先生素 [M] //黄宗羲. 宋元学案·卷九三. 北京：中华书局，1986：3118.
② （元）危素. 静明书塾记 [M] //李修生. 全元文·第33册. 南京：凤凰出版社，2004：301.

启迪训导。危素对陈苑评价很高，深表仰慕之情："故近世其邑有陈先生立大者出，毅然有扶树正道之志，而世莫能窥其蕴奥也。其为学也，上达乎性命之微，致谨乎事物之细，兢兢业业，夙夜靡懈。使先生用于当世，推子功业，固凿凿而精实，然隐约于闾巷，终以老死，天也，非人所能为也。"①

危素《上饶祝先生行录》提到"素少辱知先生，先生致察其隐微，恒恐陷于缪矣。久之，感其诚恳，请执弟子礼，先生固辞。"② 又有《云林图记》云，"入南城、贵溪，有曰豪猪关，甚险绝。余尝与今德庆路总管府知事杨君季子访故浔州路总管府经历祝蕃远先生于太原僧舍，犹应劭所谓：'前人见后人顶，后人见前人履底'，毒蛇奔狐时出草间，盖畏涂也。又尝与祝先生夜宿田家，白云满谷，独闻水声而已"③。知其少时与祝蕃亦师亦友，结下深厚情谊。

查考危素与李存来往的诗文，得李存与危素文 7 篇，诗 1 首，危素仅有置于《俟庵集》卷首的一篇《元故番易李先生墓志铭》，观李存文，两人书信来往频繁，但危素书信皆不存。危素为李存作墓志铭云：

> 素少以文一编见先生云锦山，书其后曰："子言言如古人，苟求之前乎开辟而未尝古也，后乎开辟而未尝今也。"尝问："思曰睿，心官，则思何思也？"先生曰："思，其本无俟于思者尔。"素不敏，始稍窥所得而归事焉。及远游，数贻书教戒，不敢忘也。

危素年少时即求教李存于龙虎山，探讨心学问题，而"始稍窥所得"，李存可谓是其入门之师。李存也对危素很有好感，认为危素之文有古人之风。李存的《题危太朴诗集后》④ 也记录了两人的会见，根据此文所署年月，两人的交往最晚开始于泰定三年五月，此年危素 24 岁，应是先拜访祝蕃又拜访李存，李存与祝蕃共同勉励危素这个后辈，教导他欲出入古人之境，不当只在言语文字上下功夫，应该究明本心，由重视外求转而重视内省，体现了李存的心学倾向。

---

① （元）危素. 静明书塾记 [M] //李修生. 全元文·第 33 册. 南京：凤凰出版社，2004：301.
② 李修生. 全元文·第 48 册 [M]. 南京：凤凰出版社，2004：418.
③ 李修生. 全元文·第 48 册 [M]. 南京：凤凰出版社，2004：310.
④ （元）李存. 题危太朴诗集后 [M] //李修生. 全元文·第 33 册. 南京：凤凰出版社，2004：380.

危素研究 >>>

李存还为危素赋诗一首《次危太朴韵》：

> 踈（疏）雨不作凉，江云尚峩峩（峨峨）。客从临川来，气若横太阿。示我古诗文，篇篇秋露荷。我年虽未衰，忧患亏天和。琐琐世非少，凉凉谁实多。胡为远相求，愧汗成滂沱。心从古今赤，髭（发）则日夜皤。进修信在己，瀹訾甘从他。岂无八表羽，亦有千岁柯。虞廷赞都俞，商庙赓猗那。遂此亦常分，因君聊复歌。

诗中可见危素虽年纪轻轻，但已气质非凡，文章老成，深得李存之心。李存在《跋约轩说后》曰："太朴能不坠其先人之训，而又肯与吾游，求我之志，浩乎其莫之能御。"[1]

金溪旧有孝女投炉事，据同治《金溪县志》记载，唐宝历二年金溪银场矿尽，场曹葛祐难以完成额定任务，被拿下狱，捆绑拷打，他的两个女儿为救父亲，跳入炼炉之中，活活烧死，金溪民怨沸腾，事闻于朝，遂下令罢废银冶，放回葛祐，金溪得以解除沉重的负担。人们为二女的孝烈所感动，建"二烈女祠"祭祀。元代平定江南后，复兴旧冶，地方官府转报了二女投炉之事，便作罢，二女又解救了金溪百姓。危素的好友王经特作《孝烈庙碑》，对二女给予很高的评价，危素对这件事也很重视，惜二女事不能闻之天下，请李存记之，又请求虞集赞之。李存作有《金溪县烈女庙记》，虞集有《孝女赞》，吴师道亦有《金溪孝女庙记》。虞集《孝女赞》署作于元统二年（1334），推知危素约于元统二年写信给李存求记，李存文《又复危太朴书》当回复此事，文中可见李存对此事很支持，详询葛祐生平、二女之名。后二女投炉被人们附会为投炉后化成二锭白银的带有神秘色彩的故事。李存在文中特意指出这一细节应细考：

> 《孝女传》在来春纳去，但化金一节，更宜考及。葛祐为何处人，二女之名谓何，得赐详示尤佳。君静、仲俨未识面，不奉书，会间烦致下意。余惟以古道自任，日进高明。不宣。[2]

---

[1] 李修生. 全元文·第33册 [M]. 南京：凤凰出版社，2004：374.
[2] 李修生. 全元文·第33册 [M]. 南京：凤凰出版社，2004：272.

又有文《与太朴前帖》附楮尾，又谈此节：

> 贱疾之余，目昏且倦，不及亲布，首告情亮。化金之事，天地间奇伟，有实而不可不传，无其实不可诬。吾辈立志，当关千载，尊凡索记，区区遵从，皆义也。更幸精考郡县之志，前辈文字，夫岂无传？至恳至恳。①

李存其人的细致严谨，可见一斑，一再告诫危素细考才可传之。

危素于至正二年（1342）入经筵，从此开始了漫长的仕途。在京为官时，两人也屡屡通信，李存深谙仕途艰难，而不负所学，坚守士君子之心以求称职尤其难，不断地鼓励、教诲危素。危素初至京城，承旨多尔济巴勒筑室客之，谓之"说学斋"，李存为作《说学斋铭》。又作《复太朴危检讨》：

> 去秋承润陂所惠书，从审驿道光华，宦况宜裕。随即修复付士则昆仲，寻便呈谢，却不知彻省览否也。不审何时回及都下，在扃想能承事长官，编述有绪，褒贬有道。士君子负卓荦之才，遭盛名之世，既登仕板，其崇卑则有命，其效用则有方，随分观察，亦不可虚度。区区相别以来，衰老日骎，顾为学虽粗知端绪，而汨没应酬之中，无刚决之力，无纯一之功，为可愧耳。舍侄玉振侍其舅氏来京师，首卑伏谒行幕，以听警教，不识能时来亲炙否乎？不肖数篇谬文，甚欲求取于仲举，盖平生深相知者，而未尝留稿。近方收拾得六七，礼合缮写以呈，老来昏倦未能。或旧有在左右抄录册子上者，且据见在求教可否，批示其目。在后有子弟中能书者，续当抄去别后文字也。②

文章题名"复太朴危检讨"，文中又云"不审何时回及都下"，可知此文当作于至正四年（1344），危素下江南搜访史料之时。李存对危素著史书也寄予厚望，望其能"编述有绪，褒贬有道"，与危素"秉中为史"的原则很接近，絮絮琐语，读来亲切感人。至正五年（1345），危素入国子监为助教，李存对他寄予殷切期望，连致两书：

---

① 李修生. 全元文·第33册 [M]. 南京：凤凰出版社，2004：244.
② 李修生. 全元文·第33册 [M]. 南京：凤凰出版社，2004：264.

危素研究　>>>

　　王伯衡归，得所惠书，敬审荣授天恩，分教成均，不胜赞嘉。隆古以来，成人有德，莫此为重，在我者可不尽心与之为婴儿！徒借径出身，固非士君子之所为。施之夏楚，动用声色，以取乖戾，亦恐非宜。但当端竭尽此诚，勤勤恳恳，告之以忠孝，使自敬其身，毋自暴自弃。纵彼不信不听，而吾之此诚不改不移。人心皆灵，夫岂无万一感悟其间？徒汲汲于口耳之末，何益于朝廷哉！劝勉得几个人才，亦不虚受一命。区区是深山穷谷无用日就衰槁之人，而每于当世，亦或有不能忘情者。故谩进此说，不审左右以为然否？尊兄今既登仕板，又难同布衣之时，一日肩头上重一日，又要和光同尘，又要不失己、不负平日所学，岂不是难千万！凡百朴实莫改，草莱寒酸，粗衣粝饭，莫妄攀附，莫强追陪，徒自取烦恼，增逭负。纵得一美除，养廉俸禄亦有限。其间致曲，有多少忧危处，非做家私还债负之具也。此是古今儒者断断不易之义，尊兄高明，何待愚言！然离索既久，不敢不告也。又闻续弦已定，想只求清白韦布之家，庶妇子不骄奢，相安千万，毫发不可越分。恃爱与非一日，故敢如此宣言，想不责恕。谬文数首，录去求教，后便幸批示可否。未间千万自爱。不宣。①

　　危素分教成均，李存谆谆教诲，告其知教职本分，为国家尽心培养人才。可知，李存虽身在深山，仍有一腔儒家情怀，危素成为他实现自己理想的慰藉，又告诫危素做官后不要妄加攀附，不要忘本。官场处处忧危，应以义为本，保儒者本色，最后又关心危素续娶之事，拳拳长者之心，令读者动容，亦知其对危素的爱重与期望。后作《又与危太朴》，又再三叮嘱：

　　弦歌乃在辟雍，环而观听者皆当世之英、四海之秀。有开发之机，有相观之善，有起予之乐，不负所学，此其地矣。但信于古道者，必不合于时宜；近于时宜者，必或远于古道。酌而中之，不其难乎！前者之言出于分外，不审能如雅意否也？任他千鬼百怪，我这里只是一个至诚。知之为知之，不知为不知；能为能，不能为不能；莫相陵驾，莫相欺诈，亦自心逸口休。古今天下，唯至诚感人深。《咸》卦六爻，皆无大吉，以此见感人

---

① （元）李存. 答危太朴 [M] // 李修生. 全元文·第33册. 南京：凤凰出版社，2004：275.

第二章 危素交游考述

之难。才有一毫私意,便不足以感人矣。唯有一个至诚,上事天子,下接臧获,临患难死生之际,皆当如此也。胄学乐教是三代盛事,然颇闻亦甚难处。既居其位,不可不精思熟虑,庶几求所以少称其职者。此士君子之用心,难与他人言也。①

李存教导危素要在"古道"与"时宜"之间找好平衡,以至诚之心引发感通,勤恳育人,不虚授命,更要以至诚之心上事天子,下接奴婢,至死靡他。

这两封书信体现了李存的至诚观,他认为至诚是修养的一种重要方法,只有心中存有至诚,才能与天地感应,"修身在于至诚"。危素在《禅居寺芳禅师塔铭》中赞同子思关于至诚可以参天地赞化育的观点:"予闻诸孔伋氏,惟至诚者可以参天地赞化育,岂非其性湛然,与天同体,寂感之妙,有莫知其然者。善学孔氏,则宜有得乎此。"② 可以看到李存对危素思想的影响。

危素的"明体适用"观也有受李存思想影响的印记。从道与艺的关系层面来说,危素所说的"明体适用"是指既要有学问又要有能力,体用兼备。他曾经对宋初胡瑗创立的"分斋教法"很是赞赏,强调培养人才应将书本知识与实用知识结合起来。延伸到官场上,危素希望官员能理律并重,都不偏废。李存曾在《送张举之宣城后序》中说:"儒吏兼以为。儒不律则疏,律不儒则粗。然而今之持文墨之长者,举旷放而过情;挟刀笔之能者,举苛深而多害。"

至正七年(1347),危素任国史院编修,其间李存又作文《与危太朴》:

去年凡两奉书,其一讬王用亨转附天师庵中,其二王伯衡便,想皆无浮沉。吾曹虽在穷山绝谷间,深知仕宦之难也。苟要慕古,如平日所闻,未免取迕致祸。苟但随人徇俗,则失己负所学,故必有时中之道耳。③

李存虽未做过官,但于仕宦之难是非常了解的,这也许是他一再拒绝征辟的重要原因。文中提到,苟要慕古,未免取迕致祸,但若徇俗,又负己所学,

---

① (元)李存. 又与危太朴[M]//李修生. 全元文·第33册. 南京:凤凰出版社,2004:279.
② 李修生. 全元文·第48册[M]. 南京:凤凰出版社,2004:526.
③ (元)李存. 与危太朴[M]//李修生. 全元文·第33册. 南京:凤凰出版社,2004:275.

因此凡事要顺理而行，合乎中正，这是君子应当努力追求的境界，即孔子所云："中庸之为德也，其至矣乎！"李存之言，虽短短数语，但于官场中的危素应颇有受益。

根据李存存世文章，可以了解危素与李存的师生情谊醇厚绵长，可谓"心事同漂泊，生涯共苦辛"。李存的几篇文章中都提到整理留存后世的文章，寄给危素，凭危素的意见定取舍，可见在李存心中危素的地位。至正十四年（1354），李存辞世，十年后李存之孤卓谋请铭，六十三的危素当时弃官居房山，饱含深情地撰写了墓志铭，回忆勾勒了他心目中这位严师益友的风貌："先生貌古神清，衣冠整肃，不妄言笑，忧世之意见诸眉口，谦恭而和易，与物无竞，虽武夫悍卒、樵童牧竖，皆望而其敬云。"① 李存虽隐居而忧世，谦恭无竞的性格品质对此时的危素应有触动，危素此时虽弃官，却依然通过来访的元官员为岌岌可危的元政权出谋划策。

二、危素和柳贯

柳贯（1270—1342）字道传，号乌蜀山人，婺州浦江（今浙江金华浦江）人，受性理之学于金履祥，又从方凤、吴思齐、谢翱游。《六经》、百氏、兵刑、律历、数术、方技、异教外书皆通。为文沉郁舂容，涵肆演迤。大德四年（1300）为江山县学教谕，至正元年（1341）为翰林待制兼国史院编修。与黄溍、虞集、揭傒斯并称"儒林四杰"。

泰定三年（1326），柳贯出为江西等处儒学提举，危素屡次拜访问学。危素自叙："先生官豫章，素以诸生见焉，凡训诱奖励者，久而弥笃。"② 柳贯约于此时作《危太朴自金溪来访留馆兼旬因归有赠》，记述了危素一次前来求学的情景，柳贯向前来求学的危素表达了其文学思想的重要一点：文章为道之精华，道以文章行于世。因此想要写出好文章，先要涵养义理，融会通贯。

天历三年（1330），六十一岁的柳贯回到浦江，在山中作《答临川危太朴手书》，信中关切地询问危素病情："去夏别时，见其疮发头面间，似是浮阳上攻，

---

① （元）危素. 元故番易李先生墓志铭［M］//李修生. 全元文·第48册. 南京：凤凰出版社，2004：531.

② （元）危素. 柳待制文集序［M］//李修生. 全元文·第48册. 南京：凤凰出版社，2004：219.

病在脾肾，尝勉其急服补泻之剂，后不知遂服与否？果若此，则其征兆已见彼矣。"信中又痛心近十年来学者自利志卑之风，称赞了危素捐弃俗学，一意向古，并毫无保留地指导危素：

> 今信道如吾友，笃志如吾友，愿一求之群圣人之经以端其本，而参之以孟、荀、杨、韩之书以博其趣，又翼之以周、程、张、邵、朱、陆诸儒之论以要其归，涵养益密，识察益精，则发之文章，自然极夫义理之真，形之歌咏，自然适夫性情之正矣，切不可模仿今人，以日沦于洿下而莫之救也。①

告知危素诗文要表现"义理之真""性情之正"，并以符合儒家道统的学说去规范，切不可陷入时人模仿风行的窠臼。

从存世的几封书信来看，危素和柳贯情谊深厚，交往频繁，虽然柳贯长危素33岁，却将危素当作交流创作心得、文学思想的知心好友，并将未来学界的希望寄托在危素身上。后来危素去拜访范梈，柳贯还为他作《送太朴往临江谒德机应奉，因而代简》，预言危素今后必成大器：

> 夫子高居百丈山，四方学者望承颜。今君独往初闻道，昔我连楼屡扣关。白璧成双开缥藉，黄金论镒铸刀环。端来定价咸阳市，不换龙文与虎斑。②

至正元年（1341）九月，柳贯被召还为翰林院待制，至正二年（1342）十一月，以病卒。至正十年（1350），危素作《柳待制文集序》：

> 方仁宗皇帝在位，崇尚儒术，盖朝廷极盛之时，于是浙水之东有柳先生道传出。执政知其才，用之于成均，又用之于颂台，焯有誉闻。及出提

---

① （元）柳贯. 柳贯集上［M］. 魏崇武，钟彦飞，点校. 杭州：浙江古籍出版社，2014：362.
② （元）柳贯. 柳贯集上［M］. 魏崇武，钟彦飞，点校. 杭州：浙江古籍出版社，2014：134.

举江西儒学，秩满而还家食者余一纪。今皇帝召还为翰林院待制，将进用之，俄卒于官。先生为国子助教，监察御史马雍古公荐先生可任风纪，御史大夫帖实不从。江西之远，在朝之人有忌嫉之者，陿而不用。及公论开明，擢置馆阁，而公老矣。故其所学，百不一见于功业，所以传示来学者，独赖文章之存而已。先生少历游前代遗老之门，该综百氏，根极壼奥，故其文雄浑严整，长于议论，而无一语蹈陈袭故，盖杰然于当时者也。先生既没，门人戴良、宋濂类辑为若干卷，而属素序之。先生官豫章，素以诸生见焉，凡训诱奖励者，久而弥笃。知其得于天者不可谓薄，而陿于人者往往若是，是故读其文而深惜其才之不尽用也。①

感慨柳贯一生，学问该综百氏，根极壼奥，不蹈陈袭故，杰然于当时，才华却不能得以尽用，危素对此痛惜不已。

三、危素与范梈

范梈（1272—1330），子亨父，一字德机，人称文白先生，临江清江（今江西省樟树市）人。三十六岁游京师，以荐授翰林院国史编修官，后历任海南海北道廉访司知事、江西湖东宪长、翰林应奉，又改擢福建闽海道知事，以疾归乡。天历二年（1329）授湖南岭北道廉访司经历，以养亲辞。吴澄为其作墓志铭，称其为萎靡世风中之"特立独行者"。

危素和范梈的渊源要从危素的叔父危功远讲起，危功远少从先天观曾贯翁学，曾贯翁于信州龙虎山南建先天观，危功远以观之图及戴表元于大德八年（1304）所作《先天观记》求京师名卿大夫题咏，元明善、范梈等为题诗。不知范梈和危素的交谊是否源于其叔父。

虞集《送危太朴序》云："去临川五百里而近，有一人焉，清文厉行，立志自信，曰范君德机者，太朴既得而从之。"② 知危素曾从学于范梈。范梈存世有四首诗为危素所作，下录两首，其一《和柳提学赠危太朴》：

伐木丁丁秋满山，诗筒忽到与开颜。当时有客谙花洞，此地经年上竹

---

① 李修生. 全元文·第48册 [M]. 南京：凤凰出版社，2004：219.
② 李修生. 全元文·第26册 [M]. 南京：凤凰出版社，2004：185.

关。绝域尚怀身倚剑，深居曾梦手持环。文章政类龙多变，识察能通豹几斑？

其三《九日，简危太朴》：

疾风吹细雨，忽忽过阴崖。久喜江山静，新增节序佳。秋声连迥野，暝色起高斋。自得论文侣，中年有好怀。

从这几首诗看来，危素与范梈平日唱和颇多，范梈很是欣赏危素，认为他识察通透，是不可多得的人才。每有危素诗来，范梈都很高兴，称危素为自己的论文之侣，和危素的论文唱和让范梈觉得中年生活都变得妙趣横生了。

其四《望瀛海一首送危太朴之四明兼简廉访邓使君翰林袁侍讲》：

危君英妙年，独往志千载。天马出名驹，空行见风采。昨日衔书到空谷，甚欲留之不能待。九月开帆指四明，要逐高秋望瀛海。海水上接天漫漫，世人不知此别难。当君夷山碧屿日，是我对月永夕猿狖啼青峦。江树叶飞天雨霜，江上吴歈思断肠。窈窕徐家儿与女，却望蓬莱如故乡。君行却向三山望，云雾轩窗六鳌上。东方虽乐不可以久留，归献仙公白云唱。西过钱塘遇顺风，为拜湖南持斧翁。会稽学士卧云岛，朱弦流水鸣孤桐。道我寄语莫匆匆，送君有情亦如海，海水有尽别意无终穷。

危素要前往四明，在范梈处短暂停留，范梈意欲挽留而不能得，深觉不舍而作此诗，范梈长危素三十一岁，却与这个后辈情谊如海，可见危素其人之卓异。

吴澄《故承务郎湖南岭北道肃政廉访司经历范亨父墓志铭》记载了范梈临终前两月，危素与其相见的情形：

金溪士危素慕其风，数从游处。未终前两月，往哭其母。时疾已剧，尫尪羸骨立，谓素曰："世道之卑，士气之陋甚矣，子其勉诸，吾殆将死。"已而果然。素哀其卓荦大节，浮沉下僚又不获中寿，其子长者甫七岁，幼者甫四岁，惧其湮没无传，乃摭其事行征予撰铭，将兴龙虎山道士薛玄义买石勒诸其墓。呜呼！亨父诚特立独行人也，而素之高义亦薄俗所稀。①

从中可知，危素仰慕范梈，数从游处，对其心怀大节却不能施展的命运深感惋惜。在其辞世后，危素深恐其湮没无传，积极奔走，向吴澄求铭，又买石勒诸于墓。

吴澄曾称赞范梈："士之泛滥于虚文，而忽略于实行也久矣，波流萎靡之中，有特立独行者焉，余恶乎不以东汉诸君子例之哉？"② 纵观范梈一生虽任官偏远，却每务兴学明教，革除积弊，为民申冤，或许这就是危素仰慕他的原因，又或者他的这种处世风格影响了危素，在危素的从官经历中处处可见与范梈为官类似的做法。而范梈之所以对危素情谊深长，或许是因为看到了危素的品格和才能，将努力挽救世道卑陋之希望寄托在危素身上。

第二节　危素与方外之人的交游③

一、危素与张继明、杨显民

陈旅有《崇碧轩诗》并序：

> 江西张继明归进贤，山中屋前后皆前岭。前岭曰瀑垒，盖谓飞瀑若尘垒然。门临清溪，溪受飞瀑。张氏有田如千亩，溪行田间。后岭旁有深谷，多古木。屋东为轩四楹，豫章松竹杂树，与山俱青，因名轩曰崇碧。奎章学士虞公为大书之。继明又来钱唐求诗于予，诗曰："豫章山中多豫章，长松大竹相扶将。屋东微见红日动，檐曲细含翠雨凉。洗空丝瀑落溪艇，暖客锦苔铺石床。何时到子轩下坐，太朴显民同瓦觞。"危太朴、杨显民，皆

---

① 李修生. 全元文·第15册 [M]. 南京：凤凰出版社，2004：638.
② （元）吴澄. 故承务郎湖南岭北道肃政廉访司经历范亨父墓志铭 [M]//李修生. 全元文·第15册. 南京：凤凰出版社，2004：638.
③ 方外之人，该词出自《庄子·大宗师》："彼游方之外者也。"古义指言行超脱于世俗礼教之外的人，后词义收缩，主要指僧道。此处用"方外之人"较宽泛的古义。

继明之所厚。而其居又相近也。①

郑元祐亦有《崇碧轩》诗：

> 江城乔木春阴薄，故家文献多沦落。雨声环堵长蓬蒿，髻（鬟）影衰年饭藜藿。见说张家崇碧轩，梗楠豫章青拂天。后皇嘉树无不有，雨露所濡皆可怜。何时从子松根下，读书逍遥以忘年。

从这两首诗来看，危素与张继明、杨显民等人情谊深厚且居处相近，常常于崇碧轩中举杯痛饮，畅谈古今，陈旅似乎也参与过。张继明为藏书大家，其崇碧轩风景雅致，虞集曾为其轩题字，陈旅、郑元祐皆为之题诗，可以想见张继明其人风致，是一位清逸出尘的隐士，可惜生平无从得知。至于杨显民，危素作有一首情谊深长的《留别杨显民先生》诗：

> 我从仁里来，信宿复西去。驱车何间关，日色已曛莫。林幽阒无人，月暗屡疑虎。村虚转迢递，童仆且惊顾。柴门夜篝火，今夕共君住。况匪味道言，萧条复谁语？杨子好道者，其人千载心。而我抑何幸，获聆金玉音。愿为女萝草，托根青松阴。今晨忽为别，怊怅已难任。仰伣天宇高，俯见江海深。安得随长风，化作双飞禽？②

从诗中看，杨显民睿智渊博，有古人之风，危素非常珍惜与其共处的一晚，听其金玉良言，分别亦依依不舍，恨不能追随身边。据《元诗选补遗》《（嘉靖）进贤县志》等资料可知，杨显民，名镒，字显民，号清白先生，南昌进贤人，杨铸之兄。有《清白斋集》，余阙作序，但未见传本。一生未仕进，居家讲授，年逾五十时曾出游采诗，李存为其作《送杨显民远游序》：

> 豫章杨君显民将浮秦淮，历齐鲁之墟，过泰山，拜孔林，而迤北至于京师。其郡人胡君柏友倡为诗歌，以饯赠之，所以奖劝之者甚盛。方今朝

---

① （清）顾嗣立. 元诗选初集 [M]. 北京：中华书局，1987：1330.
② 杨镰. 全元诗·第44册 [M]. 北京：中华书局，2013：232.

廷清明，海内为一，政治之或有未尽合于古者，膏泽之或有未尽下于民者，草莱布衣徒虽无其位，皆可得而言也。矧杨君年已逾五十，而学亦既成章矣。其遇否，其通塞，未必不素定于其中。余复举夫古君子之游之义之尊且大者于其卷端，益以相勉云。

元代采诗之风大盛，而采诗便需游历，而"每于采诗者之游，未尝不怂恿厚望之也"（刘将孙《送临川二艾采诗序》），在同乡胡柏友的倡议下，友人纷纷作诗钱赠，从今存资料可以看到，范梈作《赠答杨显民四方采诗》，陈旅作《题杨显民采诗卷后》。元代采诗者众多，文人们对采诗的标准进行了探讨，赵文《高敏则采诗序》云：

采诗者眼力高而后去取严，心胸阔而后包括大。今之所谓采诗者，大抵以一人之目力，一人之心胸，而论天下之诗。要其所得，一人之诗而已矣。而况或怵于名高，或贪于小利，则私意颠倒。非诗道，直市道而已。

可见，人们对采诗之人有很高期望，由此可见杨显民其人心胸眼力，如范梈诗所云："观风本是使之职，太息幽人为之起。"《元诗选补遗》引金华王祎作《杨季子诗序》曰："杨君家学之懿，本于伯兄显民先生。故所为诗体裁风致，若出一律，醇厚典则，浸淫乎汉魏，盖不多让。知其兄弟自相师友，得乎家学者深也。"[①]对其诗评价很高，从《元诗选补遗》中著录其十九首诗来看，确有汉魏之风。

虞集《杨叔能诗序》中提及危素和杨显民曾将杨之族叔杨宏道（又作杨弘道）的诗集拿给虞集看，引发虞集一番评论与赞叹。从杨宏道的诗风看，杨显民对其显然有所继承，也可以得见，危素和杨显民二人曾一起研读前人诗集，一起探讨诗歌创作。李存又有文《答杨显民》《慰杨显民》，从文中看其对杨显民非常推重欣赏，情谊深厚，屡次盼望会面承教。

虽然再未找到更多证明危素与张继明、杨显民等人交往细节的资料，但通过上面的论述可知，张继明、杨显民两人气度才华不凡，这样的隐士能与危素成为好友，亦可折射危素身上清逸脱俗的一面。另外，这些隐士们的生活方式、

[①] （清）钱熙彦. 元诗选补遗 [M]. 北京：中华书局，2002：186.

处世心态、人生态度以及文学创作也会对危素产生一定的影响。

二、危素与黄公望交游考辨

关于危素和黄公望的交往，记载最多的是明人张泰阶的《宝绘录》，以及一些题画诗的序。据前人考辨，《宝绘录》为伪书，考其他题画诗的序文也疑点颇多且无其他文献资料为佐证，因此，危素与黄公望的"深厚友谊"也许只存在于伪造书画者的笔下。

黄公望（1269—1354），本名陆坚，字子久，号大痴，又号一峰道人，晚号井西道人。浙江永嘉人。中年做过都察院掾吏，后皈依全真教，在江浙一带卖卜为生。擅画山水，师法董源、巨然，得赵孟頫指授。根据《宝绘录》记载，危素和黄公望交情匪浅，而且是得到黄公望赠画最多的友人，相关资料整理如下：

元至治三年（1323），危素索画。

天历元年（1328），十月黄公望为危素作《春山仙隐》《茂林仙阁》《虞峰秋晚》《雪溪唤渡》四幅画，并题记曰："太朴先生颇喜余画，每有所委，必婉词相慰。盖亦知绘事之不可急取也。此四幅兴发则挥，思适则止。虽淹留五载，而先生不我责，稍有可观，先生又为之欣然色喜矣……"四幅画后分别有同时代画家柯九思、吴镇、王蒙、倪瓒等人的题诗。

至顺元年（1330），危太朴家藏宋纸二十方，从不示人，以为非大痴笔不足以当之，索画。

至元元年（1335），危素于1330年以宋纸嘱画，六年间黄公望"沉心构思，至于竟夕，未能数笔；偶以心事作恶，经月弃去，故淹滞六载"。于此年相继完成了《柳市桃源》《春林列岫》《柳塘渔舸》《桃溪仙隐》《亭林萧散》《纯溪归棹》《春江花邬》《长林逸思》《秋江渔棹》《江深高阁》《霜枫归旅》《秋江帆影》《柳浪渔歌》《松坡晴嶂》《秋山深处》《枫林寒岫》《溪阁松声》《江山萧寺》《烟岚云树》《雪山旅思》二十幅画。

至正元年（1341），危素此年游虞山，观七桧，涉桃源，泛尚湖，造子久仙居，见去年始作的《仿古二十幅》已过半。

至正三年（1343），八月三日，危素又造子久仙居，见《仿古二十幅》已毕，阅之摩挲，问子久："写此册将自为珍乎？将为赠友以播传乎？"子久曰："君爱之，当以相赠。"危太朴其喜无已曰："异日当有厚报。"子久闻后勃然：

75

"君何以货利辈视我乎，我非货利人也。"危素感慨不已，特书跋于后。

至正四年（1344），危素在友人姚子章处见王维《捕鱼》《雪溪》二图，在张叔厚处见杨升《蓬莱飞雪》图，深感自己往日所作"皆儿稚事矣"，一旦，危太朴以佳素索画，故采上述二公笔法，间以己意，作《为危太朴画》。二月十八日，于水云阁作《复为危太朴画》。①

《宝绘录》一书，学界基本已认定为伪书。《藏园群书经眼录》载《宝绘录》二十卷：

> 袖珍本，题"知不足斋正本"。有识语录后："是编所录文则钟谭，诗则王李，皆嫁名于宋元。渌饮不曾一阅，遽与青父书并刻，极缪！此内伪迹今或流传，厚民万不可收，切戒、切戒。存此书以验伪迹亦妙。"按：此不知何人所题，余观篇中所载，斯言良然。（癸丑）②

清代梁章钜所撰《浪迹丛谈》中也谈道：

> 前明崇祯间，有云间张泰阶者，集所选晋、唐以来伪画二百件，刻为《宝绘录》，凡二十卷，自六朝至元、明，无家不备。宋以前诸图，皆杂缀赵松雪、俞紫芝、邓善之、柯丹丘、黄大痴、吴仲圭、王叔明、袁海叟十数人题识，终以文衡山，而不杂他人。览之足以发笑，岂先流布其书，后乃以伪画出售，希得厚值耶？

并引《四库提要》云：

> 《宝绘录》二十卷，上海张泰阶撰。泰阶字爱平，万历己未进士，家有宝绘楼，自言多得名画真迹，持论甚高。然如曹不兴画，据南齐谢赫《古画品录》，已仅见其一龙首，不知泰阶何缘得其《海戍图》。又顾恺之、陆

---

① 张泰阶《宝绘录》卷第十五：黄子久赠危太朴仿古二十幅、黄子久为危太朴二十幅、王叔明为危太朴二十幅。卷第十八：方方壶为危太朴十幅。卷十七：梅道人为危太朴二十幅。卷第二十：黄子久为危太朴画、黄子久复为危太朴画、黄子久为危太朴四幅。

② 傅增湘. 藏园群书经眼录［M］. 北京：中华书局，2009：638.

探微、展子虔、张僧繇、卷轴累累，皆前古之所未睹。其阎立本、吴道玄、王维、李思训、郑虔诸人，以朝代相次，仅厕名第六、七卷中，几以多而见轻矣。揆以事理，似乎不近，且所列历代诸家跋语，如出一手，亦复可疑也。①

可知，张泰阶为卖画，竟然先造伪书为其画造势，扰乱后人，混淆视听，以致当代有些研究黄公望的学者仍然以《宝绘录》的记载为依据，而其实此书的资料不足信。

另外，细考危素、黄公望生平便知这些记载疑点重重，可为《宝绘录》的记载不足信的佐证。元至治三年（1323），黄公望55岁，经过牢狱之灾后应该是生活在家乡或松江，而危素年仅20岁，在金溪读书求学，两人应无交集。疑点最大的是，至正三年（1343）八月，危素到黄公望家观画，黄公望晚年隐居于杭州的筲箕湾，而此年危素正参与修《宋史》，其文《书张少师传后》："至正三年，国家作辽、金、宋三史，素以非才，与修《宋史》。"② 他应该没有精力和时间去杭州。

既然《宝绘录》是伪书，那么其中所谓的名人题画诗也是伪造的。如《元诗选》收入吴镇《题子久〈春山仙隐〉》诗："山家处处面芙蓉，一曲溪歌锦浪中。隔岸游人何处去，数声鸡犬夕阳红。"《元诗选》补遗亦有俞和《黄子久为危太朴画春山仙隐图》："一峰道人天下士，大痴老子云中仙。手把溪鑪（垆）写胸次，石林茅屋流寒泉。青云白石何可见，使我飞翰凌遥天。寄语黄鹄早归来，结庐同隐南山边。"③ 另《元诗选》又有吴镇《子久为危太朴画》诗："子久丹青好，新图更擅场。浮空烟水阔，倚岸树阴凉。咫尺分浓澹，高深见渺茫。知君珍重意，愈久岂能忘。"这些诗没有什么精辟见解，亦无意境，不像大家手笔。

同样记录危素与黄公望有交往的还是一些题画诗的序。《元诗选》中有黄公望题《顾恺之秋江晴嶂图并序》云：

---

① （清）梁章钜. 浪迹丛谈·卷九［M］//历代笔记小说大观. 上海：上海古籍出版社，2012：119.
② 李修生. 全元文·第38册［M］. 南京：凤凰出版社，2004：263.
③ （清）钱熙彦. 元诗选补遗［M］. 北京：中华书局，2002：284.

顾长康天才驰誉，在当时为谢安石知名。其寓意于画，离尘绝俗，开百代绘事之宗。至于痴，亦由资禀之高，好奇耽僻，不欲与世同，故人有三绝之称。此卷墨法入神，传采入妙，莫得知其所以始，而亦莫得知其所终。变幻百出，诚可谓圣于画矣。岂学知勉行者所得仿佛其一二哉！一日，太朴出示，惊赏不已。然亦不敢久羁，敬书于后以复。

提到是危素出示其画，邓文原也有《顾恺之秋江晴嶂图二首》题画诗，序云："太朴危君所藏恺之妙卷，诚希世物也。出示索书，不胜叹羡！为书短句以志喜云。"黄公望又有《荆洪谷楚山秋晚图》题诗之序："……今太朴先生近购所画《楚山秋晚图》，骨体复绝，思致高深，诚有合于斯语，非南宋人所得梦见也。因赋以短句。"又有《王维秋林晚岫图二首并序》："王右丞生平画卷所称最者，唯《辋川》《雪溪》《捕鱼》等图耳。吾意以为绝响，不谓太朴于中州友人家又得此卷，而用笔之妙，布置之神，殆尤过焉……"

从这些序中，似乎看到危素与黄公望住得很近，来往密切，危素一有新藏品，便拿来与其观赏，但实际从两人的经历上看，见上一面没有那么容易，真实性值得怀疑。

康熙年间编成的《御定题画诗类》以及顾嗣立编修的《元诗选》，收集整理了很多知名画家鉴赏名迹的题画诗，如吴镇。《四库提要》评曰："镇画深自矜重，不肯轻为人作。后来假名求售，赝迹颇多，亦往往有庸俗画贾伪为题识。"（清代永瑢、纪昀《四库全书总目·卷一六八》）当代学者陈华宗也认为吴镇的这些题画诗大多令人难以置信，存在真伪杂糅的问题[①]。这些题画诗若是从《宝绘录》之类的伪书中收集而来，的确不足信。

另清代高士奇之《江村销夏录·卷二》中的《跋兰亭旧刻》载：元统元年（1333），黄公望65岁，为危素作《秋山图》，曹知白题曰："痴翁为危承旨作此，年过渭老，而目力了然，笔法古雅，大有荆关遗韵。仆之点染，不敢企及也。"

曹知白（1272—1355），字又玄、贞素，号云西，浙西华亭（今上海松江）人，元代画家。曹卒于1355年，而危素于1364年才除授翰林学士承旨，又如何

---

① 陈华宗. 梅道人遗墨补［M］//嘉善文史资料·第五辑. 嘉兴：嘉善县政协文史委员会，1990：50.

在1333年就称危素为"危承旨"？查考黄公望《秋山图》，今藏日本东京永青文库，《文人画萃编·卷三》有著录，其画上题诗寄储霞老友，而非危素。可见，此记载亦不可信。

三、危素与吴镇交游考辨

吴镇（1280—1354），字仲圭，号梅花道人或梅沙弥，浙江嘉兴人，元代著名画家，与黄公望、王蒙、倪瓒并称"元四家"。危素与吴镇的交往情况，同样记录于一些画卷的题跋之中，如《宝绘录》中有吴镇《敬题危太朴所藏吴道玄五云楼阁图》，因前已说明，此为伪书，故忽略，其他列举如下：

《石渠宝笈·卷二四》中著录危素为吴镇《夏山欲雨图》题跋：

> 吴梅庵，吾至友也。有高世之行，书无不读，而绘事更精。所谓鲁之原宪，晋之陶潜，殆其俦乎。予固爱其画，而更爱其人。予每有所请，无不应之，而悉佳妙。就中画卷种种入神，即使王洽复起，董巨再生，亦何过焉。使梅庵见之，必以予为知言。是岁四月十有一日，临川危素。

《红豆树馆书画记·卷一》（清光绪八年刻本）又有危素作《吴仲圭水墨山水卷诗跋》：

> 仲圭与余，交从之旧，别来四载，心甚念之。今日仇远近出长卷来索题，阅之奚啻见仲圭也，因并识之。是岁孟冬廿四日，太朴危素。

危素藏宋人《临辋川图》后吴镇题跋：

> 奉题太朴先生所藏《右丞辋川图二首》。潇洒开元士，神图绘辋川。树深疑坨小，溪净见沙圆。径竹分青霭，庭槐敛暮烟。此中有高卧，欹（攲）枕听飞泉。
> 画里诗仍好，萦回自一川。湖晴岚气爽，浪静柳阴圆。赋咏成珠玉，经营起雾烟。当年满朝士，若个在林泉。梅道人吴镇书。钤印二：梅花庵、

吴仲圭印。①

除吴镇跋外，又有赵孟頫、邓文原、黄子久、王蒙、俞和等跋。

查考这些收录题跋的著作，《石渠宝笈》是乾隆八年（1743）开始编辑，历时七十余年编纂完成的一部辑录内府书画珍品的著作，详细记载藏于宫内各处的书画作品名称、质地、书体、题材内容、款识、印章、题跋等，并且经过张照、梁诗正等大批饱学之士的研究、鉴定、编辑和著录，是我国书画著录史上的集大成之作，有很高的史料价值和参考价值。但是，客观地讲，其中也收有大量的伪作和仿作，有的也未必是真迹。《红豆树馆书画记》是清代陶梁编撰的一部书画著录书，体例仿《江村销夏录》，详记书画作品的纸绢、尺寸、内容、题款及印章，缺点是作品欠缺考证。

可见，这些著录书的记录有不真实的可能，细考跋语也觉得有诸多问题。先看称呼，危素称吴镇"吴梅庵"或"仲圭"，实际上危素比吴镇小23岁，从称呼上看不符合礼仪，似乎颠倒了，从危素存世文章看，其称呼年长者多称为某某先生或某公，不会直接称其字或号。再看《吴仲圭水墨山水卷诗跋》中提到："今日仇仁近出长卷来索题"，仇远字仁近，生于1247年，卒于1326年，去世时危素才23岁，两人是否有交往，即使是忘年交的话，危素也不能直呼其字。

综上，与危素和黄公望交往的情况类似，记录危素和吴镇交往的资料亦不足信，又没有别的资料加以证明，因此对危素和吴镇的这段友谊也有必要存疑。

第三节　危素南下搜访遗书之行交游考

至正四年（1344），为编修《宋史》，危素前往河南、江浙、江西等地，宣传朝廷纂修三史旨意，搜访散佚于江南草野间遗书古事，很多江南文人得以见到景仰已久的危素，新朋旧友云集，交游活动盛极一时。搜访遗书史料虽艰苦，但危素一路见故知，结新友，访山水，却也不亦乐乎。考危素此行路线，应是

---

① （清）王杰，等. 石渠宝笈续编［M］//季羡林，徐娟. 中国历代书画艺术论著丛编·第10册，北京：中国大百科全书出版社，1997：972.

取道河南，一路从钱塘、会稽，再到四明、庐陵，下面试勾勒危素此行沿途的交游活动。

一、危素与丁复

至正四年（1344）四月十九日，危素在钱塘驿舍为丁复作《桧亭集序》。《桧亭集》又名《双桧亭诗》，九卷，为丁复诗集，丁复寓居金陵，置宅于金陵城北，南窗原来有两棵桧树，因以命名。丁复（生卒不详①），字仲容，号桧亭，天台（今属浙江）人。延祐初至京师，因其诗名，被举荐，拟授馆阁之职，然此时当国者排斥南方士人。丁复察觉，未仕离京，定居金陵三十年，以饮酒歌诗为乐。其诗风格类李白，《元诗选·二集》收入丁复诗一百二十六首，生平事迹见《元诗选·二集·小传》《元诗纪事·卷一四》《草堂雅集·卷八》。危素过钱塘，丁复之婿饶介整理其文集，请危素作序，此时丁复应已去世。序中写道：

> 其婿饶君介之梓而成编，以余辱君为忘年之交，俾序识之。嗟乎！此其才足以适天下之用，而不遇于时者，君子有以悲其志矣。至正四年四月戊寅，临川危素叙于钱塘驿舍。②

文中提到与丁复为忘年交，从丁复延祐初年（1314）已经北游京师，知其当年长于危素许多，考危素经历，于后至元三年（1337）出游金陵，至正元年（1341）至京师，两人的交游应在这段时间。《草堂雅集》中收有丁复诗《怀危太朴》：

> 十五年前危处士，秦淮江上忽相逢。眼中一一惊奇见，如上昆仑群

---

① 关于丁复的生卒年问题，很多学者做了考证。杨镰最早在《元诗史》中考为"约1272—1338"，后在《全元诗》丁复小传中修改为"约1274—1345"。余来明在《〈中国文学家大辞典·辽金元卷〉元代文学家生卒年补正》中将丁复卒年区间推定为至正四年（1344）与至正十年（1350）之间。
② 李修生. 全元文·第48册[M]. 南京：凤凰出版社，2004：248.

玉峰。①

诗中追忆了两人初见的情形，危素的为人和才华让丁复惊叹不已，亦可知两人相识于金陵。

一诗为《题危太朴云林图》：

> 天台万八千丈，云林三十六峰。几载山中独忆，今朝江上相逢。

至元四年（1338），方从义为老友危素作《云林图》，虞集、吴师道、成廷珪等人为赋诗，丁复诗亦作于此时。从诗中看应是危素出游金陵时，两人相逢。另有《送人入京兼柬危太朴》：

> 五月毒热中人甚，一雨生凉送客游。千载风云逢圣代，九天日月丽神州。飞龙梦熟松声夜，倚马吟生剑气秋。故人为报危徵（征）士，老客年来转白头。

从诗题及诗中对危素的称呼"危徵士"来看，此诗当作于至正元年（1341），因危素至正元年至大都，至正二年（1342）便入经筵为检讨。从诗作看，无论是在金陵还是在大都，两人都保持着良好的交谊。

二、危素与杨维桢

四月，危素南下过钱塘，而杨维桢于元统二年（1334）任钱清场司令，至元五年（1339）七月，归乡丁艰，至正元年（1341）丧期满，携妻子徙钱塘，一直到至正十六年（1356）转建德路总管府推官，这十六年大部分时间一直居住在钱塘。危杨两人正于此机缘相见，并请其为金溪孝女作歌。

前文叙危素与李存交谊时，已经讲述过金溪孝女投炉之事。据吴师道《金溪孝女庙记》载：危素惜其事之未白于世，于元统二年（1334）请虞集赞之，又请李存记之，名卿显人诗歌之，由是孝女之事闻于天下。危素在京师又与即

---

① （元）顾瑛辑，杨镰，祁学明，等．草堂雅集·卷三 [M]．北京：中华书局，2008：321．

将上任的县丞尹大鹏交流此事，尹到任后思栋宇破败，召父老欲重建之。至正元年刘子芳以私财自营孝女祠，至正二年，尹大鹏以书告之于素，于是危素向吴师道求此记。① 此后危素虽参与修史之事，但对此事念念不忘，时隔两年后又向杨维桢求诗赋此事，杨维桢为其作《金溪孝女歌》，诗前小序云：

> 唐敬宗时，抚之金溪有金银场户葛佑者，输银不足，监官黄慷榜佑，垂死。佑二女投银冶中，化银二锭，事闻，遂罢银场。金溪为二女立庙，至今血食。危太朴有卷，求余诗为赋《孝女歌》云。

两人的交谊应早于此次会面。从存世文考危素与杨维桢相识，杨维桢有《改危素桂先生碑》文，文中桂义方逝于至正元年（1341），危素文约作于此年，那么可以大致推断危素与杨维桢最晚相识于此年，此后两人交往已不可考。

值得一提的是《铁崖古乐府补·卷四》收《大明铙歌鼓吹曲十三篇》，篇末有危素跋语：

> 会稽杨公廉夫，登高科四十余年，以文鸣当时，方四海有兵事，高居松江山中。一日，聘至金陵论定礼乐，乃成铙歌鼓吹曲，称颂武功。昔柳柳州谪官荒徼，以有是作，方之于公，目睹行师之次第而论撰于著作之庭者大不侔矣。临川危素敬书。

四库馆臣作《铁崖古乐府提要》云：

> 惟维桢于明初被召，不肯受官，赋《老客妇谣》以自况，其志操颇有可取。而《乐府补》内有所作《大明铙歌鼓吹曲》，乃多非刺故国，颂美新朝，判然若出两手。据危素跋，盖聘至金陵时所作。或者惧明祖之羁留，故以逊词脱祸欤？然核以大义，不止于白璧之微瑕矣。

又在《东维子集提要》中称其"反颜吠主，罪甚扬雄"。乾隆皇帝阅后作

---

① （元）吴师道.金溪孝女庙记［M］//李修生.全元文·第34册.南京：凤凰出版社，2004：306.

《题杨维桢铁崖古乐府》将杨维桢视为贰臣。不过，据清人葛漱白考证，《大明铙歌鼓吹曲十三篇》所述事件、时间等多与事实不符，实为伪作①，如确为伪作，危素的跋语也为伪作，便不足信。只是作伪者的用心值得深思，是因为危素与杨维桢交好，才伪作危素跋语于其后，还是用危素的"变节"来衬托杨维桢，讽刺两人皆无忠于前朝之心。

三、危素在会稽的交游活动

故宫博物院藏稿本《故中书舍人南丰先生曾公谥议》，为宋刘汉弼撰，后有危素题跋曰：

> 右曾文定公谥议，刘忠公□□②。{素} □③
>
> 国家修《宋史》，奉命求天下遗书。来会稽，造忠公之家，得此议。伏读之，服其公论。昔先师吴文正{公}谓：曾公之学，得于孟氏不传之后，程氏未显之前。{则文定}之谥不为过矣。曾公□④孙元默，类录其家所得诸名公文字，而阙此篇，将录以寄之。至正四年四月廿五日第四局史官危素记。⑤

知危素于至正四年（1344）四月二十五日，造访会稽刘汉弼家，看到这份议稿，将其录下寄给曾巩的八世孙元默，支持他收集整理其家所得诸名公文字之举。刘汉弼，字正甫，上虞（今属浙江）人。嘉定年间进士，历任吉州教授、秘书省正字等职，累官侍御史，以户部侍郎致仕。《宋史》有传。由此资料可知，危素与宋代一些官员、文人的后人保持很好的交谊，这对他修史有很大的帮助，南下搜访遗书史料，危素可谓最好的人选。

六月十六日，应耆宿杨仲等请为绍兴同知州事刘辉核田均赋之事作《余姚州经界图纪》（一题《余姚核田记》，两文详略不同），又应州人之请复记《余

---

① 孙小力.杨铁崖明清印象考论［M］//孙小力.云间文学研究.上海：上海古籍出版社，2009：107.
② 《（上虞）刘氏宗谱》作"所作"。
③ 《（上虞）刘氏宗谱》作"以"。
④ 《（上虞）刘氏宗谱》作"族"。
⑤ 张燕婴.《故中书舍人南丰先生曾公谥议》述略［J］.文学遗产，2008（3）：126-132.

姚州同知廨瑞柏堂记》。大德四年（1300），余姚州核实田税的图籍毁于火中，至正二年（1342），礼部侍郎泰不华出守绍兴，以余姚州田赋不均，嘱同知州事刘辉治理此事，刘辉受命以来，尽夜悉心，须发为白，危素为之作记刻于石，使来者有考焉。州人又请危素为刘辉之同知廨"瑞柏堂"作记。又应余姚父老之言，为余姚州判叶恒作颂，颂前序云：

余过越余姚州，父老来见，道其州判官叶君之政。且曰：世徒知叶判官作海堤而已，若其它政之可书者，顾安得而传之耶！君四明人，而余姚是邻其父母之邦。施诸事功，使民不忘如此，然后知儒者之果足用也。乃采诸父老之言，序次以为之颂，以播其美于无穷。①

至正元年（1341），余姚州判叶恒率民大规模整修大古塘，筑石堤2.12万尺。塘南居民百年无大患。叶恒也是危素好友，两人有诗歌唱和。

四、危素与四明文人的交游

五月十九日，危素于庆元之涵虚馆为袁士元的《书林外集》作序，知其此时已至四明。危素在《鄞江送别图序》中也描述了他在四明时的盛况：

至正四年，素奉使购求故翰林侍讲学士袁文清公所藏书于鄞，属其孙曦同知诸暨州事方以事往海中，待之久而后还。鄞之士君子闻素至甚喜，无贵贱长少，日候素于寓馆，所以慰藉奖予，无所不至。其退处山谷间者，亦褒衣博带，相携来见。馆名"涵虚"，唐秘监贺公之故宅。下瞰月湖，后枕碧沚，方盛暑，清风时来，坐有嘉客。鄞故文献之邦，距宋行都不远，往往能言前代故实。又各出其文章，如游琼林瑶圃，灿然可观。②

宋禧《代刘同知送危检讨还京师序》云："宋之叔世，其人才出于四明者为

---

① 慈溪市地方志编纂委员会办公室. 慈溪海堤集[M]. 北京：方志出版社，2004：169.
② （元）危素. 鄞江送别图序[M]//李修生. 全元文·第48册. 南京：凤凰出版社，2004：204.

盛,至今文献犹有足征者。君至是留四十余日,得书七千余卷以还。"① 由此知危素因等待袁瓛在四明停留四十多天。在贺知章故宅中,对着湖光美景与士人君子谈论前代故实,又品评文章,真乃人间一大美事,相信这样的经历也给危素留下了深刻的印象,又可见危素在江南文人中的影响力。到江南征集文献并非易事,很多人家对此多有忌惮,不敢送官。危素在四明则受到地方士人的欢迎和帮助,征集文献开展顺利。危素回京的第二年,四明史文可托迺贤给危素带去了一幅由画家陈元昭作的《鄞江送别图》,画上还有四明名士们的题诗,危素十分感动,感慨道:

  素,山林之鄙人,学未卒业,以贫干禄,无寸长以自见。且非有穹官峻爵,以耸动当世。遡其先世,未尝宦游此邦而有遗爱在其人,何鄞之士君子待遇之隆一至于此,其殆有宿缘耶!②

危素与四明文人们的这段交游成为历史上的一段佳话。

在此期间,危素得到句章学者史季敷作《夏小正经传考》,读之十几日,叹其采摭详细、训诂细密,为之作序。③ 危素又载叶恒、迺贤、胡助、岑安卿、张仲深等人陪同下游览了庆元东湖,并留下很多唱和诗歌,迺贤作《和危太朴检讨叶敬常太史东湖纪游》:

  柳外旌旗拂曙光,使星迢递下江乡。岸花送客乌篷远,山雨催诗翠阁凉。老衲自分茶灶火,小僮深炷石龛香。故人别去瀛洲远,千里披图思㥲(尽)长。

张仲深作《题危太朴检讨借船图次叶敬常编修韵》:

  独怀十载竹书光,今日追游越水乡。棹发钱湖情浩浩,梦回梵宇月凉

---

① 李修生. 全元文·第51册 [M]. 南京:凤凰出版社,2004:511.
② (元)危素. 鄞江送别图序 [M]//李修生. 全元文·第48册. 南京:凤凰出版社,2004:204.
③ (元)危素. 夏小正经传考序 [M]//李修生. 全元文·第48册. 南京:凤凰出版社,2004:195.

凉。莼丝入豉春流滑，菰米春云晚饭香。内翰新诗费题品，定应风物引杯长。

胡助作《和叶敬常危太朴同游四明东湖》：

连璧鳌头蔚有光，东湖胜概甲吾乡。青山带雨秋偏早，积水生阴夏自凉。太史方䌷（绸）藏秘阁，老侬深炷古祠香。承宣安得如前辈，泽及斯民百世长。

岑安卿作《次叶敬常编修危太朴检讨东湖嘉泽庙倡和诗韵》：

太史文章星斗光，丛祠新制耀仙乡。两贤嘉泽千年在，万顷清风五月凉。烟际楼台澄晚色，雨余兰芷发天香。经筵检讨临川彦，唱和尤闻感慨长。

危素与这些友人们在东湖的美景中，品味悠久的历史和醇香的菰米饭，亦结下了深厚的情谊，可称一段佳话。下面具体论述危素与一些当地文人的交游。

(一) 危素和袁士元

袁士元（1306—1364）字彦章，自号书林半隐，鄞县人。性至孝，以教书为生，并参加了至顺三年（1332）、后至元元年（1335）的乡试，张士诚降元后曾任鄞山书院山长。危素曾荐其为平江路儒学教授，道梗未及上，又用荐升授翰林国史院检阅官。一般认为袁士元未赴职，但据唐艳芳《元代鄞县诗人袁士元生平事迹考述》①文考证，其于至正二十三年（1363）实已"领职翰林"。晚年筑城西别墅，旁边种菊上百株，自号菊村学者。

危素与袁士元的相识或许源于共同的朋友吕虚夷，吕虚夷（？—1344），字与之，浙江奉化（今浙江宁波）人。少尝执事鄞、象山二县廷，后入天台之桐柏山崇道观，著道书，治经史。皇庆间（1312—1313）诣庆元报恩观师吴尊师，受祈风雨役鬼神之法。后主象山大瀛海道院事，立大瀛海道院碑，吴澄为之记，

① 张伟.浙东文化研究·第1辑[M].杭州：浙江大学出版社，2014：273.

又重建福顺观于四明山,虞集题名曰"四明别馆",危素为其作记。至正四年(1344)无病而卒。有《瀛海纪言》十七卷,皆当时名人为其所作。

危素《玄儒吕先生道行记》记载,吕虚夷曾冒寒暑、履冰霜求医为袁士元治病。① 知吕袁二人交谊颇深。蒋景高《合葬墓志铭》记载,"吕与危太史友善,危购书时,胥会于明,相忘彼此,因笑曰:'吾徒三人,可谓岁寒贞节者与'"。但据危素《玄儒吕先生道行记》载,危素适鄞时,吕虚夷已逝世月逾矣,恐蒋氏墓志铭记载有误。或许因为吕虚夷这一层关系,危素和袁士元结下了深厚情谊。

危素在四明的四十余日,与袁士元有诗歌唱和,袁士元《书林外集·卷七》存有《和危检讨太朴题紫清观韵与僧果春林学正张元相同赋》:

> 太平天子有门生,购史来游古鄞城。曲岸晚凉清可爱,画船撑傍藕花行。

可知,危素在当地士人的陪同下曾游紫清观。紫清观位于城西南马园,是宋徽宗时御史中丞丰稷的后代为祭祀他所建,丰稷曾论蔡京奸状,后升礼部尚书。危素当有所感作诗一首,但今已无存。僧人果春林与学正张元相有同赋,亦不存。危素为袁士元《书林外集》作序:

> 王文公之宰鄞,常以职事行野中而赋咏最多,而其遗爱又在鄞,故鄞人至今多能为诗,袁君彦章盖其一也。彦章示余诗百五十首,而其词气清丽可喜,然君几四十未尝求仕,观其所作,往往自放于山颠水涯之间,而与山僧逸人相与倡酬,以写其风云月露、草木禽鱼之趣,何其兴致之高远哉!顾国家设科目以取士,使彦章龂是而致用于盛时,作为雅颂,歌于朝廷,荐于郊庙,则彦章之学不为徒用其力矣。余王公里人也,知王公而已,抑以彦章之诗神情态度,时有得于王公故也。至正四年夏五月丁未,临川危素书于庆元之涵虚馆(《书林外集·卷首》)。

袁士元将自己的诗作拿给危素看,危素称其词清丽可喜、兴致高远,并为

---

① 李修生. 全元文·第48册[M]. 南京:凤凰出版社,2004:295.

袁士元年近四十未尝求仕感到可惜，认为以袁的才能可以为朝廷作雅颂之歌，可为荐于郊庙，后来危素官职升迁，曾两次荐举袁士元，可知两人情谊之深。危素回京后，两人亦有书信往来，袁士元有诗《简危检讨太朴翁书赠史文可所寄东湖图卷后》《奉寄危应奉太朴并谢书问》，考危素除应奉翰林文字同知制诰是在至正七年（1347），后诗当最早作于至正七年。戴良为袁士元所作《墓志铭》载：

会淮寇陷昆山，总戎佛保公遣使即隐所，聘先生至幕府，参谋军务。功既就绪，佛保公将录先生之名于朝，而监察御史奥公乃以茂才异等荐授鄞县学教谕，调西湖书院山长，改鄮山书院山长。未几，中书参政危公素复荐先生授平江路儒学教授，道梗未及上（《鄞县西袁氏家乘·卷一五》）。

危素于至正二十年（1360）拜参知政事，最早于此年荐举袁士元授平江路儒学教授，又据蒋景高《合葬墓志铭》载：至正二十一年（1361）危素和张翥等人合词举庸，授以清显，檄书至门，先生受而不赴（《鄞县西袁氏家乘·卷一五》）。据袁士元之孙袁忠彻《敬跋检阅先祖布衣歌》载："至正间以翰林检阅召之。"知荐其为翰林国史院检阅官。可知，危素一直惦念袁士元，惜其才能无所用，有机会便荐举他为官。

（二）危素和迺贤

迺贤（1309—1368），又作纳延、纳新，字易之，号河朔外史，西域葛逻禄人，祖上迁居南阳，幼年迁居庆元路鄞县。年及弱冠，入国子监为生员。早年怀才不遇，两赴大都，失意而归。至正二十二年（1362），以翰林编修征，因战乱阻隔，延迟入京期间出任鄞县东湖书院山长。至正二十三年（1363），三赴大都。至正二十八年（1368），出参桑哥实里军，守东蓟州，老病卒于军旅中。

迺贤与危素初次相识约在危素南下鄞县之时。在鄞县分别的第二年，迺贤生平第二次赴大都，从他所作《投赠赵祭酒廿韵》来看，此次北上是希望有所作为的。危素在《迺易之金台后稿序》中提道："昔余客鄞，为文送易之北来，以为祖宗取天下，丰功大业，宜制乐歌荐诸郊庙，易之之才足以为之。圣君贤相制礼作乐，岂终舍吾易之者哉？"① 可知危素应是鼓励遒贤北上一展宏图的，遒贤到大都之后，就寄居在危素位于金台坊的寓舍中，其《金台集》亦因此命名。遒贤历尽艰辛，跨越千里来到大都，正欲畅谈切磋，可惜不久之后危素又将扈从上都，两人即将分别，遒贤于是作《送危助教分监上京》，道出不舍之情：

  驱马涉大河，坚冰若平地。雪霰在须发，颜色渐憔悴。迢遭出恒赵，迤逦入燕蓟。幸托君子交，情亲不予弃。裹衾屡就宿，下榻辱延致。谆谆味道言，情匪骨肉异。振铎趋雍宫，胄子凤尊畏。适从甘泉幸，晨理赤城辔。我独增烦忧，中夜不能寐。崎岖数千里，欲尽平生意。忽如参与商，令人发长喟。都门候回辕，浙浙秋风至。

平时两人的交流互动也很多，遒贤的长题诗《予有山水图留倪仲恺大师斋中久未得题品一日危太朴应奉谓余曰昔人皆以酒解醒子能作歌求诗亦此意也遂称古诗一章以趣之》就记录了两人一次诗酒轶事，诗云：

  野人筑屋青山底，绿篠（筱）娟娟荫秋水。天涯作客想江南，乞君题诗画图里。画图叠嶂云钩连，汀花岸草春依然。对此令人动归兴，却思把钓清溪边。一束残书挂牛角，大笑青天看日落。窗下孤灯夜雨深，人间万事秋云薄。明年我亦去山阴，君归泛雪须相寻。草堂下榻看图画，共君酌酒听君吟。

在京师的不得志，让遒贤动了归兴，或许这样的情绪在与危素诉说中能够得到平复。至正九年（1349），遒贤以布衣之身，杖策往上都寻求入仕机会，但亦无果。后将此次出塞之行编为《上京纪行》组诗，最末一首为《还京道中》，表达了自己深谙宦途艰难，倦游缁尘，终返南山之意，危素颇能体会遒贤的心境，在诗后题诗一首：

  海上幽人锦绣肠，独临滦水惜年芳。千金不卖长门赋，闲写新诗寄玉

---

① 李修生. 全元文·第48册［M］. 南京：凤凰出版社，2004：229.

堂（《金台集·卷二》）。

迺贤另有七绝诗《题画扇送兰石奉御游上京》："居庸烟树绿扶疏，公子频年从属车。闻说千金求作赋，上林须荐马相如。"诗中表达了希望在仕途上有所发展的心情，恳请兰石奉推荐自己，他的其他诗歌中也流露了这种心愿，但是现实的不如意，让他经常陷入入世和出世的纠结之中，能够准确体会这种心绪变化的就是老友危素，亦可考见两人互通款曲的深厚情谊。危素对迺贤的才情非常欣赏，曾为迺贤的《易之巢湖述怀寄四明张子益》和《颍州老翁歌》两诗作跋：

易之诗中所历之景，予皆尝过之，所未至者巢湖耳，易之有此诗，清雄峻拔之句，余无一遇者，人各有能有不能也，太常博士危素书。

易之此诗，格调则宗韩吏部，情性则同元道州，世必有能知之者，监察御史危素书。

称赞迺贤的诗歌清雄峻拔，慨叹自己作诗难为此风格，并总结迺贤诗歌格调，给予很高评价。至正十一年（1351）秋，迺贤与危素、梁九思、朱梦炎等七人出游金中都遗迹，并分别作诗十六首，咏怀古迹，迺贤的《南城咏古十六首》序云：

至正十一年秋八月既望，太史宇文公、太史危公偕燕人梁处士九思、临川黄君殷士、四明道士王虚斋、新进士朱梦炎与余，凡七人联辔出游燕城，览故宫之遗迹。凡其城中塔庙、楼观、台榭、园亭，莫不徘徊瞻眺。拭其残碑断柱，为之一读，指其废兴而论之。予七人者，以为人生出处聚散，不可常也。解后一日之乐，有足惜者。岂独感慨陈迹而已哉！各赋诗十有六首，以纪其事，庶来者有所征焉。河朔外史迺贤序。

七人志同道合，难得有此机会一同游览古迹，借咏怀互吐心事，聊以慰藉。此年，危素迁太常博士，迺贤作《张仲举危太朴二翰林同擢太常博士》：

南宫夜直拥青绫，二妙容台喜共登。瑚琏久知清庙器，阶衔联署玉壶冰。后来博士如公少，今日先生自此升。见说圜丘将大飨，百年礼乐正当兴。

迺贤仕途虽不顺畅，却由衷为危素的擢升感到欣喜。至正十一年（1351），危素为迺贤《金台后稿》作序，序中云曾为其《金台前稿》作序，推测应是危素在鄞期间所作。汲古阁本《金台集》署"南阳迺贤易之著""临川危素太朴编"，但危素序中未提到编辑《金台集》之事。

至正十二年（1352），飘零京师已久的迺贤心灰意冷，下定决心离开大都。回到家乡以后，以授徒为生，生活窘迫。直到至正二十二年（1362）三月，中书省臣上奏，任命迺贤为翰林国史院编修官（朱右《送葛罗禄易之赴国史编修序》）。考危素于至正二十年（1360）拜中书省参知政事（宋濂等《顺帝纪》），可以猜测危素在其中起到的作用。宋濂在《危公新墓碑铭》中提到危素"平生好荐贤，先后所引，若翰林学士刘君献，待制黄君哗等七十余人，至通显者甚众"。早在初相识时，危素就认为迺贤的才能适合到朝中制礼作乐，又一向了解迺贤的心事，对其无奈回乡深感痛心，对于推举迺贤之事一直都在努力，无奈之前位卑言轻，朝中情况又艰险异常，或许此时才找到机会。至正二十三年（1363），迺贤第三次北上大都就职，一偿平生夙愿，两人相逢之后的交谊因无文章传世，已不可考，之后元朝朝政飘零，两人亦命途多舛。据郑真记录，迺贤代祀海岳，复命于京。恰值僧格实哩以枢密院同知领军东蓟州，迺贤以编修保充从事官，后枢密公移军直沽，迺贤以老病卒于军旅之中，卒于至正二十八年（1368）五月十一日。次日，棺殓葬于静明寺栖霞亭松林中，危素之子危于巘等人实为用力（明郑真《濠梁录》）。迺贤与危素的这段情谊一直延续到迺贤生命的终止，死后亦得到老友之子的助益。

（三）危素与朱右

朱右（1314—1376），字伯贤（一字序贤），自号邹阳子、远游公子等，浙江临海人。尝学于陈德永。年少时几次科考失利，后担任过一些学官之职，至正四年（1344）前后任庆元路慈溪县儒学教谕，后又任绍兴路萧山县儒学教谕、绍兴路萧山县主簿等职。入明后，受宋濂等举荐，于洪武三年（1370）入馆修《元史》。洪武六年（1373），修《大明日历》，除翰林院编修。洪武七年（1374），又修《洪武正韵》。寻迁晋府右长史，卒于官。

据朱右撰《危学士哀辞》云：

　　往予在元至元己卯，识临川危公贞伯于金陵，始结文字交。即而公赴京师，起宣文院检讨，建言修三史，持节购书江南。时予辱典校慈溪，获载晤语。别去三十年，公自宣文官至中书左丞，予以校官未满秩。自是元运日蹙，□□□□□□□□大明革命，公拜□□□□□文馆，予亦以洪武庚戌之岁，被□□□□□□与公遇，握手道旧。①

知危素与朱右后至元五年（1339）相识于金陵（今江苏南京），结文字交。至正四年（1344）朱右在慈溪为官，危素南下，两人得以再见，交流作文之法。危素《白云稿序》云：

　　余尝怪为古文者多用险语，以文义句读异于时为工，非有合于古道者也。古之人为言辞少文致，又时语不类，故为训诂等文，似难为解，大约使通上下之情而已，非故为其辞异于时也。然其宣布号令，君臣之等，天伦之重，性情之懿，义理所在，炳如日星，含蓄万变，无所不备。后之人虽剧于文辞，欲著论其说者不尔过，故其传久不衰，而人宗师之。下逮汉唐，以至今日，文之升降率与时等。即其简策之存而传者读之，岂故为其辞而为是异哉？又尝怪业进士者多自称为时文，言古文字异学，不知古文又何乖于今之人也？唐因隋法，有明经进士，自是取士者必设是科。其间达人志士用以自见者亦甚众，其为经义词赋果可尽传于人人耶？又其人间有为史官，秉笔为典策，载国家事盛衰传后世者，其叙彝典，明善恶，果外于天人性命、仁义道德之说耶？文古今诚不同，不外是理。理明辞达，今与古不异也。予为是说甚久，每欲从事二者之学，离其异而大同之，独恨无才气，不克自励。今年来，获与予友朱君伯贤共言之，及得其所为文若干卷，读尽数日。其志、传、序、记等书，词义优洽，叙事多理趣，有两汉风。其五经义皆正大严密，不剽取前人之成说，不为时格律拘。且曰："吾志是久矣，通于古而达于今也。子知我，盍书为文集序焉？"至正甲申

---

① 李修生. 全元文·第50册[M]. 南京：凤凰出版社，2004：679.

危素研究 >>>

夏，临川危素。①

两人在作文方法方面观点一致，危素反对模仿古文，多用险语，主张要"理明辞达"，认为这才是今文与古文共同之处，是学习古文所要掌握的精髓。而朱右之志亦在于"通于古而达于今"，两人有共同的契合点，朱右认为难得知己，请危素为其文集作序。

洪武三年（1370），时隔将近三十年，两人再次相逢于南京，只是此时已改朝换代，沧海桑田。危素于洪武二年（1369）因失朝被弹劾罢官，此时已经复官，兼弘文馆学士，朱右入京师史馆。前次会面，是危素为修《宋史》下江南搜访遗书，此次是朱右参与修《元史》，危素虽是修史最佳人选，却不能参与。可以想象，两人此次相晤当是百味杂陈，难以言说，但依然相互探讨、交流创作心得，朱右《危学士哀辞》记载：

别去三十年，公自宣文官至中书左丞，予以校官未满秩。自是元运日蹙，□□□□□□□□大明革命，公拜□□□□□文馆，予亦以洪武庚戌之岁，被□□□□□□与公遇，握手道旧。公取平日撰述文稿，□□□□而以十千小字识篇端，将类编行后。予既竣事，为公留者四浃旬，遂归上虞。是年冬，公去居含山。明年辛亥六月，得公手札。又明年壬子八月既望，梦公访予寓，止临水，坐大槐下，出稿中文见示，语间而寤。越月，又梦公语予曰："圣人在上，勤恤民隐。"它语觉后旋忘。比勤公出处，乃知是年十二月卒于含山，则梦时，公竟殁已。呜呼！方公存日，未尝有梦，既殁乃屡形于梦，岂（下文缺）。②

朱右修史之事结束后，为危素在南京停留四十余日，可见情谊之笃。危素出居和州，仍有书信寄予朱右，至危素卒于含山，朱右不知，却两次梦见危素，拳拳情谊，令人动容。朱右《危学士哀辞》虽为残篇，却情真意切，可以得见这对文字交的知己的这份相惜之情。

综上，危素在四明与友人度过了一段美好的时光，他和四明友人们似乎更

---

① 李修生. 全元文·第48册[M]. 南京：凤凰出版社，2004：252.
② 李修生. 全元文·第50册[M]. 南京：凤凰出版社，2004：679.

加契合、和谐。考其原因，当是四明学术有以陆学为主的鲜明地域特点。陆学诞生后，因"甬上四先生"等人的大力宣扬，占据浙东学坛，人有"朱文公之学盛行天下而不行于四明，陆象山之学行于四明而不行于天下"之说。早在淳熙十五年（1188），陆九渊就曾在《杨承奉墓碣》中说过："四方士友，辱交于余，惟四明为多。"危素的学术渊源中，陆学占很大比重，相同的学术倾向让他们有更多的共同语言，相处起来也更融洽，更觉情谊深长。另一方面，浙东学术的主导方面是讲究经世致用的精神，危素曾经寻求沈焕遗书①，为舒璘整理文集，并在《宋史》中为两人作传②，可见危素的讲求实用的主张早就与浙东诸子有契合。

五、危素与刘诜

危素南下江西，至庐陵，访求宋礼部侍郎邓剡遗书，并两次作书与其孙邓子明，说服进献先祖之书。刘诜作《题危大朴与邓子明书后》③，从该文中可知，刘诜先叔祖与危素、邓剡等先祖有年家之好。

刘诜（1268—1350），字桂翁，号归隐，庐陵（今江西吉安）人。延祐兴科举，数次场屋失利，后朝中名公力荐，不就，终生未仕，年八十三卒，以布衣之身得朝廷赐谥文敏。有诗集《桂隐存稿》，明嘉靖间后人又重编为《桂隐文集》四卷、《桂隐诗集》四卷附录一卷。生平见欧阳玄撰《元故隐士庐陵刘桂隐先生墓志铭》《元史》《元书》及危素的《桂隐先生传》《刘桂翁先生墓志铭》等。刘诜为"江右三刘"之一，在刘辰翁父子之后，成为元后期庐陵文学的代表人物。危素《桂隐刘先生传》云：

> 呜呼！先生实行未易以知也。盖岁遇国朝科举制废，犹以故宋律赋雄多士。延祐科兴，又尝随众往还场屋者数次。至形之诗文，亦间尝有汲汲功名意。及后，州里有司举孝弟、明经，太守吴公强劝之驾，先生则又曰：

---

① 始，素里中陆文安公、新安朱文公同时并起。而文安公之高第弟子在四明者四人，其一沈端宪公焕。素致书大瀛海道士吕虚夷曰："端宪子，子郡人，遗书当存，能为求之，甚幸。"
② （元）危素. 舒文靖公文集序［M］//李修生. 全元文·第48册. 南京：凤凰出版社，2004：208.
③ 李修生. 全元文·第22册［M］. 南京：凤凰出版社，2004：73.

"科举之学，君非不能，但学以讲道，岂以是为富贵筌蹄？"甚至集贤学士文公陛（升）、尚书郑公鹏南、御史萧公泰登皆力荐之，而苦苦不就。即后观前，先生若判然两截人矣。噫！孟子云："君子之所为，众人固不识也。"素曩者奉命求藏书，及江西庐陵，得与先生剧论者十有余日，始有以窥先生心事焉。……先生七岁而孤，九岁而革命，知先世皆刚毅卓卓，非庸庸鄙劣者流，即克意自树，志向不凡，则欲高首阳之节者，其素志也。至于为科场律赋、往还场屋者，值朝议方索南土不屈之士，故为是以委曲遂志而已。……先生殁十有六载，素始遇令孙山长伯理于龙溪书院，出示先生行状、墓铭、谥议等篇。素大惜诸君知先生之未深也，故敢以鄙见表而出之……至正二十六年丙午春仲月，前右宣文阁经筵检讨危素太朴顿首谨书。①

知危素到庐陵时，与刘诜激切论辩十余日，得以了解刘诜心事，即面对朝廷欲索南方不屈之士的现实，刘诜假意往还场屋，为科场律赋而不第，朝中名士屡有荐举，他苦苦相拒，当是欲效仿伯夷、叔齐，而委屈遂志。危素恐世人不知，而作此传。

需要注意的是危素曾为刘诜作两文：一为《刘桂翁先生墓志铭》；一为《桂隐先生传》。据墓志铭云："吉水刘桂翁先生既卒，葬于其州仁寿乡东槎滩之原山。其孙理以父命走京师，谒太常博士临川危素，使为之铭。"②刘诜卒于至正十年（1350）九月，危素于至正十一年（1351）迁太常博士，知此文作于至正十一年之后，文中提到是刘诜孙刘理到京师见危素请铭，而危素在《桂隐先生传》中则云刘诜卒后十六年，危素于龙溪书院始遇其孙刘理，并根据其出示行状、墓铭等作传，似乎全然没有之前作墓志铭之事，此文标注作于至正二十六年（1366）二月。两文对刘诜的科举经历描述不同，前文曰，"文公之子集贤直举士升将荐于朝，会科举制行，先生年五十矣，一试有司不合，曰：'命也！'乃一意为文章，出入经史百氏，自成一家，追古作者"。后文又曰："延祐科兴，又尝随众往还场屋者数次。"究竟刘诜是只考了一次，还是考了很多次？

考其他记录刘诜生平的资料，欧阳玄作《元故隐士庐陵刘桂隐先生墓志

---

① 李修生. 全元文·第48册［M］. 南京：凤凰出版社，2004：395.
② 李修生. 全元文·第48册［M］. 南京：凤凰出版社，2004：511.

铭》，夏以忠《桂隐先生行状》及《元史》对此记录都很模糊，对延祐科举复兴时刘诜年龄的记录却相差十年。欧阳玄《元故隐士庐陵刘桂隐先生墓志铭》云：

> 庐陵刘桂隐先生卒葬之三年，子应麟遣孙珵来京师请其墓铭于玄……延祐初，科举复兴，先生年才四十余，州里有司举孝弟、明经，太守强劝之驾，先生好古，与主司瑟枔，理之必然，不足深论。先生退自场屋，一时名家欲其子弟规进取者，必厚币求师事之。

文中说科举复兴，刘诜才四十多岁，后退自场屋。而夏以忠《桂隐先生行状》云："延祐甲寅科举制行，先生年几五十。"危素《刘桂翁先生墓志铭》亦载："会科举制行，先生年五十矣。"为什么会有十年之差，这十年刘诜做了什么事？考清人曾濂作《元书》："延祐设科后，益肆力于名物度数、训诂笺注之学，既十年不第，乃刻意于诗、古文，声誉日隆。"可知刘诜曾参加科考十年不第，而后专心学问。可以推测，欧阳玄、夏以忠所撰之文为符合刘诜守节隐居的隐士形象，对刘诜早年屡次参加科考的事情含糊其词，危素早年作《墓志铭》也是如此。为何十多年后，危素要重撰传文，道出当时刘诜参加科考的实情，为何之前写作墓志铭时没有提及？考此文集附录有至正二十六年（1366）朝廷赐谥"文敏"的敕谕，危素为刘诜作的传也作于此年，是否当时有人有异议，提起刘诜往年屡次参加科考的旧事，危素文云："素大惜诸君知先生之未深也。"大有为刘诜正名之意。此仅为笔者妄测，以求教于方家。

综上，危素此次南下，除了兢兢业业地收集遗书、史料，还得以与新朋旧友畅谈唱和，有些此时相识的朋友成了一生的挚友。危氏家族与很多故宋世家多有渊源，这份情谊也一直延续到危素这一代。更重要的是，危素此行给远在江南的文士们带来了新的讯息。后至元六年（1340）十一月，脱脱出任中书右丞相，上台后，恢复了科举制度，采取了一系列推动文化发展的措施。危素将这些信息传递给江南的士人，尤其是四明的文人，并鼓励他们入朝为官，激发了他们出仕的热情，很多人陆续开始了北游大都的旅程。段海蓉《元末江南士人在大都的活动——以迺贤为例》认为元末浙东士人北游大都人数激增就是危素的此次南行引发的：

以浙东为例，袁桷《赠陈太初序》说到游士动向时说："今游之最伙者莫如江西，其拙游者唯浙东。浙之东天台以能游称，四明之士不著于游录，余五郡间一见之。"袁桷这里概述的是元中期以前的情况，元末浙东士人北游大都人数之多，不让江西。推究产生这种变化的原因，与危素为编纂辽、金、宋史搜辑史料的南行有密切关系。①

危素这次南行，不仅收集了很多古书，还起到了荐引人才、交流文化的作用，对元代后期文化的发展做出了一定贡献。即使一些北上的文人并未求得一官半职，但北方的景色和求仕途中的艰辛带给他们不同的感受和感悟，写下不少诗作。而此行危素和友人们的唱和之作也为数不少，可谓以危素南行为中心的同题集咏。危素友人张仲深的一首送别诗《送危太朴检讨还京》，是对危素此行的最好概括：

临川先生富文学，愿见久矣不可亲。夜占使星动牛斗，晓闻官轺薄东鄞。欣然出门往见之，向者佩诵今始真。才华籍籍三十载，积学所至非鬼神。银蜍濯海秋旦旦，淑气邕物春津津。大朝士流日以盛，玉堂掌故俱荐绅。焕章三朝旧文物，直与造化同陶甄。公行采访及遗俗，礼繁乐缛皆陈陈。忠端奸佞等黄土，尚藉竹帛昭瑜珉。诏修三史求遗书，至四明董狐马迁，不可作呜呼千载公其人。

---

① 李治安. 元史论丛·第 13 辑 [M]. 天津：天津古籍出版社，2010：97.

第三章　危素著作考述

　　危素入明不足五年，《列朝诗集》《国史经籍志》《千顷堂书目》《明史》等都将他归入明代作家的行列，实际上他一生的文学活动与创作大多是在元代进行的，入明后应该也有所创作，但由于种种原因，其传世的诗集和文集收录的仅为其在元代的作品，因此更应将其看作元代的作家。危素传世著作主要有文集《说学斋稿》和诗集《云林集》。历代选本大多著录有危素的诗：明代偶桓编选的元诗总集《乾坤清气集·卷四》收入危素诗2首。明诗的总集选本大部分录有其诗，《列朝诗集》收诗10首，《明诗综》录4首，《明文在》收诗1首，《明诗纪事》录25首，《御选宋金元明四朝诗》选诗8首。

第一节　著述概况

　　宋濂《故翰林侍讲学士中顺大夫知制诰同修国史危公新墓碑铭》载，危素"有文集五十篇，奏议二卷，《宋史稿》五十卷，《元史稿》若干卷，藏于家"[1]。又据《千顷堂书目》载：危素有《尔雅略议》十九卷，《宋史稿》五十卷又《元史稿》五十卷，《说学斋集》五十卷又《云林诗集》一卷，奏议二卷。万斯同《明史》卷一三三亦载：危素有《尔雅略议》十九卷、奏议二卷、《学士集》五十卷又《悦学集》□卷。以上著录不尽相同，可以了解危素著作之大概，《宋史稿》《元史稿》《尔雅略议》均已亡佚，传世的只有《说学斋集》和《云林集》。另吴澄《吴文正公全集》收入危素所作《临川吴文正公（草庐）》年谱一卷。

---

[1] 黄灵庚. 宋濂全集[M]. 北京：人民文学出版社，2014：1268.

《曲录》和《啸馀谱》都著录《危太朴后庭花》杂剧，王国维在《曲录》此名目后注云："太朴当作太朴，太朴危素字，此本疑即素撰。"① 另《太和正音谱》《元曲选·元曲论》《今乐考证》皆著录《危太朴衣锦还乡》杂剧正名，题目无考，今已佚。据学者考证，《危太朴后庭花》杂剧并不存在，应是后人将影写洪武间刻本《太和正音谱》中前后相邻的两个杂剧《危太朴衣锦还乡》和《哀哀怨怨后庭花》混淆误收②。王国维先生猜测《危太朴后庭花》乃危素所作，而实际应是指《危太朴衣锦还乡》杂剧，但无论哪种，都不是危素所作。《太和正音谱》中，朱权将杂剧作家作品分为"群英所编杂剧"和"娼夫不入群英"二类。"群英所编杂剧"又细分为三：一为"元五百三十五"；二为"国朝三十三本"；三为"古今无名氏杂剧一百一十本"。在"国朝三十三本"下注云'内无名氏三本'，数其数目，"三十三本"当包含《危太朴衣锦还乡》《郭桓盗官粮》《陶侃拿苏峻》等无名氏三本③，说明《危太朴衣锦还乡》应是明初的作品，青木正儿先生进一步说明："我觉得此剧是在危素死了以后作的（太朴是他的字，如果是在他生前作的，大概就要用他的官名了），即明初的作品。所以把此剧以下的三种，推定就是那'内无名氏三本'的明初的作品，这事不为无征吧。"④ 此杂剧即明初作品，也应该不是危素所作，一是古人自称字者并不常见，在危素存世的文章中也并未见其称字；二是危素入明不到五年，易朝而仕，不会有心情去创作杂剧，在当时的情境中更不会创作衣锦还乡的题材。

清初曹溶所编《学海类编》录有危素著《元海运志》一卷，主要记录元代海上交通运输状况，有一定参考价值。然而是伪书，《四库全书总目提要·政书类存目二》指出："是书载曹溶《学海类编》中。验其文，乃邱濬《大学衍义补》'元海运'一条也，亦不善作伪矣。"

危素在《张文忠公年谱序》中提到后至元五年（1339）曾为张养浩作年谱：

故赠摅诚宣惠功臣、荣禄大夫、陕西等处行中书省平章政事、柱国，追封滨国公，谥文忠张公年谱一卷，素所撰次。……素在草泽，闻公行义

---

① 王国维. 增补曲苑木集［M］//王国维. 曲录. 上海：上海六艺书店，1932：91.
② 王平. 明初无名氏杂剧《危太朴衣锦还乡》相关问题考辨［J］. 安庆师范学院学报，2016，35（1）：10-14.
③ ［日］青木正儿. 元人杂剧概说［M］. 北京：中国戏剧出版社，1957：116.
④ ［日］青木正儿. 元人杂剧概说［M］. 北京：中国戏剧出版社，1957：116.

既久。至京师，又从公之子秘书郎引，尽取所藏名卿大夫士纪述交际之文，及公行事履历，通载为此书。《周雅》有之："民之秉彝，好是懿德。"天下后世有志于自任者，尚有所考观焉。故并为之序。①

今年谱已佚。
危素在《艾蚩英赤纳思山百韵诗序》中提到他曾撰次《和林志》：

余好考求宇内山川风俗物产，独北方无载籍，至其地者往往不能言，虽言之不能悉也。往年，古田主簿鄱阳萧澄尝为和宁学官，出其所撰《和林赋》。又有李生者，亦鄱阳人，为兵马司吏。其人儒者，颇记录其概。余将撰次为《和林志》，顾有所未暇尔。②

可知，危素早年欲将萧澄所作《和林赋》与李生对和林的记录合撰为《和林志》，后文中又云，危素于至正十五年（1355）得到同乡艾蚩英于赤纳思山下所作诗百韵，可助成其书。虞集作有《跋和林志》③，文中没有提及作者，但对岭北之地的向往和考求之心与危素文相类，虞集与危素交往甚密，虞集所跋《和林志》或为危素受其影响而作。另孔齐《至正直记》中提到他藏有《和林志》，不知是否为危素所作，后无记述，或已亡佚。

除此之外，危素还做过很多文献整理工作。据《四库全书总目·卷一六六》：

《文渊阁书目》载养浩《云庄传家集》一册，《云庄集》三册。焦竑《国史经籍志》则作张养浩《文忠集》十八卷，书名卷数，更均与养浩自序不符。黄虞稷《千顷堂书目》虽载《归田类稿》之名，而亦无卷数。考吴师道序云：公《云庄集》四十卷，已刻于龙兴学宫，临川危太朴撮其有关于治教大体者为次编，而属予以序云云，则龙兴所刻者，即养浩手编之《类稿》，而改其名曰《云庄集》，亦即《文渊阁书目》之三册。危素方删

---

① 李修生. 全元文·第48册[M]. 南京：凤凰出版社，2004：188.
② 李修生. 全元文·第48册[M]. 南京：凤凰出版社，2004：239.
③ 李修生. 全元文·第26册[M]. 南京：凤凰出版社，2004：287.

定者,即《经籍志》之《张文忠集》十八卷,而所谓《传家集》一册者,当由后人掇拾,乃外集补遗之类也。

杜春雷《〈四库〉元人文集提要十五种考证》,今存元至正十四年(1354)刻本《张文忠公文集》二十八卷,卷首有李术鲁翀序云:"其子引偕其妇翁吴肃彦清,持公所辑《归田类稿》二十八卷征序。"非三十八卷,文渊阁四库全书本卷前序文并提要皆误署。另,吴师道序,四库本前有全文而不著篇名,考此序今存吴师道《吴礼部集》中,作《张文忠公云庄家集序》,则危素掇拾关于治教大体者所删定本题为"家集",应为《文渊阁书目》所载"云庄传家集一册",而非四库馆臣所言"即《经籍志》之《张文忠集》十八卷"①。据此,危素删定的是《传家集》而非《张文忠集》十八卷。危素序中亦云:"公之文有《云庄集》四十卷,既刻于龙兴学宫,经筵检讨鲁郡栾公旭复掇其集中之文有关治教大体者为若干卷,别刻之以传。"从这两段记载可知,《云庄家集》为栾旭初编,最后由危素删定,名为《张文忠公云庄家集序》,并请吴师道为之作序。

《四库全书总目提要》又云:"《黄文献集》十卷,元黄溍撰。……宋濂、王袆皆尝受业焉。濂序称所著《日损斋稿》二十五卷,溍殁后昱尹胡惟信锲梓以传。又有危素所编本,为二十三卷。今皆未见。"可知,危素曾编辑过二十三卷本的《日损斋稿》,《提要》中说未见,实则在《四库提要著录丛书》中已经征访到危素所编之二十三卷本之元刻本等,可证危素确有其作。

危素还曾与友人黄㫚整理游酢之《游先生文集》,为其更正脱谬,次第先后。危素在《游先生文集目录后记》中记录:

元统间,素客郡城,故金溪县逐步徐君奇伯之孙原假以此书,归与友人黄㫚读之。其字脱缪,颇为更定,又次其先后,其不可知者阙焉。夫文也者,心之精微在焉,龟先生亲得硕师而又善学,其功于斯文为甚大。呜呼!奋乎百世之君子,尚有考于此编云②。

---

① 《古籍研究》编辑委员会. 古籍研究·总第60卷[M]. 合肥:安徽大学出版社,2013:151.
② 李修生. 全元文·第48册[M]. 南京:凤凰出版社,2004:285.

游酢（1053—1123），字定夫，谥号文肃，学者称廌山先生、广平先生，建州建阳（今属福建）人。宋元丰六年（1083）进士，历任越州萧山尉、太学录、太学博士、河清知县、颖昌府学教授、监察御史。早年师承程颢、程颐，为"程门四先生"之一。

危素在其文《友樵斋记》中云："余方辑《续楚辞》，既录君之作，而叙识之，又重叶君之请而为是记。"① 文中详述：危素于至正四年（1344）前往江浙等地为修史搜访古书，读越人王发所作楚语。他日，太史叶敬常致浮屠师大同之言，言王发为其先君子，笃于学，与时不偶，隐居山海之间，于樵苏为群，题其室曰"友樵"，请危素为其作记。危素正辑《续楚辞》，录王发之作，又为之作。由此可知，危素曾经编辑过《续楚辞》。

危素《燕石集序》又云："翰林直学士广阳宋公既卒且葬，其子奉礼郎骦状公之行，又与公子吁编以遗文十有五卷，属素校其脱误，而并序其后。比公以国子司业史官，素实同修《宋史》。及在经筵，为公属史，其何敢辞。素方弱冠，在江南山中，闻公与伯氏正献公自江湖北归，声名籍甚，若晋二陆之入洛也。……至正七年七月甲寅，应奉翰林文字、文林郎危素序。"② 可知，危素曾整理宋褧《燕石集》，校其脱误。又有《舒文靖公文集序》曰："《舒文靖公文集》十六卷，为宋宜州通判舒璘著作。昔璘之六世孙庄、七世族孙祥金奉遗稿至京城，授素，危素取而次第之，并为之序。"③ 又知，危素整理了舒璘之《舒文靖公文集》。

《善本书室藏书志》卷二七著录瞿氏恬裕斋藏宋刊百卷本《临川先生文集》，前有吴澄序云："宋政和间官局编书，诸臣之文，独《临川集》得预其列。靖康之祸，官书散失，私集竟无完善之本。金溪危素好古文，慨公之集零落，搜索诸本，增补校订之，凡若干卷，比临川、金陵、麻沙、浙西数处旧本，颇为备悉。请予序其成。"虞集《王文公祠堂记》亦云："郡人危素将重刻公文集，吴公为之序。继而吴公殁，侯是以征文于予也。"可知，危素曾经增补校订过《临川先生文集》，并为重刻做了很多工作。

---

① 李修生. 全元文·第48册［M］. 南京：凤凰出版社，2004：290.
② （元）危素. 燕石集序［M］//李修生. 全元文·第48册. 南京：凤凰出版社，2004：251.
③ 李修生. 全元文·第48册［M］. 南京：凤凰出版社，2004：208.

第二节 《云林集》考述

《云林集》乃危素诗集，收其在元时未出仕前所作之诗。关于其名，查慎行藏本跋曰："案黄文献潜所作太常博士危府君墓志，'府君讳永吉，子德祥，徙居云林三十六峰之阳'，即太朴之父也，诗名《云林集》当以此。"（陆心源《皕宋楼藏书志·卷一百十一》）此为一说。危素《云林图记》载："蜀郡简君天碧与余客吴文正公所，为作《云林图》，道士方壶子亦爱余山居幽僻，数为之图。张彦辅真人奉敕写钦天殿壁，余时在经筵，用米氏法为余图之。翰林侍讲学士虞公尝为赋诗，海内之名胜，相继有作，于是有声之画，无声之诗，悉萃于几席，南金、大贝不足为贵矣。然故旧从而以'云林'为余别号，则非余志也。"① 考之可知，危素别号"云林"，又或以号为诗集命名。明清抄本又以《危太朴云林诗集》《危太朴云林集》名之，常与危素《说学斋稿》并抄。

传世《云林集》有元刻本、明抄本、清抄本、民国刻本，元刻本、明抄本均为二卷本，清抄本又有十二卷本加补遗一卷，该本是以《云林集》加之《说学斋稿》及其补遗而成，其中《云林集》均以元刻本为祖本，各本差别不大。《四库全书》中著录浙江鲍士恭家藏本，据《四库全书总目提要》，鲍藏本同元刻本卷帙相符，"盖犹从原刻抄传者""原集共诗七十六首，浙江鲍氏知不足斋本复从他书搜采增入补遗十四首"，《四库全书》本《云林集》共收诗90首。

陆心源《皕宋楼藏书志》有《云林集》旧抄本，并载查慎行跋云："虞伯生有《清明山房诗为危太朴作》，又《次韵太朴读书山中见怀之作》二首，皆载《学古录》二十七卷，今检《云林集》皆失原作。宋景濂有《题危云林训子四言诗后》云：'危公冢子，字于巘，自检讨奉常迁佐蓟州，将之官，赋四言诗一章勉之'云云，今亦失原作。"② 查氏所提到的几首诗在传世《云林集》中亦未见，其中所提到的危素与虞集的唱和之作应作于其在家乡读书未出仕之时，按理应收入《云林集》，但今未见。宋濂提到的危素所作《训子诗》当作于元末，在其辞官居

---

① 李修生. 全元文·第48册[M]. 南京：凤凰出版社，2004：310.
② 胡玉缙，王欣夫. 四库全书总目提要补正·卷五十三·别集类十一[M]. 上海：上海书店出版社，1998：1471.

房山之时①，未收入《云林集》理所应当。由此有两种可能：一是元刻本《云林集》本无与虞集唱和之两首诗；二是鲍藏本并非从原刻抄传，而是有所散佚。

下面重点介绍《云林集》的各版本：

一、元刻本（二卷）

危素的家乡金溪，从南宋以来就被誉为"理学名教之区"，历来有尊师重文、读书藏书之风，由此催生刻书业的发展。《江西历代刻书》中记录了金溪县至元三年（1337）曾刻有《云林集诗稿》二卷，金溪危氏家塾刻本②。据明代杨士奇在《题范危墨迹后》所云："前辈做文章，率自贵重，既成，皆亲录遗后。余见揭公诗文数集及危公《云林集》皆亲书刊刻，不独余之所得已。"可知，这一刻本是危素于后至元三年亲自书写刊刻的。虞集在为危素写的《送危太朴序》中提道："临川危太朴释书山房，将有观乎江海之上，虞集酌酒送之。……至元三年十月雍虞集序。"宋濂在为危素写的碑铭中猜测他出游金陵，或以诗文拜谒张起岩，得到其称许。由以上材料可推知，危素在至元三年出游金陵，其诗集也刊刻于至元三年，当是其出游之前刊刻诗集为其游谒做准备。

《四库全书总目提要·卷一六九》集部二十二·载："朱彝尊《曝书亭集》有是书跋，称发雕于后至元三年，则彝尊所见乃元时旧版。此本卷帙相符，盖犹从原刻抄传者。特彝尊跋称，前有虞集序，而此本所载乃集赠行序一篇，绝与诗集无涉，似为后人所附入。观其《静志居诗话》亦称前有虞集《送行序》，则已自知其误而改之矣。……原集共诗七十六首，浙江鲍氏知不足斋本复从他书搜采，增入补遗十四首，较为完备，今并仍而录之焉。"鲍廷博于补遗后题曰："旧藏危公《说学斋稿》有文无诗，得此刻补其阙（缺）。然此集卷首各有'诗'字，似亦与文合编者，又《历朝诗集》录公诗十余篇，卷中已逸（佚）其八则，亦非全本矣。首弁虞道园赠言，当亦后人录入，非其旧也。乾隆辛未（1751）仲冬十有八日，借樊榭山房抄本录毕，记此。长塘鲍廷博书于知不足

---

① 宋濂《题危云林训子诗后》（《宋学士文集》）："云林先生危公冢子，字于巘，自检讨奉常迁佐蓟州，先生时辞岭北行省左丞，独居房山。闻于巘将之官，赋四言诗一章，勉之。"

② 杜信孚，漆身起. 江西历代刻书 [M]. 南昌：江西人民出版社，1994：30.

斋。"① 可知，朱彝尊和鲍廷博均认为其所见《云林集》前虞集的序与诗集无关，只是虞集的赠别序，应为后人附入。

朱彝尊《跋危氏云林集》载："《云林集》二卷，元翰林学士承旨危素太朴之诗，葛逻禄迺贤易之编，而虞集伯生序之者也。太朴以文名，诗不恒见，流传惟此而已。……是集发雕于后至元三年，盖学士入明后续作诗文均失传矣。"值得注意的是，跋云此集是迺贤所编，考迺贤生平，其弱冠入国子监，后至元六年（1340）回鄞县（今浙江宁波奉化）。② 而危素《云林集》刊刻于后至元三年，此前危素一直在家乡读书，而迺贤生活在大都，两人应该没有交集。危素于至正三年（1343）下江南收集史料，至正四年（1344）到庆元，并与当地文人交游，迺贤作《和危太朴检讨叶敬常太史东湖纪游》，两人的友谊似由此时开始。所以，《四库提要》称朱彝尊所见乃元时旧版，其实未必，初刻本应该是危素亲自编订的，或许后来迺贤为危素重新编辑过《云林集》也未可知。

二、明抄本（一卷）

黄虞稷《千顷堂书目》载："危素《说学斋稿》集五十卷又《云林诗集》一卷。"此本未见他处著录，详情不得而知。③

三、明抄本（二卷）

周叔弢先生藏有《危太朴云林集》二卷，"孝经一卷人家"抄本，上有"带经堂陈氏藏书印"等印，跋曰："明蓝格抄本《云林集》，每半页十行，每行十九字，昆山徐氏藏书。此儿子一良传录本，全复校阅一过，改正数字。戊辰二月弢翁。"（明抄本卷二末有缺佚，凡得诗七十二首）

---

① （元）危素. 危太朴集［M］//新文丰出版公司编辑部. 元人文集珍本丛刊·第七册. 台北：新文丰出版公司，1985：391.
② 林弼《马翰林易之使归序》载："马君易之，自弱冠知名冑监中。"从中可知，迺贤弱冠入国子监，迺贤诗《徐伯敬哀诗序》曰："岁庚辰，君年卅有二，得疾卧于家。予归自京师，闻之，驰往省焉。"从中可知，迺贤于后至元三年回到鄞县。
③ （清）黄虞稷. 千顷堂书目［M］. 上海：上海古籍出版社，2001：449.

四、清抄本（二卷）

鲍廷博跋云："旧藏危公《说学斋稿》有文无诗，得此可补其阙（缺），然此集卷首各有诗字，似亦与文合编者，又《历朝诗集》录公诗十余篇，卷中已逸（佚）其八则，亦非全本矣。首弁虞道园赠言，当亦后人录入，非其旧也。乾隆辛未仲冬十有八日借樊榭山房抄本录毕，记此。长塘鲍廷博书于知不足斋。"（危素《危太朴诗集》）可知，知不足斋本《云林集》抄自厉鹗抄本，原为与文合编者。后有《危太朴云林集补遗》一卷，下有"歙鲍廷博以文手辑"字样。补诗《挽达兼善》《题营丘山房》《送张幼初之京》《送章右丞成广西》《题三韩沙门玉田花鸟图》《南京别王道士》《题宋好古墨竹》《题赵子昂竹石》八首，后记"右八首从《列朝诗集》补"。又有《小偈奉简卧云室中老师》六首，后记"右六首从《师子林纪胜》集补"。又有《危太朴云林集续补》一卷，补诗八首，补有《思贤亭》《梅仙峰》，后记"右诗从新刻本补"。《题高房山画》，后记"右诗见《铁网珊瑚·第三卷》"。《为道初上人题赵松雪饮马图》《题韩干马图》后附，后记"右诗二首见《江村消夏录》"。《题芝兰室图后》《题王叔明舫阁图》，后记"右二首见《珊瑚网名画·卷十一》"。后有朱彝尊跋、全祖望跋、杨钟羲跋。杨跋云："此集为长塘鲍氏本，四库取以著录，续补遗一卷则撰提要时未之见也。"（危素《危太朴诗集》）知四库提要中仅提到鲍氏补诗十四首，续补遗之八首诗并未抄入《四库全书》中。

翻检各藏书志题跋，著录二卷本《云林集》的还有，陆心源《皕宋楼藏书志》著录有查慎行藏本、朱彝尊藏本、劳季言校本，《艺风堂文续集》著录缪荃孙校并跋的艺风堂抄本，丁丙《善本书室藏书志》著录红药山房藏本，丁仁《八千卷楼书目·集部》著录一精抄本，《藏园群书经眼录》著录徐梧生藏本。《明别集版本志》著录清雍正三年（1725）宋宾王抄本、清乾隆十四年（1749）涂登辑本。① 各本皆以元刻本为祖本。另《藏园订补邵亭知见传本书目》著录，清抄本，九行十九字。前虞集序。钤李鹿山、郑杰藏印。清吴焯《绣谷亭薰习录》亦著录藏有《云林集》二卷。

---

① 赵玉萍. 危素《云林集》注释与研究[D]. 西安：陕西师范大学，2015.

五、清抄本（三卷）

此本为查慎行藏本，有其手校及南书房史官印记，卷二后有查氏跋。吴寿旸《拜经楼藏书题跋记·卷五》："《云林集》抄本，南阳迺贤易之编，虞集伯生序，诗二卷，文一卷。"①

六、清抄本（十二卷补遗一卷）

《明别集版本志》著录涂登辑《云林集》十二卷，补遗一卷，卷端题："金溪危素太朴先生著，新城涂登于岸辑，乾隆十四年涂登序，补遗为序跋铭记。"涂登序云："元人葛罗禄迺贤易之编。《云林集》二卷有诗无文，其《说学斋稿》有文止二十余篇，亦非完本。登郡建昌与公邑接壤……凡邑志、家乘与诸家集录，以及浮屠老子之宫、残碑断碣，遇公文辄录。会陈君将有《江西文统》之刻，因出箧中稿，汰其讹脱甚者十之一，编成计十有三卷，仍统曰《云林集》。"②

由此可知，十二卷本《云林集》是涂登将原《云林集》中的诗和其手头《说学斋稿》中的残文，钩沉地方志、家谱、其他文人集及佛道宫殿碑文中危素文章编纂而成。

第三节　《说学斋稿》考述

《说学斋稿》为危素文集，收其在元所作之文，关于文集命名，李存《说学斋铭》载："临川危太朴游京师，承旨多尔济巴勒筑室以客之。学士清江揭公匾之曰'说学斋'。"王袆《说学斋记》："说学斋者，临川危太朴先生读书之室也……先生德行信于人，文章名于世，见于外者如此，则学而自得于说可知矣。"可知，其文集以其书斋命名，书斋当取《论语·学而》中"学而时习之，不亦说乎"之意。《四库全书总目提要》载："据《千顷堂书目》，其文集本五十卷，明代已散佚不存。此本乃嘉靖三十八年（1559），归有光从吴氏得素手稿

---

① （清）于敏中，钱谦益，等. 清人书目题跋丛刊 [M]. 北京：中华书局，1995：1367.
② 崔建英. 明别集版本志 [M]. 北京：中华书局，2005：314-315.

传抄。其文不分卷帙，但于纸尾记所作年岁，皆在元时所作。有光跋称共一百三十六篇。此本乃止一百三十三篇。又王懋竑《白田杂著》有是集跋，称赋三、赞二、铭二、颂三，记五十有一，序七十有六，共一百三十八首，以有光跋为传写之误。然据懋竑所列，实止一百三十七首，数亦不符。殆旧无刊版，好事者递相传录，故篇数参差不能画一，实则一本也。"明清抄本又有以《说学斋集》《危太朴集》《危太朴文集》名之。

朱右在《危学士哀辞》中记载其洪武三年（1370）在南京弘文馆与危素相遇，"公取平日撰述文稿，□□□□而以十千小字识篇端，将类编行后。"① 可惜，如今已不得见。归有光跋称："《说学斋稿》一百三十三首，予前三十年从吴纯甫借观。今吴氏之书往往散失。予一日忽忆此书，亟问其家，幸而尚存，为之甚喜。盖公所自书，前有'临川危素太朴著'七字，而篇别不为联卷，纸尾皆暗记所作年岁，独以赋、颂、赞、记、序为次，以此知公自珍其文若此，盖录藏之以待编次者也。"② 可知，危素生前非常重视自己的著作，他出仕明朝之路非常坎坷，参与编写《元史》又无望，因此他更希望立言以不朽。据焦竑《国史经籍志》记录："危素《学士集》五十卷"③，明末黄虞稷《千顷堂书目》云："危素《说学斋集》五十卷，又《云林诗集》一卷"④。其手稿初始为五十卷，但其诗文集在明代已属罕见且散佚严重。吴焯《绣谷亭薰习录》有《说学斋稿》一卷，其跋猜测了危素文集散佚的原因，颇有道理："震川归氏校订本，凡录文一百三十七首，以赋、颂、赞、记、序为次，而编不分卷，文不联牍，每篇自署甲子而已。有光跋称尚有其半而佚矣，余以所及甲子考之，止于乙未之岁，乙未为元顺帝至正十五年，是岁明太祖起兵，自和州渡江，更十有四年而元亡，此十余年间，正当南北兵戈偠扰之际，素以史事自任，其间岂无忧时悯世之作，迨身历承平，虽登禁从，而亡国之余声华销烁，卒致触讳，此稿之佚，非无故也。"⑤ 其文散佚止于朱元璋起兵之岁，恐怕不仅是散失，而是人为

---

① 李修生. 全元文·第50册［M］. 南京：凤凰出版社，1999：679.
② （明）归有光. 说学斋稿跋（四库全书本）［M］//钱仲联. 历代别集序跋综录. 上海：上海书店出版社，1998：835.
③ （明）焦竑. 国史经籍志·卷五［M］// 中华书局编辑部. 丛书集成初编·第28册. 北京：中华书局，1985：278.
④ （明）黄虞稷. 千顷堂书目·卷一七［M］. 上海：上海古籍出版社，2001：449.
⑤ 胡玉缙，王欣夫. 四库全书总目提要补正·卷五十三·别集类十一［M］. 上海：上海书店出版社，1998：1469.

销毁，至嘉靖三十八年（1559）归有光抄录《说学斋稿》时已不得见全本①。据说钱谦益编《列朝诗集》时，曾到黄虞稷的千顷斋借书，可是《列朝诗集》中仅收危素诗九首，可以推测黄氏并未收藏危素诗文集，否则《列朝诗集》应当选入更多。

《说学斋稿》传世明、清抄本有不分卷本、四卷本、二卷本、十三卷本等，根据各本序跋细溯其源流，可知大概：据归有光跋，其三十年前曾从吴纯甫家借观，嘉靖三十八年忆及此书，寻来又命童子录而存之，抄文只存一百三十三篇。② 此次看到的抄本与其前三十年所见之本相比已经散佚一半，危素自书的标题也脱去，于是嘉靖辛酉年（1561）向家富藏书的弟子叶恭焕③询借危素文集，叶恭焕当时并未细察，匆匆回复，以致归有光有生之年未能见到文集另一半。但叶恭焕在隆庆丁卯（1567）后，偶然在楼间发现《说学斋稿》抄本，乃其先人叶盛抄存，题曰《危翰林文》（陆心源《皕宋楼藏书志·卷一百十一》）。此手稿后又流入钱曾、劳权手中④。王国维先生在《传书堂藏善本书志》中记录了此明抄本的情况："右明叶文庄箓竹堂抄本，凡碑十六篇，墓铭三十三篇，传状十六篇，杂文二十五篇。除卷末《静修书院记》系后补入外，其八十九篇均在传世《说学斋稿》四卷之外。前后无书题，惟中间有题'说学斋稿'三处，其下不记卷数，而记'至正七年''至正十一年''至正十四年'等字，盖从稿本抄出也。文庄所题'危翰林文'四字盖在面叶，今已不存。书中有识语，不著名氏，乃劳季言手笔。邵位西谓劳巽卿'得叶文庄亲笔抄校本《说学斋稿》，乃外集遗文'者，即此本也。按《千顷堂书目》载危氏'《说学斋集·五十卷》'，盖系未编定之本。传世本出于归熙甫，但有赋、赞、铭、

---

① （嘉靖三十八年，归有光《说学斋稿》跋云："公集五十卷，尚未之获见"）归有光.说学斋稿跋（四库全书本）[M]//钱仲联.历代别集序跋综录.上海：上海书店出版社，1998：835.

② （明）归有光.说学斋稿跋（四库全书本）[M]//钱仲联.历代别集序跋综录.上海：上海书店出版社，1998：835.

③ 叶恭焕为昆山藏书家叶盛四世孙，他修葺了"箓竹堂"，整理存放了叶盛收藏的图书和自己所购书籍，多至万卷。

④ （钱曾字遵王，号也是翁，清代藏书家、版本学家，乃钱谦益族侄孙，他继承了其父的藏书，又得到了钱谦益绛云楼焚余之书。叶盛，字与中，谥号文庄，明代著名藏书家。劳权，字平甫，号巽卿，清代藏书家、校勘家，与其弟劳格专攻经史，有"二劳"之称。）（清）邵懿辰.增订四库简明目录标注[M].上海：上海古籍出版社，1959：813.

颂、序、记诸类，此本则但有碑志、传状诸类，皆全集之一部，正未可分为孰内孰外也。有'右佥都御史印''下学斋读书记''平江黄氏图书''扬庭'诸印。"①此本《续修四库全书》有著录，《续修四库全书提要》载："此帙所收虽戋戋不足百数，然皆皇皇巨制，颇有资于蒙古史事之研究，其重要盖在四库著录本上矣。"

由上可知，传世《说学斋稿》可分为两大系统：一为归有光抄本，存一百三十七篇，多为赋赞序铭类；另一为明成化年间叶盛箓竹堂抄本，多为碑志之文，存八十九篇。两系统抄本皆属全集的不同片段，合看可知全集大概，两抄本皆不分卷，后来衍生出四卷本、十卷本、十三卷本，各本只是所属系统、析卷不同。查慎行跋亦云，"《焦氏经籍志》，《危太朴集》五十卷，今不可得矣。世所传之抄本凡二：其一曰《太朴文集》，皆赋颂记序，有目录而不分卷，其一曰《说学斋稿》，碑版之文居多而不编目，即开林顾氏跋所云归太朴亦未见者②。"世之传本多为归抄本系统，《四库全书》抄存的为鲍士恭家藏本，也属归抄本。据罗振常跋云："危学士《说学斋稿》，四库依知不足斋抄本著录，只四卷。刻本十四卷，但载存目。谓是后人所编，不足据。"③ 可知，四库馆臣们选版本的时候并未尽心，《四库全书》所收之危素散文只为其存世之作的一部分，刘承干对此很是不满，并在其《危太朴文续集》十卷附录一卷载中说："独怪史馆诸人得不全之本而著录之，且轻肆诋諆，不虑后人齿冷耶?"下面大致介绍《说学斋稿》的版本情况：

一、不分卷本

（一）明写本

《藏园群书经眼录》著录一明写本："十四行二十六字。前有隆庆辛未括苍

---

① 谢维扬，房鑫亮.传书堂藏善本书志（下）集部［M］//王国维.王国维全集·第十卷·明别集.杭州：浙江教育出版社，2010：378.

② （指顾鞾，其跋云："危太朴遗文，藏书家绝少，前一半，琴川钱氏尚有抄本，归太朴有跋者是也，后一半，即太朴公亦未之间。向读傅平叙《书曾子白志后》，称其淳健有法，而此集不见，此不过五十卷中所存之一二耳。"）胡玉缙，王欣夫.四库全书总目提要补正·卷五十三·别集类十一［M］.上海：上海书店出版社，1998：1469.

③ 山东大学图书馆.山东大学图书馆古籍善本书目［M］.济南：齐鲁书社，2007：352.

山人叶恭焕跋。有劳季言格校字。"① 又见《丹铅精舍书目》载："《危太朴集》不分卷，（明）危素撰。明篆竹堂抄本，叶恭焕跋。劳格校。"②

（二）（清）徐季孺藏本

《藏园群书经眼录》著录一写本："十行二十六字。末有归有光跋。文凡一百三十三首。（徐季孺藏书，己巳阅。）"应属归抄本系统。

（三）国图 11427 本

一册，每半页十行，每行二十六字，黑格，细黑口，左右双边。此本属归抄本系统，文末有归有光跋。

（四）（清）东武刘氏味经书屋

两册，每半页十一行，每行二十六字，蓝格白口，左右双边，版心有"东武刘氏味经书屋校钞（抄）书籍"字样。第一册为归抄本系统，第二册属叶抄本系统。

（五）（清）翁同书抄本

两册，每半页八行，每行十六字，无格，有目录。前有翁同书跋，"此《说学斋稿》乃危太朴自书，震川先生录诸吴纯甫氏，然已佚其半，仅有赋、颂、赞、记、序一百三十五首，其余碑、志、书、传之属无有也。忆道光丁未，在都才见明人旧抄全帙，名流题识甚多，末有金星轺跋，予直十千不售，翌日访之则为它人所得矣。今见此震川所录残本于广陵，卷端有印文曰：'某十彝尊锡鬯'，知为曝书亭藏书，亟抄而收之行箧，案中秘所储亦即此本。盖虽不获窥全豹，究出于太朴所自定，较胜其后人所编十四卷本耳，而京师所见金星轺本益往来，余怅矣！咸丰七年立秋日常熟翁同书跋"。知此本属归抄本系统，并且曾为曝书亭藏书。

（六）（清）曹氏倦圃抄本

两册，每半页十行，每行二十字，黑格白口，四周双边，版心题"槜李曹氏倦圃藏书"，为清初曹溶家写本。此本属归抄本系统，选本，收文 52 篇，从《三节堂赋》至《释洙翠屏文集序》止，第五页、第七页后均有"至元长庆寺碑铭有序、邬子柴巡检方君去思碑、富州蠲金纪事、乐平州慈湖书院赡学田记

---

① 傅增湘. 藏园群书经眼录·卷十六·集部五 [M]. 北京：中华书局，2009：1381.
② 虞铭. 塘栖艺文志 [M]. 杭州：浙江摄影出版社，2006：306.

字句异同太多、祭揭侍讲文"字样，或为发现佚文待补。钤有"石研斋藏书印""衍斋""恩复""秦伯符父"诸印，知其曾为江都秦恩复收藏。

(七) 罗振玉藏本

罗振玉在《雪堂类稿·戊·长物簿录》中记录了其所收藏的《说学斋稿》抄本："此书从江都秦氏石研斋钞（'抄'，下同）本迻（移）写，不分卷。案《孝慈堂书目》著录一卷，乃就归熙甫藏本影写，不知与此本异同何如。《四库书目》则作四卷，亦云乃归有光就其手稿传钞，皆元代所作，凡百三十二篇，则加此本一倍矣。卷中讹字极多，恨不得《四库》本一比勘之。又危素碑版文，见于金石著录者不少，异日当可写附卷后。"① 可知，此本出自石研斋抄本，属归抄本系统且为残本。

(八) 罗振常藏本

此本为清抄本，此本旧封面原题目《危太朴集》，二册一函，十四行二十六字，无格。罗振常手跋："书例以足本为贵，时或不然，因不足之本为当时所刊；原文足者，或经改定故也。《危学士说学斋稿》，四库依知不足斋抄本著录，只四卷。刻本十四卷，但载存目。谓是后人所编，不足据。自来藏书家如吴兔床、路小洲、劳季言均藏抄本，见之著录。劳氏所藏乃叶氏文庄写校本集外遗文一册，弥极珍重，今不知存否矣。此本为蒋香生旧藏。蒋氏书均为翁君□若所得，抄本至多，而以此本为最精。观其关乎元代国家，字皆定格，而行密，书口狭且字画有不完者（此当是原刻之蠹处），疑是影写元刊本，但无总目、无卷数，由赋讫序，共得文二十九首，不知为原集抑或集外文，惜行箧无《说学斋稿》，不得一校也。甲寅仲秋抱残观并志。此本旧封面原题目《危太朴集》，当是底本如此。又记（下钤'罗振常氏'朱文方印）。收藏复有'南弯村舍'朱文圆印、'行素堂藏书记'朱文长方印、'南通沈燕谋印'白文方印、'曾藏沈燕谋家'。"② 知此本为蒋凤藻旧藏，跋曰其二十九篇文由赋讫序，而归抄本即以赋、颂、赞、记、序为次，知其当为归抄本系统。此本今藏山东大学图书馆。

(九) 金星炤抄本

据翁同书抄本跋可知，金星炤亦有抄本。考《文瑞楼藏书目录》载："危素

---

① 罗振玉.雪堂类稿·戊·长物簿录之四 [M] //罗振玉.藏书目录题识.沈阳：辽宁教育出版社，2003：1219.

② 山东大学图书馆.山东大学图书馆古籍善本书目 [M].济南：齐鲁书社，2007：352.

《悦学斋稿》抄,金溪人,元翰林学士,洪武初,官宏文学士,谪佃和州。"① 据《嘉兴刻书史》载:"《说学斋稿》附《续集》不分卷,明危素撰,金檀抄本。"② 知此本不分卷。

二、一卷本

(清)吴焯瓶花斋藏本

《绣谷亭薰习录》著录《说学斋稿》一卷,跋云:"明翰林侍讲学士金溪危素太朴著,震川归氏校定本,凡录文一百三十七首,以赋颂赞记序为次而编,不分卷,文不联牍,每篇自署甲子而已。……志传所称集五十卷者,大抵未有成书。素行文精整古淡,后来宋濂、王祎诸家未始不驰骤康庄,然终不脱此公规矩。读斯集者,可得气运先后之道焉。续收诗文并志传,别为补遗附录,庶不失归氏本之旧,余于是编凡三校云。"可知此本属归抄本系统,在此基础上又别有补遗诗文。③

三、二卷本

(清)李璋煜藏本

每半页十四行,每行二十六字,无格。上册属归抄本系统,书末有归有光跋,下册最末文为《静修书院记》,属叶抄本系统。钤有"方赤校正印"印,知其曾为清代李璋煜收藏。李璋煜,字方赤,又字礼南,号月汀,山东诸城人,出生于三代进士出身之科举世家,每读一书必亲自校正。

四、四卷本

(一)(清)彭氏知圣道斋抄本

四册,每半页十行,每行二十二字,白口,四周双边。前有归有光跋,下有"崇祯十年二月予从友人王黍仲借抄凡百四十有八叶"字样。彭元瑞校且跋:"辛楣宫詹寄予《说学斋集》,云是归熙甫手抄本,惓惓以表章为言。予以校旧所藏本,多其半。太朴存诗二卷曰《云林集》,竹垞有跋且辨太朴以洪武三年卒于京师,无守余阙庙事,乃其子为㒦为安庆教授,因以傅会也。当以《云林集》

---

① (清)金星轺. 文瑞楼藏书目录明人文集 [M]. 上海: 商务印书馆, 1935: 76.
② 陈心蓉. 嘉兴刻书史 [M]. 合肥: 黄山书社, 2013: 211.
③ (清)于敏中, 等. 清人书目题跋丛刊十 [M]. 北京: 中华书局, 1995: 590.

与此帙并抄,存太朴之全。乾隆癸卯(1783)处暑,往金陵罗试舟中校且记芸楣。云林乃金溪山名,太朴少时读书之所,故以名云诗集,此集中有《云林图记》。"文前又记:"嘉庆丙辰(1796)九月重校,其中多用古字,未能画一,其阙字两本同,盖皆传抄震川本,不敢臆补,又记。"可知,彭元瑞以钱大昕藏本校自藏本云:"多其半。"钱大昕藏本为归有光手抄本,多之一半当为叶抄本所收文章,刘承干《危太朴文续集》跋可为佐证,跋曰,"一日,书友持知圣道斋旧抄《说学斋稿》二册,皆碑铭、志铭、行状、传书、表书,后跋:'祭文杂说八十八篇。'是前稿所佚者,用前编之例次之,又可得十卷"。刘承干看到的应该是知圣道斋抄本的一部分,国家图书馆藏本为四册,刘氏只看到两册,此两册八十八篇当属叶抄本系统,彭氏得到了两个系统的抄本,并将其合而为一,并有志于将《云林集》与此本并抄,存危素诗文之全。而且彭氏自藏本为从王黍仲之明抄本抄得,又以归有光手抄本校勘,因此,此本价值很高,也是最早将两个系统的文章合在一起的版本。

(二)(清)吴允嘉抄本

此本题名《危太朴集》,吴允嘉校,清丁丙跋曰:"嘉靖间归氏有光得其手稿,皆元时所作者,遂传录于世。此本赋三、赞一、铭二、颂三、记五十有二、序七十有九,共一百四十篇,较之王白田杂著所记数,增三篇,又多《哀词》一诗二十首,前有宋濂所撰墓碑铭,有'州来氏藏书记''允嘉印''石仓校''海昌吴葵里收藏'诸印。"知属归抄本系统。此本后被拜经堂收藏。吴允嘉(1655—?)字志上,又字州来,号石仓,钱塘人。喜好藏书,有藏书室名"石甀山房"。

(三)(清)施淑兰抄本

《中国古籍版刻辞典》著录。施淑兰,女,钱塘人。"抄本有明危素《说学斋稿》4卷,又《云林集》不分卷。"[1]

五、十卷本

(清)缪荃孙艺风堂藏本

此十卷本与《云林集》二卷合抄,无格,半页十二行,每行二十六字,缪荃孙校并跋,内有多处红笔校字,钤"海昌陈琰"印。收文一百三十六篇,属归抄本系统,今藏上海图书馆。跋云,"《说学斋稿》十卷传抄新阳赵氏藏本,首有叶恭焕识语,原出归有光抄本。明《千顷堂书目》云:'文集五十卷。'明

---

[1] 瞿冕良.中国古籍版刻辞典[M].济南:齐鲁书社,1999:644.

代已散佚不存，此本乃嘉靖三十八年（1559）归有光从吴氏得手稿传抄，其文不分卷帙，但于纸尾纪所作年岁，皆在元时所作。有光跋称共一百三十六篇，与此本符。又王懋竑《白田杂著》有是集跋，称赋三、赞二、铭二、颂三、记五十有一、序七十有六，现存记四十九、序七十八，共一百三十八首，以有光跋为传写之误，然据懋竑所列实止一百三十七首，数亦不符。殆旧有刊版，好事者递相传录，故篇数参差不能画一"（清代缪荃孙《艺风堂文续集·卷七》）。

六、十三卷本

台北图书馆有藏本，书不得见，或为许庭坚抄本（见下节论述）系统。台北"中央图书馆"网站上标注了此本信息：四册，每半页十行，每行十九字，左右双栏，版心线黑口。有"莐圃收藏"朱文长方印、"贝墉曾读"朱文长方印、"平江贝氏文苑"朱文长方印、"竹泉珍秘图籍"白文方印、"謏闻斋"白文方印、"千墨弇藏"朱文方印、"知不足斋钞传秘册"朱白文方印等。知此本曾为张乃熊收藏。张乃熊（约1890—1960）吴兴人，继承了其父"适园主人"张钧衡的藏书并加以补充，有很多宋元善本。1941年，战乱之际，将藏书之大半出卖，《说学斋稿》当在此列。其他的收藏者还有贝墉（1780—1846），字既勤，号简香，又号定甫，江苏苏州人。好收古书、金石、字画等，家有"千墨庵"藏书室。顾锡麒，生卒不详，字竹泉，一字敦淳，别号謏闻斋主人，江苏太仓人，清代藏书家。知不足斋也曾收藏过此本。

综上，《说学斋稿》存世抄本虽多，但版本情况并不复杂，均不超出两大系统，下图以版本源流图和重要版本篇目对照表做说明：

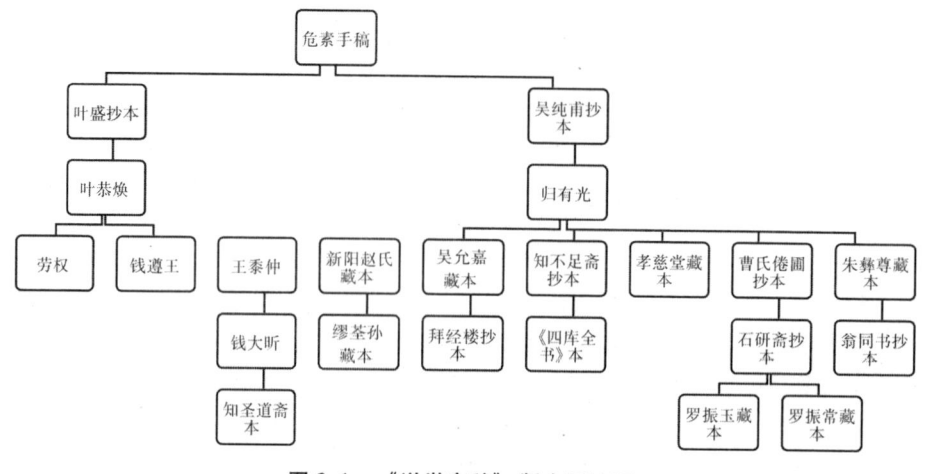

图3.1　《说学斋稿》版本源流图

表3.1 《说学斋稿》重要版本篇目对照表

归抄本系统	叶抄本系统	叶抄本系统
《四库全书》本（四卷）	（清）东武刘氏味经书屋抄本（国图5136 不分卷）	（清）彭氏知圣道斋抄本（国图02115 四卷）
静修书院记	静修书院记	（卷二）临川危氏家谱序
临川危氏家谱序	临川危氏家谱序	平徭六策序
平徭六策序	平徭六策序	平徭六策序（重复著录）
兰桥毛氏族谱序	史馆购书目录序	史馆购书目录序
史馆购书目录序	兰桥毛氏族谱序	兰桥毛氏族谱序
三皇祭礼序	临川王氏世谱序	临川王氏世谱序
临川王氏世谱序	三皇祭礼序	三皇祭礼序
广信文献录序	广信文献录序	广信文献录序
	广信桂氏三世文集序	广信桂氏三世文集序
杜氏世谱考异序		
艾蛮英奇纳克宝山百韵诗序	艾蛮英赤纳思山百韵诗序	艾蛮英赤纳思山百韵诗序
	杜氏世谱考异序（后有归有光跋、叶恭焕跋）	杜氏世谱考异序
	丽阳神庙碑	（卷三）故刘君先恭夫人余氏墓志铭
	显济谢公祠记	邰氏墓门铭
	江州路玄妙观碑	吴仲退先生墓表
	至元长庆寺碑铭	故宋秘书监毛公墓表
	敕赐神光寺碑	禅居寺芳禅师塔铭
	高丽林州大普光禅寺碑	临川隐士孙先生述
	四明山碑	元故奉训大夫瑞州路总管府判官黄山行状鲁祖还祖维父澄宋进士迪功郎柳州州学教授本贯建昌路录事司黄顺翁年七十二岁状

117

续表

归抄本系统	叶抄本系统	叶抄本系统
	倪氏祠堂碑	故通议大夫刑部尚书赠赞治功臣资善大夫中书左丞上护军追封长安郡公谥忠肃杜公行状
	玄儒吴先生碑	故荣禄大夫江浙等处行中书省平章政事月鲁帖木儿公行状
	邬子柴巡检方君去思碑	上饶祝先生行录
	檀州达鲁花赤弘吉剌君去思碑	杨行道传
	故昭信校尉管军千户累赠中奉大夫山东东西道宣慰使护军追封太原郡公王公神道碑	滕先生传
	故翰林学士承旨资善大夫知制诰兼修国史赠推忠辅义守正功臣集贤学士上护军追封涞水郡公谥忠嘉耶律公神道碑	王柏补传
	端静冲粹通妙真人黄君寿藏碑	夏侯尚玄传
	故贵溪彭君墓碣铭	云南诸路行中书省右丞赠荣禄大夫平章政事追封巩国公谥武惠合鲁公家传
	大元钦象大夫提点司天监事王公寿藏碑	黄次山传
	故承务郎南康路都昌县尹赠奉议大夫徽州路总管府治中骁骑尉追封休宁县子吴公墓碑	王弘钧传
	舒君师墓碣铭	萧修撰传
	曾夫人何氏墓碣铭	吴尚辅传
	宋乡贡进士周先生墓碣铭	黄孝子传

续表

归抄本系统	叶抄本系统	叶抄本系统
	故承事郎汴梁路通许县尹王公墓碣铭	祭社稷祝文
	故临川处士饶君大可甫墓碣铭	中书省贺皇帝表
	元故奉议大夫行宣政院经历王公墓志铭	与苏参议书
	邓汝贞墓铭	上贺相公论史书
	颜一初墓碣铭	与邓子明书
	元故都昌陈先生墓志铭	与唐休宁书
	曾秀才墓碣铭	神农冕服辨
	沈秀才墓志铭	祭孙先生履常甫文
	宜兴储先生墓志铭	祭揭侍讲文
	舒伯可墓志铭	祭表叔刘名山文
	故从仕郎襄阳路縠城县尹彭君墓志铭	富州镯金纪事
	宋将仕郎吕君墓志铭	将医一首赠雍方叔
	故从仕郎福州路总管府经历李君墓志铭	述变
	刘中立故妻张氏墓志铭	说隐
	郑童子墓铭	遁解
	故管领随路蒙古汉人军民都总管府判官彭君墓志铭	书清閟阁临兰亭序后
	处士刘公墓志铭	书吴泰发妻黄氏教子诗后
	故金潭先生于君墓铭	书张少师传后
	故何君国佐墓铭	书张承基传后
	故将仕郎淳州路总管府知事赵府君墓铭	跋送李工部诗
	刘桂翁先生墓志铭	跋黄居士墓志铭

119

续表

归抄本系统	叶抄本系统	叶抄本系统
	元故资善大夫福建道宣慰使都元帅古速鲁公墓志铭	恭跋明宗皇帝神御殿碑
	王仲善墓志铭	跋宋理宗诗
	故天临路医学教授严君墓铭（有"说学斋稿　临川危素太朴著"字）	静修书院记
	故刘君先恭夫人余氏墓志铭	（卷四）丽阳神庙碑
	邰氏墓门铭	显济谢公祠记
	吴仲退先生墓表	江州路玄妙观碑
	故宋秘书监毛公墓表	至元长庆寺碑铭
	禅居寺芳禅师塔铭	敕赐神光寺碑
	先大父行状	高丽林州大普光禅寺碑
	临川隐士孙先生述	四明山碑
	元故奉训大夫瑞州路总管府判官黄山行状鲁祖还祖维父澄宋进士迪功郎柳州州学教授本贯建昌路录事司黄顺翁年七十二岁状	倪氏祠堂碑
	故通议大夫刑部尚书赠赞治功臣资善大夫中书左丞上护军追封长安郡公谥忠肃杜公行状	玄儒吴先生碑
	故荣禄大夫江浙等处行中书省平章政事月鲁帖木儿公行状	邠子柴巡检方君去思碑
	上饶祝先生行录	檀州达鲁花赤弘吉刺君去思碑
	杨行道传	故昭信校尉管军千户累赠中奉大夫山东东西道宣尉使护军追封太原郡公王公神道碑

120

续表

归抄本系统	叶抄本系统	叶抄本系统
	滕先生传	故翰林学士承旨资善大夫知制诰兼修国史赠推忠辅义守正功臣集贤学士上护军追封涑水郡公谥忠嘉耶律公神道碑
	王柏补传	端静冲粹通妙真人黄君寿藏碑
	夏侯尚玄传	故贵溪彭君墓碣铭
云南诸路行中书省右丞赠荣禄大夫平章政事追封巩国公谥武惠合鲁公家传		大元钦象大夫提点司天监事王公寿藏碑
	黄次山传	故承务郎南康路都昌县尹赠奉议大夫　州路总管府治中骁骑尉追封休宁县子吴公墓碑
	王弘钧传	舒君师墓碣铭
	萧修撰传	曾夫人何氏墓碣铭
	吴尚辅传	宋乡贡进士周先生墓碣铭
	黄孝子传	故承事郎汴梁路通许县尹王公墓碣铭
	祭社稷祝文	故临川处士饶君大可甫墓碣铭
	中书省贺皇帝表	元故奉议大夫行宣政院经历王公墓志铭
	与苏参议书	邓汝贞墓铭
	上贺相公论史书	颜一初墓碣铭
	与邓子明书	元故都昌陈先生墓志铭
	与唐休宁书	曾秀才墓志铭
	神农冕服辨	沈秀才墓志铭
	祭孙先生履常甫文	宜兴储先生墓志铭

续表

归抄本系统	叶抄本系统	叶抄本系统
	祭揭侍讲文	舒伯可墓志铭
	祭表叔刘名山文	故从仕郎襄阳路穀城县尹彭君墓志铭
	富州蠲金纪事	宋将仕郎吕君墓志铭
	将医一首赠雍方叔	故从仕郎福州路总管府经历李君墓志铭
	述变	刘中立故妻张氏墓志铭
	说隐	郑童子墓铭
	遁解	故管领随路蒙古汉人军民都总管府判官彭君墓志铭
	书清閟阁临兰亭序后	处士刘公墓志铭
	书吴泰发妻黄氏教子诗后	故金潭先生于君墓铭
	书张少师传后	故何君国佐墓铭
	书张承基传后	故将仕郎淳州路总管府知事赵府君墓铭
	跋送李工部诗	刘桂翁先生墓志铭
	跋黄居士墓志铭	元故资善大夫福建道宣慰使都元帅古速鲁公墓志铭
	恭跋明宗皇帝神御殿碑	王仲善墓志铭
	跋宋理宗诗	故天临路医学教授严君墓铭
	静修书院记（下有叶恭焕跋）	

注：上表将国家图书馆收藏的三个比较有代表性的《说学斋稿》版本中的不同篇目加以比较，相同的篇目未写出。

第四节 危素诗文集续补考述

除《云林集》《说学斋稿》外，有志于全危素之文的人们陆续发现危素散佚的文章，于是开始做续补危素诗文集的工作。最早开始补遗的是涂登，然后是许庭坚、劳格，集大成者当属刘承干，其于民国二年、民国三年（1913、1314）两次刊刻的危素诗文集，在前人校补的基础上进行整理补遗，并精审、精校、精刻，为后人研究危素诗文提供了高质量的文本。以下对这些续补文集做简要介绍。

一、（清）许庭坚抄本《危太朴集续补》（不分卷）

国图藏有清乾隆五十年（1785）种学楼许庭坚抄本《危太朴集续补》，十四行二十六字，许庭坚校并跋，又清季锡畴、王振声校。据许庭坚跋，其旧藏《危太朴集》抄自归有光本，雍正间宋宾王手校。后涂登又把自己收集整理的邑志、家乘与诸家集录，以及浮屠老子之宫、残碑断碣补编成十三卷（淘汰讹脱甚者十之一），统曰《云林集》。许庭坚将其所见之写本，归本未有，宋氏所补，涂本又无者，爰续抄，汇成二帙。

二、（清）芳树园刻本《危学士全集》（十四卷）

据《江西古今书目》记载：明代江西有危素《说学斋稿》四卷、《云林集》二卷、《危学士全集》十四卷行世。[①] 杨士奇《题范危墨迹后》亦云："危公与先祖兄弟同游吴文正公之门，往年在南京，周恂如扈从北来，得危公所作挽先曾祖七言唐律一章见贻，虽片纸而出亲笔，已潢饰置家乘中。恂如言此出公全集，其集已散落，张叔豫得之最多。时叔豫已卒，书籍悉归永新，不及得见也。余来北京，喜求故元时遗墨断简，往往有得，最初得危公诗文五十七首于太医院判蒋用文所，盖与所得先公挽诗同出一集。"[②] 可知，明代已有《危学士全集》，因史料缺失，未知是何人所编，在杨士奇生活之时已经散落。

清乾隆二十三年（1758）的芳树园刻本《危学士全集》，现藏复旦大学图书馆，《四库全书存目丛书》集二十四首收入，十八行二十字。前有乾隆二十三年十月既望严纹玺叙，并附《明史》危素本传、宋濂《故翰林侍讲学士中顺大夫知制诰同修国史危公新墓碑铭》《题危云林训子诗后》，又辑先正赠言，序二：虞集《送危太朴序》、王祎《说学斋记》。书四：柳贯《答临川危太朴书》、李

---

① 张德意，李洪. 江西古今书目[M]. 南昌：江西人民出版社，1996：201.
② （明）杨士奇. 东里文集[M]. 北京：中华书局，1998：167.

存《复危太朴书》。诗七：柳贯《危太朴自金溪来访留馆兼旬因归有赠》、范梈《清明山房诗为危太朴作》《望瀛海一首送危太朴之四明兼简廉访邓使君翰林袁侍讲》、成廷圭《兵部危太朴郎中家于临川云林山上请方方壶作云林图太朴索诗赋此》、邓文原《余与危太朴久别一旦会于九龙山僧舍因出诸名胜合作卷见示随赋小诗于后并叙远别之意云》、吴伯宗《送危太朴奉使南归》、丁复《题危太朴云林图》。又有附序、题跋等若干：贝琼《送危于懹赴安庆教授序》、宋濂《题危太朴隶书歌》、朱彝尊《跋危氏云林诗集》、傅占衡《录危太朴曾子白文书后》、王有年《答吴仲升先辈论邑志书》、李绂《与王督学先辈书》以及余之梅附识。

余之梅在附识中写道：“太朴先生古文之业，雄视百代，直能希轨韩欧；诗歌苍郁秀挺，篹在范杨虞揭间，足当劲敌。然诗文名世甚盛而全集未光梨枣。”据《溪乘》及《江西通志》艺文所载，“《宋元史稿》一百卷，《学士集》五十卷。生平著述轶驾乡先正上。今惟两朝信史，堆案可寻，他则篇章零缺，百仅一存。区区搜辑，汇成一十四卷，固前辈寝馈之遗也，悉属。渴慕殆如龙鲊凤腏染窗，少尝全鼎否。则古人云：'作者既难，识者殊不易。'世无杨子云，谁为知子云者？假非穆堂先生提醒凡声，学士此调当沦，逸响何望天下人木舌金口耶？兹备录虞文靖公以下高文大笔，哀萃集首而折中于乡先生之片言，允见古作之奋兴，扶轮推毂，概在吾江右也！敢为臆断若此云？”可知，余之梅对危素诗文评价甚高，对其著作凋零散佚的状况颇感痛心，致力于搜辑危素诗文的工作，并希望以此为契机，复兴江右古文。

严纹玺叙称，乾隆九年（1744），制台黄公征书江右，首列危素文集，遍搜邑中而不得。后读李绂《穆堂初稿》得知其书斋中有危太朴文集，因此上门礼请乃得抄出。按《江西通志》载：危素全集近五十卷，而抄出者不及十分之一。严纹玺又与友人李相、余之梅广为搜索，辨别真伪，编为十四卷付梓。该本存文194篇，包括书3篇、序84篇、记39篇、杂著（跋、解、说、辩、纪事、赋、赞、铭、颂）20篇、传9篇、碑10篇、志铭23篇、行述3篇附祭文3篇，诗82首。此本又有清道光六年（1826）金溪严氏重修本。

《四库存目提要》题云：“危学士全集十四卷，江西巡抚采进本。明危素撰。索有《草庐年谱》已著录，其原集本五十卷，世久无传。明归有光得其手稿，因编为《说学斋稿》凡一百三十余篇，又所作诗名《云林集》，乃纳新所编，此本文十三卷，诗一卷，乃其乡人取二集汇辑而成。虽名全集，实非原本，故今仍录《说学斋稿》《云林集》以存其旧,此本则附存目焉。"① 通过比较可知,《危学士全集》收诗82首,收文194篇,而文渊阁四库本《云林集》收诗90首,《说学斋稿》收文133篇,四库本虽收诗略多,文章却少了61篇。可见,四库馆臣未做认真鉴别,仅把《危学士全集》著录存目中,过于草率。

三、民国二年（1913）嘉业堂刻本《危太朴集》

民国二年（1913）嘉业堂刻本《危太朴集》诗集二卷（末附补遗一卷,续补遗一卷）,文集十卷。刘承干跋云:《云林集》二卷、《说学斋集》十卷,明危素太朴撰。太朴,金溪人,元至正中官至礼部尚书、参知政事、翰林学士承旨,出为岭北行省左丞,后退居房山,淮王监国起为承旨如故。明洪武二年,授翰林侍讲学士,后因御史王著等论素不宜列侍从,谪居和州以卒,事迹具《明史·文苑传》。太朴在元季雅负重望,诗文具有法度,实为元季一家。明《千顷堂书目》云:文集五十卷,惜已散佚。今《云林集》二卷,即太朴之诗,《说学斋稿》集十卷,即太朴之文。《云林集》,朱竹垞犹见元版。文乃嘉靖三十八年,归震川从吴氏得手稿传抄者,不分卷帙,但于纸尾纪所作年岁,皆在元时所作,归跋称共一百三十六篇,乃止一百三十三篇。王懋竑《白田杂著》有是集跋称:"赋三、赞二、铭二、颂三、记五十有一、序七十有六,共一百三十八首,以归跋为传写之误,然据懋竑所列,实一百三十七首,数亦不符,殆旧无刊版,好事者递相传录,故篇数参差不能画一。此集止赋、赞、铭、颂、记、序,似文集首十卷,如冯太师《安岳集》之类,尚非辑逸。此本诗从皕宋楼藏抄本,原出鲍渌饮,以计白峰、何岊瞻两本校之,文集从峭帆楼藏抄本,原出归震川,合校刊之以存太朴之真,附录宋濂撰墓碑一篇、明诗综小传,以成完书。宋元别集存者寥寥,子孙不能重刊便致湮没,绝非因其人而累其文也,如王伯厚、谢叠山其人足传,其文亦不传,即此可见矣。癸丑中元吴兴刘承干跋。"（《危太朴诗集》）从跋可知此本诗是从皕宋楼藏抄本抄出,原出鲍廷博本;而文从峭帆楼藏抄本抄出,原出归有光本,只收入了归抄本系统之文,并不完整。

---

① 四库全书存目丛书编纂委员会.四库全书存目丛书·集部·第24册［M］.济南:齐鲁书社,1997:845.

四、民国三年（1914）嘉业堂刻本《危太朴文续集》

民国三年（1914）嘉业堂刻本《危太朴文续集》诗集二卷，文集十卷，文续集十卷，附录一卷。《危太朴文续集》附录刘承干跋曰："余既刻太朴《云林集》二卷、《说学斋集》十卷，独恨未见太朴集之全，因取劳季言《说学斋稿》补遗目三十七篇辑而补之，抄得二十二篇。内《麟溪集》三篇，《书林外集》叙、《子渊诗集》序、黄君墓碑、李俟庵墓志铭、《金台集》跋十篇未得原书。如《静江路新城记》《檀柘寺碑》《阿王寺充公塔铭》均见金石碑目，未知存佚。《浙江遗书总目》《居竹轩集序》是节文，不足录也。一日，书友持知圣道斋旧钞《说学斋稿》二册，皆碑铭、志铭、行状、传书、表书，后跋：祭文、杂说八十八篇。是前稿所佚者，用前编之例次之，又可得十卷，合之劳辑之二十二篇，共得一百十篇。友人王君培荪示以所藏乾隆戊寅严纹玺刻本共十四卷，文一卷、诗传九首、碑十一首、志铭二十三首、行述三首、祭文三首、杂著三十首，在余搜得之外又得序十篇、记一篇、说一篇，另行重编，共计一百二十五篇，与四库所收陡加一倍，虽不能复五十卷之旧，而后太朴之文蔚然大观矣。归熙甫、王白田、劳季言所未得见，予无意得之，以于太朴有夙缘者，不禁自喜。后又收得宋牧仲藏旧写本，合诗文为一，统题曰《云林集》，文共二百六十三篇，碑版居多，特少劳季言所辑者。考《得树楼杂抄》太朴《耶律希亮碑》，似曾得见此本。四库收朱右《白云稿》五卷为骚赋、为杂著、为序计九十六首，后钱塘丁松生又得第六卷至十一卷为记、为铭、赞、为题跋、为哀诔及疏启，计八十二首，而《白云集》始全，与《说学集》一例。独怪史馆诸人得不全之本而著录之，且轻肆诋諆，不虑后人齿冷耶？甲寅重九日吴兴刘承干再跋。"

从上可知，民国二年嘉业堂刊刻的《危太朴云林集》非全本，刘承干为全危素之文，可谓耗尽心血，因缘际会又得知圣道斋抄本（叶抄本系统文）、严纹玺刻本（前述之《危学士全集》）及其他版本，加上据劳格补遗目所辑文，于民国三年再次刊刻此《危太朴文续集》，收文263篇，在当时可谓收集危素诗文最全之本，危素泉下有知，可欣慰矣。

此本《云林集》诗后有《危太朴云林集续补》一卷，乃鲍廷博所辑补之诗。末有"圣遗"跋语，道出版本源流信息，"翰怡郎中假得艺风前辈所藏抄本，无补遗及续补遗，盖抄自新阳赵氏，从岵瞻藏本出，曾以乙庵方伯所得海盐计西峰抄本手校一过，计本出于查氏玉雨堂，有他山小识云：'按黄文献公潜所作《太常博士危府君墓志》，府君讳永吉，字德祥，徙居云林三十六峰之阳，即太朴之父也，诗名《云林集》当以此。'提要未引文献，此志。查氏不以考据名而读书贯串如此，信非末学所及。义门题云：'康熙庚寅正月，振麓诗钞赠。'于是太朴诗文粗备，云林名德，久有定论，而诗文犹为人宝爱如此。集中以'楼'字与'招''萧''桥''箫'并押，以'猷'字与'韶'字、'霄'字、'招'字并押，则用江外方音，与今韵、古韵均未合，校读一周率记如右，圣遗。"此跋当为杨钟羲所作，杨钟羲（1865—1940）原名杨钟广，字慎庵，号留垞，晚号圣遗居士。

《危太朴文集》前有叶恭焕识语，兼有目录，文集共十卷，后有归有光跋，仲雍山人识语。又有附录两卷，附有《列朝诗集》中危素小传、《抚州府志》中危素传、《霏雪录》中危素与王冕事、宋濂撰危素碑铭及刘承干跋。后又有《危太朴文续集》十卷，附录中依次收有《明史·危素传》、宋濂《题危云林训子诗后》、王祎《说学斋记》、柳贯《答临川危太朴书》、李存《复危太朴书》、柳贯《危太朴自金溪来访留馆兼旬因归有赠》、范梈《清明山房诗为危太朴作》《望瀛海一首送危太朴之四明兼简廉访邓使君翰林袁侍讲》、成廷圭《兵部危太朴郎中家于临川云林山上请方方壶作云林图太朴索诗赋此》、邓文原《余与危太朴久别一旦会于九龙山僧舍因出诸名胜合作卷见示随赋小诗于后并叙远别之意云》、吴伯宗《送危太朴奉使南归》、丁复《题危太朴云林图》、贝琼《送危于辙赴安庆教授序》、宋濂《题危太朴隶书歌》、傅占衡《录危太朴曾子白文书后》、王有年《答吴仲升先辈论邑志书》、李绂《与王督学先辈书》及余之梅附识、刘承干跋语。

《别宥斋藏书目录》著录收有《危太朴文续集》十卷附录一卷："清刻本，一册。存四卷。卷八至十，附录一卷。有'别宥''萧山朱鼎煦收藏书籍'印。"① 又《危太朴云林集》二卷文集十卷文续集七卷："民国吴兴嘉业堂刘承干刻本，五册。"别宥斋又名香句室，是浙东藏书家朱鼎煦先生的藏书楼。朱鼎煦（1885—1968），字赞父、鄯卿（赞卿、者卿、宰卿），号别宥、香句，去世之前将其藏书捐赠天一阁。

今人王德毅编纂《元人文集珍本丛刊》，内有《危太朴集》，将刘承干刻印

---

① 天一阁博物馆. 别宥斋藏书目录［M］. 宁波：宁波出版社，2008：410.

之正集、续集合在一起,是学者研究容易得到的文献。集前叙录云,"民初吴兴刘承干刻《嘉业堂丛书》,首素诗文集三种:《危太朴诗集》(《云林集》)用皕宋楼藏抄本,较四库本多补辑素诗八首。《危太朴文集》(《说学斋稿》)用峭帆楼藏康熙五十一年张深抄本。另承干自清代抄本、刻本多种辑成《危太朴文续集》十卷,一并付刊,素之遗制大抵备具于此三编。兹即据以影印,籍供知人论世之助"。

第五节　危素入明著考述

长期以来,因危素官仕明朝,遭到不少文人学士的嘲讽,影响了人们对他著作的关注,散佚严重。其文集《说学斋稿》及诗集《云林集》皆为元时所作,文集明初就已散佚。一般认为,危素入明后著作保留下来的极少,笔者在阅读过程中发现13篇危素文章,当为其入明后著述,考证如下。

一、约于洪武初作《云阳集序》

序云:"君之于文,卫道甚严,书事有法,有纡徐开朗之气,无钩棘骫骳之态,流布于四方者不少,夺攘毁弃,仅存什一于千百。其孤位衔哀邻境,哀辑成编,然多避地所作。新安俞君子懋来镇永新,将刻而传之,属张、揭两公薨逝已久,不及观君之晚节而一览斯文,非可叹哉?"①《云阳集》提要云:"《云阳集》十卷,元李祁撰。祁,字一初,别号希蘧,茶陵人。元统元年进士,除应奉翰林文字,改授婺源州同知,迁江浙儒学副提举,以母忧解职。会天下已乱,遂隐永新山中。元亡,自称不二心老人,年七十余乃卒。……初,明兵至永新,祁中刃僵道,左千户李子茂②询知为祁,舁归,礼待之。虽幸不死,然,洪武中征召旧儒,祁独力拒不起,子茂重其为人,祁殁之后,子茂为刻其遗集十卷。"又曾廉《元书·卷九一》载:"……元亡,自称不二心老人。明初,以耆儒召祁力拒不起,年七十余卒。"又龚锡爵《永新县志》载:"元李祁,字一

---

① 李修生.全元文·第48册[M].南京:凤凰出版社,1999:258.
② 危素文及《永新县志》中皆为"俞子懋",此当四库本之误,出自明代龚锡爵的《永新县志》,明万历六年刻本。

初，茶陵人。……洪武初年有云阳希蓬等集行世。"

李祁《云阳集》刻于其殁之后，那么此序当作于洪武初。

二、约于洪武初作《西台恸哭记注跋》

跋云："文丞相忠义明白，世多为之记载。礼部侍郎邓公光荐作《续宋书》最为详备，文公之将校名姓往往在焉。然不及于宾客，故谢皋羽先生几失其传。赖其遗文多传于学者，而《西台恸哭记》则有张丁为之注释，考订精密，儒林称之。……前史官临川危素识。"① 至元二十八年（1291），谢翱登浙江桐庐县西富春山之西台，悼念文天祥，作《西台恸哭记》，张丁为之作注。明抄本《登西台恸哭记注》有唐肃跋，署作于洪武四年；胡翰序，署作于洪武二年。危素跋署"前史官临川危素"，推知其跋亦作于明初。

三、约于洪武初年作《元故征君杜公伯原父墓碑》

危素《元故征君杜公伯原父墓碑》曰，"铭曰：'于乎先生，学综百氏。鄙谢浮荣，优游山水。皇极经世，妙理莫窥。著书立言，人莫我知。蜚声远闻，使诏征起。众方欣欣，公静而止。武夷平川，如古桃源。思学之斋，怀友之轩。经籍可珍，金玉非宝。究极玄微，探索窔（窔）奥。邵子之幸，生于太平。公没未久，兵戈遽兴。永怀洞天，云月清白。载此铭章，式昭隐德。'前史官危素撰。"②

杜本卒于至正十年（1350），至正二十二年（1362）门人蓝智等请书墓碑。铭中提及"兵戈遽兴"，又署"前史官危素"，推测当作于入明后。

四、约于洪武初年作《侍读学士尚师简神道碑》

危素《侍读学士尚师简神道碑》云："輓买石曲阳，刻立神道，以昭先德。谋于轼，以文属前史官临川危素。庸抚其事状次第之，系之以铭。"③ 文末署"前史官临川危素"，当为入明后所作。

---

① 李修生. 全元文·第48册 [M]. 南京：凤凰出版社，1999：265.
② 李修生. 全元文·第48册 [M]. 南京：凤凰出版社，1999：455.
③ 李修生. 全元文·第48册 [M]. 南京：凤凰出版社，1999：441.

五、洪武二年作《送郑叔车还乡序》

危素在序中写道："太常博士郑涛（字仲舒）因战乱十年不得闻于家。至正二十八年（洪武元年），明军破大都，郑涛扶病抵金陵，子郑枋（字叔车）自浦江沿途寻访，父子相聚于金陵。将还，能文者咸作诗以送别，危素为之作序。"① 苏伯衡为张孟兼②《送郑叔车还乡》作序云，"浦江义门郑君仲舒北仕于燕二十有余年，不闻问亦且十年，仲舒之子叔车居常皇皇如也。王师既下燕，叔车即告行于尊长，往迎。方燕之下也，凡在仕籍者，徙而处之汴京者有之，徙而处之两淮者有之，挟而致之南京者有之，而踪迹仲舒之所之，言人人殊，或言南京，或言两淮，或言汴京，又或言于时仲舒已解官不在行间，仍留燕也。然言之南京者十五六，从者惑所之，叔车曰：'古人之寻其亲也，无方而获见焉者多矣，况我父有方乎！燕也、汴也、淮也、南京也，吾无不之焉，则吾父当无不见焉，又奚惑？'乃行。行次京口，遣从者走南京访焉。比从者至于南京，则仲舒之于南京也二日矣，方卧病逆旅，从者以告叔车，叔车兼程而至，仲舒见而悲，悲而喜，喜而不知病之去体也。……明年春，仲舒谋归拜其先人墓，勿克，命叔车代之行。张孟兼氏与叔车居同邑且亲，喜其能子也，为诗以饯之，率诸缙绅和之而属余序之"。（张孟兼《白石山房逸稿·卷上》）从上可知，郑氏父子于至正二十八年相见于南京，次年还乡。另高启有诗《金华郑叔车父仲舒仕燕十年不得闻元年南北既通叔车即往省至京师遇焉时仲舒方卧病叔车侍养久之仲舒命归祀先茔将行赋诗送之》为辅证，可知此文作于洪武二年。

六、约于洪武二年为杨维桢《大明铙歌鼓吹曲十三篇》作跋（或为伪作）

杨维桢《大明铙歌鼓吹曲十三篇》后危素跋云："会稽杨公廉夫，登高科四十余年，以文鸣当时，方四海有兵事，高居松江山中。一日，聘至金陵论定礼乐，乃成铙歌鼓吹曲，称颂武功。昔柳柳州谪官荒缴，以有是作，方之于公。目睹行师之次第，而论撰于著作之庭者大不侔矣。临川危素敬书。"

考《明史·杨维桢传》，洪武二年（1369），朱元璋召杨维桢至南京纂礼乐书，杨虽不就，却作《大明铙歌鼓吹曲十三篇》，称颂明朝。危素此年亦在南

---

① 李修生. 全元文·第 48 册 [M]. 江苏：凤凰出版社，1999：181.
② 张丁，字孟兼，以字行。

京，此跋约作于此年。但是据清人葛漱白《铁崖全集跋语》考证，《大明铙歌鼓吹曲十三篇》所述事件、时间等多与事实不符，实为伪作，如确为伪作，危素的跋语也为伪作，便不足信，姑且存疑。

七、洪武三年作《济南府治记》

危素《济南府治记》曰："天子即位之二年，敕海内郡县皆建公署，以骇众观，仍命中以图式示四方。事竣，俾刻石以纪岁月，并载什用之物。……洪武三年正月，翰林侍讲学士临川危素记。"①可知此文作于洪武三年。

八、约于洪武三年作《丹崖集序》

序云："未几杨君物故，处敬亦来应聘，始相识。又得其文一卷，纡徐而辩博，征诸理无悖焉者，乃益信杨君之鉴裁，喜处敬之劬学。……前太史临川危素秦淮旅舍书。"② 文末危素署"前太史临川危素秦淮寓舍书"，应为入明之后在南京所作，当在出居和州之前。又《明史·唐肃传》："洪武三年用荐召修礼乐书，擢应奉翰林文字。"文中"处敬亦来应聘"当指此事。

九、约于洪武初年作《天宁寺碑记》

谢旻《（康熙）江西通志·卷一百十一》载："临江府，天宁寺，在府学左，唐以前名兴化，咸通中韦宙改建，名铁佛寺，宋改今名，绍兴中更名报恩光孝禅寺，元至元间仍旧名，明洪武间，知府刘贞重建，危素记。"可知《天宁寺碑记》为危素入明后所作。文中亦写道：

岁甲辰仲之月，郡请沙门克文主之，畚瓦砾，辟草莱，志图兴葺。乃仍旧基，谋作正殿，经始于岁丁未十月。会郡守刘侯贞以吏治之暇，缮城郭，新公署，群情佥同，百废俱举。召父老而谕之曰："斯为一郡佛寺之首，祝厘报上，旧有道场，可不助其创作之役乎！"众曰："诺。"期年殿成，广七丈五尺，为六楹。深四丈六尺，崇如深之数。木石修整，飒觉坚

---

① 李修生. 全元文·第48册 [M]. 南京：凤凰出版社，1999：371.
② 李修生. 全元文·第48册 [M]. 南京：凤凰出版社，1999：259.

致。既还旧观，遂来请记。①

文中甲辰年为至正二十四年（1364），天宁寺正殿于丁未年十月开始兴建，丁未年为至正二十七年（1367），"期年殿成"，约洪武元年（1368）十月建成。由此可知，危素此文的确作于洪武初年。

十、约于洪武初作《春秋公羊经传习读序》

此本题目下署："危太朴题　前朝参政今翰林学士"，考危素于洪武二年（1369）授翰林侍讲学士，而徐尊生于洪武三年三月告归，此文作于期间。

十一、于洪武三年（1370）三月作《春亭先生徐君子高墓志》

文中云：

> 大明洪武己酉，仲孺之子尊生，以布衣应诏来京，修《元史》，定礼书，讫事将告归，状先生之事于右，以示予，且请曰："尊生不及识大父为人，而逮事祖母，幼闻祖母及先子言及大父为人之略如此，先子尝欲求撰述于当世，未果。尊生蒙知爱于先生，愿乞文表诸墓上，以终先子之志，幸哀而畀之。"

文末署"洪武三年春三月，临川危素撰"，知为徐尊生还乡之前请危素所作。

十二、约于洪武三年（1370）三月作《送徐大年还乡序》

如十一条所述，徐尊生还乡之时，危素为其作送序。

十三、洪武五年（1372）正月十日，撰《炬法师塔铭》

（明）徐一夔《始丰稿·卷六》：

> 宝石山荪师以临川危公所撰《炬法师塔铭》装潢成卷，持以示余曰：

---

① 李修生. 全元文·第48册［M］. 南京：凤凰出版社，1999：347.

"此危公垂殁之笔也。"其文总若干字,而点窜又计若干字。字大如蝇头,而兼用行草。其孤于识其后曰:"此文洪武五年正月十日先君子所作,是月二十又五日,以疾终。今以此文寄其徒秋岩昆仲,用先君子之意。"于,今为安庆府教授;秋岩,则荪师字也。予以此本乃公未脱稿之文,行草兼用,且加点窜,读者难认。取今天界寺住持勒公所为行状,正其差讹,命诸生方质录于稿本之后,以便读者。且属荪师,请善书者登其文于石,而以稿本留于山中,使后人见公当垂殁之际,其文与字画不苟如此。公以文章翰墨名世,著作既稿,而楷、行、草三体并臻于妙。凡世臣大家,释老寺观,穹碑短碣,多出公手。至于遐方裔壤,得其片言只字,莫不宝以为玩。当时号称辞翰两绝。公凡为文,既脱稿,类皆楷书登石。此文如其孤所志,去捐馆之日十又五日尔,盖以病,仅克属稿,不及别书也。因识于卷末,以归荪师。八年十月。

可知,此文为危素生前最后一篇文章,惜已无存。

表3.2 《中国古籍总目》载《云林集》版本

题名	卷数	校跋者	藏地
《说学斋稿》	不分卷		国家图书馆
《说学斋稿》	不分卷		日本静嘉堂
《危太朴云林集》	不分卷	(清)宋荦校并跋,莫棠题识	上海图书馆
《说学斋稿》	不分卷补一卷	(清)宋宾王校并跋,(清)王振声校	国家图书馆
《危太朴云林集》	二卷,文集不分卷	(清)丁丙跋	南京图书馆
文集	一卷	缪荃孙校并跋	上海图书馆
文集	一卷		日本静嘉堂
《危太朴云林集》	二卷		国家图书馆
《危太朴云林集》	二卷	缪荃孙校并跋	上海图书馆
《危太朴云林集》	二卷		日本静嘉堂

续表

题名	卷数	校跋者	藏地
《危太朴云林诗集》	二卷	（清）宋宾王校并跋，（清）王振声校	国家图书馆
《危太朴云林集》（《云林集》）	二卷		国家图书馆
《说学斋稿》	十卷	缪荃孙校并跋	上海图书馆
《云林集》	十二卷	（清）涂登辑	南京图书馆、日本静嘉堂
《云林集》	十二卷补遗一卷	（清）涂登辑	南京图书馆

表3.3 《中国古籍总目》载《说学斋稿》版本

卷数	版本	校跋者	藏地
不分卷	明抄本		台北故宫博物院
	清初曹氏倦圃黑格抄本		国家图书馆
	清初抄本		上海图书馆
	王氏孝慈堂抄本	（清）王闻远校并跋	国家图书馆
	咸丰七年翁同书抄本	（清）翁同书跋	国家图书馆
	清龙池山房抄本		上海图书馆
	清黑格抄本		国家图书馆
	清抄本	（清）王念孙校并跋	国图、上海、南京
	清抄本	（清）李宏信校并录（明）归有光跋	天津图书馆
	抄本		北大图书馆
不分卷又二卷	清东武刘氏知味书屋蓝格抄本		国家图书馆
二卷	清抄本		国家图书馆
四卷	《四库全书》本		
	清彭氏知圣道斋抄本	（清）彭元瑞校并跋	国家图书馆

续表

卷数	版本	校跋者	藏地
十卷	江阴缪氏艺风堂抄本	缪荃孙校并跋	上海图书馆
十三卷	清抄本		天一阁

第四章 危素思想研究

在元末明初的文坛上,危素享有很高的声誉,士人多追随景仰,徐泰的《诗谈》称其为"元季之虎"。他一生师从众多钜学鸿儒,火尽薪传,他的思想丰富而深邃,值得研究,遗憾的是所遗留的著作不多,不足以全面细致剖析。本章拟从理学思想、宗法思想、文学思想、君子人格观及政治思想等几个方面进行研究。

第一节 危素理学思想研究

在元代的理学领域,危素应占一席之地。但从20世纪80年代以来,哲学史、思想学术史著作中很少提及危素,如冯友兰的《中国哲学史》、侯外庐的《宋明理学史》、蒙培元的《理学的演变》等。徐远和的《理学与元代社会》中列出了很多学界较少关注的人物,其中提到了危素,说他是"元季陆学踵武者",也有学者看到了危素在宋明理学传递过程中的作用,认为他和会朱陆开启了阳明心学"克治实功"的理论。[1] 本节将对危素的理学思想进行细致梳理和研究。

一、危素对朱陆二学的态度

关于危素的学术渊源,本文第一章已有论述,试以下图为总结:

---

[1] 张东海. 元代江西陆学教育哲学思想研究 [D]. 南昌:江西师范大学,2002.

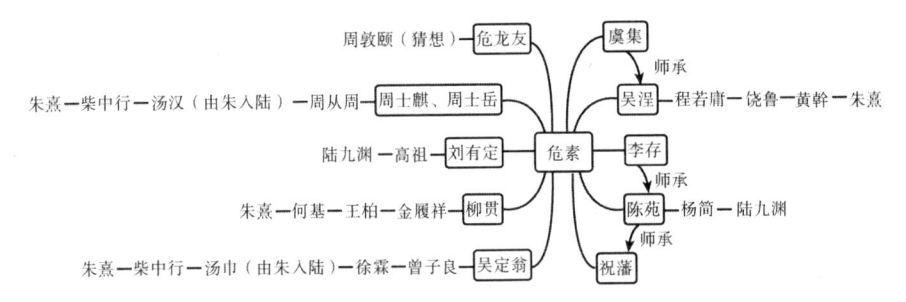

图 4.1 危素的学术渊源

对于危素学术思想的研究，学界多集中探讨其思想倾向。《宋元学案》将危素归为蕺远门人（象山六传）、草庐门人、侯庵门人、师山讲友，谓其学术渊源"统绪固不自一家也"①。同时，因危素曾求教于陈苑，学案还将其归入静明、宝峰学案。全祖望评论："元儒如草庐调停朱、陆之间，石塘由朱入陆，师山由陆入朱，若笃信而固守，以嗣槐堂之绪，静明、宝峰而已。"②后来的学者也大多认为危素的思想虽和会朱陆，但多倾向于陆学。从上图看，危素的多位老师都是朱熹后学，其思想当以和会朱陆为主。

事实上，危素反对朱陆后学分立门户，水火不容。他说："昔者朱文公、陆文安公同时并起，以明道树教为己事，辩论异同，朋友之谊。其后，二家门人之卑陋者角立门户若仇雠，陆氏不著书而其学几绝。"③危素看到朱陆二家治学立说的目的是一致的，即"明道树教"，只是理念和治学方法有所不同，这种认识和其讲友郑玉的观点颇为一致。

因此，危素认为只有那些没有完全领悟朱陆二学真谛的卑陋门人才会视彼此为仇敌。在另一篇文章《乐平州慈湖书院赡学田记》中危素想起当年朱熹赏识陆门弟子杨简，并荐举他为官乐平的往事，慨叹不已："惟杨氏之学得之陆文安公，其为乐平也，实朱文公为浙东常平使者之所荐也，而不知者纷纷然谓朱、陆异学，可胜叹哉！"④文中危素推崇杨简为政乐平，并希望后学能以其为师范，

---

① （清）黄宗羲. 宋元学案［M］. 北京：中华书局，2009：3118.
② （清）黄宗羲. 宋元学案［M］. 北京：中华书局，2009：3097.
③ 危素. 上饶祝先生行录［M］//李修生. 全元文·第48册. 南京：凤凰出版社，1999：418.
④ 危素. 乐平州慈湖书院赡学田记［M］//李修生. 全元文·第48册. 南京：凤凰出版社，1999：418.

也正是看中杨简"崇教化，敦礼义"这一点，朱熹荐举杨简做官，应也是看到他身上的这种特质，师门虽不同，但"明道树教"的宗旨是一致的。所以，危素主张不应将朱学、陆学视为异学。在《滕先生传》① 中被危素盛赞的滕㮚平生囊中总有二册不离身，其子偷取来看，盖手书朱子及陆子之要语，可见危素主张朱陆并观。

但是，陆学和朱学的发展并不同步，陆学因无著书传世而学说渐亡，朱学被定为官学后又走向支离烦琐、僵化教条，因此，危素一方面为陆学大声疾呼："高明纯一，进道不倦，虽今之学者弃而弗讲，然质诸鬼神而无疑、百世以俟圣人而不惑者，又焉可诬也。"② 另一方面，对朱学末流背离初衷的做法大加批判：

儒家之学至宋而极盛大备矣。嘉定而后，其敝滋起，大抵持鲁莽之学以争雄，述芜秽之文以相尚，假高虚之论以自诡，此其人才衰微，国之所以驯至于灭亡。③

嘉定以来，国是既章，而东南之学者靡然从之。其设科取士亦必以是为宗。其流之弊往往驰逐于空言，而汩乱于实学，以致国随以亡而莫之悟。公生于淳祐，长于咸淳，而斯何时也？乃毅然有志，拔乎流俗，以径造高明之域。④

危素甚至认为朱学流弊直接导致人才衰微、国家灭亡，并指明其"驰逐于空言"的流弊所在。但是，对于王应麟这样学宗朱熹、博览经史、长于考证，拔于流俗、回归朱学本真的学者，危素则大加肯定，可见，危素批判的仅是朱学末流，不是朱学本身，而危素自己的治学方法也带有朱学色彩。

---

① 李修生. 全元文·第48册 [M]. 南京：凤凰出版社，1999：381.
② 危素. 杨氏族谱序 [M] //李修生. 全元文·第48册. 南京：凤凰出版社，1999：185.
③ 危素. 汉艺文志考证序 [M] //李修生. 全元文·第48册. 南京：凤凰出版社，2004：206.
④ 危素. 临川吴文正公年谱序 [M] //李修生. 全元文·第48册. 南京：凤凰出版社，2004：242.

<<< 第四章　危素思想研究

二、以致用为基点的理学思想

危素没有专门的理学论著，我们想了解他的理学思想，只能通过收集他文集中的只言片语来进行串联，试着使其系统化，并判断他的学术倾向。

从认识论看，《文始道院记》一文中，危素记录了道士了然天地万物起源的看法，并表示认同，认为"洞然无疑"：

> 太虚无所间，玄妙无所为，杳冥无边际，生育无定期。是道也，天地因此启，日月因此明，万化从此生。宓牺得之而画八卦，轩辕得之而说阴符，尧舜得之而有天下，大禹得之而治洪水，吾太上得之而演道德，青灵君得之而出洞玄。①

危素的家乡道教气氛浓厚，他明显受到了老庄道家思想的影响，接受了"道生万物"的宇宙观，在《存存斋赋》中，他进一步论述了这一观点：

> 系太极之混沌兮，为生化之本根；维二气之阖辟兮，畅万物之滋蕃；羌易道之广大兮，备吾身于乾坤。极知崇以效天兮，循礼卑而法地。体成性之存存兮，由道义之不匮。信驰张之靡忒兮，亦柔刚之相济。②

天地万物由太极演化而来，阴阳二气蕴含其中，二气和合进而形成了一种呈现适匀状态的中和之气，这种冲气形成了宇宙间林林总总的万物。郑玉《周易大传附注序》载："天地一易也，古今一易也，人物一易也，吾身亦一易也。自天地而敛之，以至于吾身，易之体无不备；自吾身而推之，以至于天地，易之用无不周。"危素讲的"易道之广大兮，备吾身于乾坤"，与郑玉所讲的万物和"吾身"全是"易"的观点是一致的，道由天地收至人自身，又可以由人自身推及天地，有学者总结这种"变易"是一个双向的可逆过程。③ 危素讲述的也是这个道理，人于是效天法地，修养自己的品性，保持自身存在的自然状态，

---

① 危素. 文始道院记［M］//李修生. 全元文·第48册. 南京：凤凰出版社，2004：317.
② 危素. 存存斋赋［M］//李修生. 全元文·第48册. 南京：凤凰出版社，2004：145.
③ 徐远和. 理学与元代社会［M］. 北京：人民出版社，1992：187.

通过反观自身了解万物的变化规律，即"道"。

关于"道"如何体现在人自身的问题，陆九渊在《陆九渊集·卷一·与赵监》中说："道塞宇宙，非有所隐遁，在天曰阴阳，在地曰柔刚，在人曰仁义。"李存对此进一步加以解释：

> 圣人之意在于仁也，仁者何？不失我而已矣，天地，至大也，而我即天地；万物，至多也，而我即万物；鬼神，至不可诘也，而我即鬼神，古往今来，至长也，而我即古往今来；阴阳寒暑，至变也，而我即阴阳寒暑。夫如是，举天下之物果何者足以婴其神，累其心哉！是故七月不火食而歌声若出金石者有焉，纳履则踵决，捉衿则肘见，而不以为病，殆非强为之也，我本如是，故也。……太朴既能不坠其先人之训而又肯与吾游，求我之志浩乎！①

李存认为仁即"不失我"，天地万物与我本自为一，不应区分，只有当我与宇宙合二为一，即陆九渊《象山全集·卷二二·杂说》中所说"以宇宙为己分内事"，才能悟道，从而产生天籁自鸣的境界，才能不以踵决肘见之穷窘为病，不为外物扰乱内心，心神回归宁静。

因此，李存主张反观内心，发明本心，这是继承了从陆九渊到陈苑一脉的究明本心之学。李存文中提到危素跟随他学习，"求我之志浩乎"，可以判断危素思想中亦吸收了李存的理学思想。

在认识论方面，危素认为："夫且所谓德者，本之吾所固有，而非自外至，亦何为而不尚之哉？"② 道存在于自身，人与生俱来有先验的道德本心，不必外求，因此更应"尚德"。"德"的本质是"性之至诚"③，如《中庸》所解："诚者，天之道也。诚之者，人之道也。"④ 诚既表现为天道也表现为人道，如前所

---

① （元）李存. 跋约轩说后［M］//李修生. 全元文·第33册. 南京：凤凰出版社，2004：374.
② 危素. 陈氏尚德堂记［M］//李修生. 全元文·第48册. 南京：凤凰出版社，2004：328.
③ 这是郑玄在《礼记注》对《礼记·中庸》中"故君子尊德性而道问学"句的中"德性"做出的解释。
④ 《中庸》对《孟子·离娄上》中"诚者，天之道也"句的解释。

述，是一个双向可逆的过程，因此，保持内心的至诚就可以达到万物皆备于我，我与万物一体的精神境界，进而掌握天地万物的本质，洞悉天地间变化孕育的道理："予闻诸孔伋氏，惟至诚者可以参天地、赞化育。岂非其性湛然，与天同体？寂感之妙，有莫知其然者。善学孔氏，则宜有得乎此。"①

因此，危素认为学习应反求诸身，内得诸心，在《送徐大年还乡序》文中，危素表述了自己对学习的看法："君子之学，贵乎有诸己而得诸心，不有诸己无得于心，则亦徒事呫哔，资其口耳而已，安望其能化民成俗哉？"这和他的老师吴澄的主张也是一致的。吴澄曾讲过："夫学，孰为要？孰为至？心是已。天之所以与我，我之所以为人者，在是。不是之求而他求焉，所学何学哉！圣门之教，各因其人，各随其事，虽不言心，无非心也。"②

但是，危素也很重视学习外在知识，他认为人要不断格物，更新知识，日新不已，生成德性，使"义精仁熟"，这样才能把握好在由常至变的过程中处理事情的尺度：

> 盖尝求君著述之意，以为人之处人伦之常，可能也；至于处变而处其变者，不可能也。且常而至于变，固人伦之不幸，素其位而行，顾不在于我耶？然而未易言也。非格物之深，使义精而仁熟，固不免于毫厘之差、千里之谬。③

可见，危素的思想中有朱学的印记。而且危素还认为只有博观先贤言行后才能免于固陋，主张"能出入百氏，罗络群言，地负海涵，莫之纪极""《易》曰：'多识前言往行，以畜其德'。顾安得高谈性命以自涂塞其耳目哉"④。

危素认为革除物欲，澄明本心，以诚达到万物皆备于我境界的人能得到莫大的快乐，但也只有如此才能去学习其他外在知识。危素在《吴仲退先生墓表》一文中记录了吴存的门人刘耳对老师学问的总结，并赞叹其学不背离圣贤之旨，

---

① 危素. 禅居寺芳禅师塔铭[M]//李修生. 全元文·第48册. 南京：凤凰出版社，2004：256.
② （清）黄宗羲. 宋元学案[M]. 北京：中华书局，2009：3043.
③ 危素. 明伦传序[M]//李修生. 全元文·第48册. 南京：凤凰出版社，2004：231.
④ 危素. 汉艺文志考证序[M]//李修生. 全元文·第48册. 南京：凤凰出版社，2004：206.

颇感认同,可视为他对"尊德性"与"道问学"两者关系的看法:

> 素叩先生之学,耳曰:"先王诚而乐,始足为学;非诚,不足以为学。乐在心,心诚则乐,妄则不乐,有所愧则不乐。善学者诚心,而得其乐也一。言动不可不诚,不诚不乐也。"素为之叹曰:"嗟乎!斯不背于圣贤之旨矣!"①

可以看到,吴氏将"尊德性"与"道问学"结合起来,认为澄心修养是格物穷理的基础,即"道问学"是以"尊德性"为基础的,学习外在知识的人只有依据本心,求得外在事物与本心的对应,才能感受到万物皆备于我之乐趣。危素对此表示认同,以"尊德性"为"道问学"的基础,体现其继承陆九渊、吴澄以来以"尊德性"为本思想的倾向。

黄百家曾提及学者认为吴澄之学为陆学的主要原因:

> 草庐曾谓学必以德性为本,故其序陆子静语录曰:"道在天地间,今古如一,当反之于身,不待外求也。先生之教以是,岂不至简至易而切实哉!不求诸己之身,而求诸人之言,此先生之所大悯也。"议者遂以草庐为陆氏之学云。②

实际上,不应因此就判定吴澄是主张陆学的。吴澄为朱门后学,如蒙培元所说,吴澄发展了朱学中的心学思想③,他之所以强调反求本心,是针对朱学末流堕入记诵、训诂流弊而言。他在《凝道山房记》中认为"尊德性"与"道问学"都为凝道之方,主张将两者融合起来,"尊德性"是根本,"道问学"是途径且是"知所固然,欲行所当然"的途径,并说:"尊德性一乎敬,而道问学兼乎知与行。一者,立其本;兼者互相发也。"这里从践行的角度提出了"道问学"的重要性,如徐远和所述:"只要做到问学'力到功深',则德性自会'体

---

① 危素. 吴仲退先生墓表 [M] //李修生. 全元文·第 48 册. 南京:凤凰出版社,2004:495.
② (清)黄宗羲. 宋元学案 [M]. 北京:中华书局,2009:3041.
③ 蒙培元. 理学的演变 [M]. 福州:福建人民出版社,1984:196.

全用博',而'道'也就会为我所有,此即所谓'凝道'。这里所发挥的,实际上是朱熹的思想。"① 朱熹讲的"道问学"是以道德实践为主旨的,而陆学本身也有致用的成分,徐复观曾就陆九渊的经世思想进行研究②,杜维明进一步将陆九渊与实学联系起来③。吴澄试图以二学中的致用思想来矫正朱学流弊。

在这个基础上,吴澄认为陆学和朱学实为一学,《送陈洪范序》载:"朱子之教人也,必先之读书讲学,陆子之教人也,必使之真知实践。读书讲学者,固以为真知实践之地;真知实践者,亦必自读书讲学而入。二师之为教,一也。"吴澄也将朱陆合流的理念施于其教学实践中,《答田副使第二书》载:"学者来此讲问,每先令其主一持敬,以尊德性,然后令其读书穷理,以道问学;有数条目警省之语,又拣择数件书,以开学者格致之端,是盖欲先反之吾心,而后求之《五经》也。"

危素未及弱冠就从师于吴澄,接受的也是学以致用的理念,他在《借书录序》中提及自己早年间的读书经历,虽然只能借书读,但他读得很广泛:

> 故于天也,日月星辰、风雨霜雹之象;于人也,圣贤仙佛、文武忠烈、战伐攻取、贼乱奸诡之迹;于地也,山川郡国、城郭冢墓、草木昆虫之物,靡所不载。反之于身,则性命道德昭焉。施之于事,则礼乐刑政具焉。至于法书碑刻、稗官小说,方技之微、术数之末,亦莫有所遗。④

可以看到危素也重视博览外在知识,开格致之端后再反观自身,以此明本心道德。这符合朱熹所言:"此以反身穷理为主,而必究其本末是非之极致,是以知愈博而心愈明。彼以徇外夸多为务,而不核其表里真妄之实,然是以识愈多而心愈窒。"⑤ 更符合吴澄所说:"盖闻见虽得于外,而所闻所见之理则具于心,故外之物格,则内之知致。此儒者内外合一之学。"⑥ 博览之后,危素除了

---

① 徐远和. 理学与元代社会 [M]. 北京:人民出版社,1992:123.
② 徐复观. 象山学术 [M] //徐复观. 中国思想史论集. 台中:东海大学,1968:59.
③ 杜维明. 论陆象山的实学 [M] //郭齐勇,郑文龙. 杜维明文集·第五卷. 武汉:武汉出版社,2002:110.
④ (元) 危素. 借书录序 [M] //李修生. 全元文·第48册. 南京:凤凰出版社,2004:192.
⑤ (清) 黄宗羲. 宋元学案 [M]. 北京:中华书局,2009:3040.
⑥ (清) 黄宗羲. 宋元学案 [M]. 北京:中华书局,2009:3040.

注意"反之于身"外,还提到"施之于事",即吴澄所说知而行之的"至德"①,重视去实践。他曾对当时的学风进行批判:"后世之设教异乎成周之时。学者安于浅陋之习,往往驰骛于空言,而不究于实用。"② 在教育方法上,危素赞赏胡瑗创立的"苏湖教法"③,即设"经义""治事"两斋教学,既重视书本知识又重视实践能力。可知,"道问学"虽以"尊德性"为本,但最后还是以"行"作为检验德性和发明本心的标准,构成了一个循环往复的过程。

有学者在探讨朱陆差异时,曾敏锐地指出:"象山、朱熹互相指责对方治学'不致用',这恰恰透露出两家治学目的论的相同。朱陆两家之学有歧异,这固然是一个不争的事实,但在朱陆歧异的背后,两家之'同'却更加值得注意。"④ 两家之同即实实在在地践履,学以致用。日本学者冈田武彦也认为,"尊德性"和"道问学"都是得"心之全体大用"的手段,朱熹的"全体大用"思想蕴含了朱陆同旨的根源。⑤ 危素也正是在发现朱陆两学的共同点后,视两家为一学,在致用的基础上和会二学。

危素对注重学术实际效用的学者格外关注,四处求访他们的著作阅读。他称赞南宋理学家钱时著述,在《送徐大年还乡序》中称其"明体达用"⑥,他还曾经寻求沈焕之遗书⑦,为舒璘整理文集,并在《宋史》中为两人作传⑧。舒璘、沈焕为广平定川学派的代表人物,有折衷朱陆的倾向,继承了两家的务实

---

① (元)吴澄在《学则序》中提及三德,知而能行为至德,行而未知者,可为敏德,知而不行则是无德。详见《吴文正集·卷二十一》。
② (元)危素.续复古编序[M]//李修生.全元文·第48册.南京:凤凰出版社,2004:249.
③ (元)危素.送湖州吴教授诗序[M]//李修生.全元文·第48册.南京:凤凰出版社,2004:201.
④ 路新生."尊德性"还是"道问学"——以学术本体为视角[J].天津社会科学,2008(4):119-129.
⑤ 冈田武彦.王阳明与明末儒学[M].吴光,钱明,屠成先,译.上海:上海古籍出版社.2000:17.
⑥ 始素得严陵钱先生著述诸书,犂然有以当其心,则掩卷而叹曰:"此明体达用之言!"
⑦ (始,素里中陆文安公、新安朱文公同时并起。而文安公之高第弟子在四明者四人,其一沈端宪公焕。素致书大瀛海道士吕虚夷曰:"端宪子,子郡人,遗书当存,能为求之,甚幸。")危素.沈秀才墓志铭[M]//李修生.全元文·第48册.南京:凤凰出版社,2004:515.
⑧ 危素.舒文靖公文集序[M]//李修生.全元文·第48册.南京:凤凰出版社,2004:208.

传统，将究明本心的修养与治世结合起来。有学者认为以二人为代表的浙东学派体现了某种融合事功学与心学的思想倾向，至王阳明则从哲学高度完成了事功学与心学的融合。① 其实，从宋明的理学到阳明心学再到清代的实学，都是在以回归儒家重践履的基本精神为内核的基础上的扩充和演变。危素敏锐地看到了这一本质，他和会朱陆而带有经世致用特色的理学思想也成为滚滚奔流向前的思想洪涛中的一朵浪花。

第二节 危素宗法思想研究

人类进入文明社会之后，社会组织关系的主体逐渐由血缘向地缘进化。王权政治体系与血缘家族组织形式相结合，形成了中国古代社会特有的家国一体化的社会组织模式，在这种模式中，礼成为调整社会关系、维护社会秩序的重要规范，这种礼治思想的核心就是宗法思想，对中国社会影响深远。宋之前，按照宗法制规定的祭祀礼仪，贵族、官僚可以依照爵位品级建立家庙，祭祀四代祖先，而士人和庶人不得立庙。宋元时代，科举官僚建立起自身的宗族，并通过建设义田、族学来巩固宗族组织。这一时期，程颐和朱熹在理论和宗族活动的实践中解决了平民可以祭奠数代祖先的问题，于是更多民众开始关心宗族建设，宗族文化逐渐向基层渗透。

危素思想中有浓厚的宗族色彩，其文章中多次言及宗族建设的理念和措施，在程朱二人宗族理论和实践的基础上进一步推进了宗族建设的发展。危素的宗法思想可从其主张修家谱、建祠堂、立家规三个方面来体现。

一、修家谱

家谱、地方志和正史互相补充，全面反映了中国历史的整体风貌，家谱中保存了很多人物的详细传记资料、诗文资料，同时保存了很多研究宗族制度的史料，有重要的文献价值。危素重视家谱的撰写和修订，在文集中他为各姓世谱写的序文多达13篇，他从保留文献的角度谈到当时很多宗族家谱遗失的情

---

① 腾复. 宋明浙东事功学与心学及其合流——兼论王学的思想来源及性质 [J]. 东南文化，1989 (6): 165-170.

况,并表示痛心,他在《临川王氏世谱序》中写道:"孔子谓夏、殷之礼皆能言之,而叹文献之不足征。然则斯谱之存系于吾邦文献,岂可忽哉!"①在《安福周氏族谱序》中写道:"素窃睹近世士大夫之家往往谱牒灭磨,无所于考,每为之慨惜。"② 在《危氏历代世系序》中,他从宗法的角度详细论述了家谱的重要性:

> 甚矣,宗谱之不可不修也,盖以明亲疏,别尊卑,序昭穆。秦汉而下,垂及隋、唐,莫不守此,而大宗、小宗得有所据信弗坠也。奈何五季之衰,而谱坏烂之,诸家相友存亡者,姓氏本源、宗支派系殆罔然,而莫可考莫可知,亦势使之然也。……素遍览族门,一新编次,历代亲疏,了然在目。继兹以往,庶使续续相承。后之子孙强自树立,大其家声,为光前裕后之图,于勿替焉,可矣。③

在他的其他文章中,也一一揭示了撰修家谱的重要意义,下面对其进行具体整理分析。

首先,家谱通过详述姓氏本源、宗族分支,可以让家族成员明其来处,进而有尊祖敬宗之心。如危素在《贵溪郑氏家谱序》中写道:"予尝患近世大夫之族谱牒不具,无所征信,夫人之生莫知所本始。则与羽毛之类奚以异?彼间阎崛起之徒窜易传会,尤可哂也。"④没有家谱的记录,纵使宗族祖先有多大的丰功伟绩,后人也无从得知,危素作为后稷之裔,对自己的祖先充满敬畏和自豪,对比当时谱学凋零的状况,尤感痛心。他在《玉田刘氏族谱序》中谈到这一问题:"姓氏之学,学者不讲久矣,类皆以为无用之辩,不急之察。向之世族大家往往漫勿能道其生者,则虽有奉功盛烈,犹晦昧而勿彰,非可惜哉?"⑤

其次,撰写家谱以鼓舞后人继承和传扬祖先的诗书之泽、忠孝之节。在《临川危氏家谱序》中,危素写道:

---

① 李修生. 全元文·第48册[M]. 南京:凤凰出版社,2004:225.
② 李修生. 全元文·第48册[M]. 南京:凤凰出版社,2004:217.
③ 危流渊. 危氏通考[M]. 长沙:岳麓书社,2011:33.
④ 李修生. 全元文·第48册[M]. 南京:凤凰出版社,2004:221.
⑤ 李修生. 全元文·第48册[M]. 南京:凤凰出版社,2004:241.

> 微而大，大而微，贱贫富贵之一去一来者，天也，非人之所为也。至于浚诗书之泽，树忠孝之节，恶可以衰盛而易其心哉？知不可以衰盛而易其心，则吾徒之自勖，其能以已耶？谨志于首，将以戒我后之人。①

家族的兴起和衰落、贫贱富贵都不重要，重要的是在家族发展过程中传扬下来的家族精神，危素将其总结为"忠孝之节"，这种以儒家伦理道德为核心的家族精神渐渐形成了家规族训。

另外，家谱对传扬家学也有一定的作用。危素在《卫氏族谱序》中以江南文化世家华亭卫氏为例谈到用家谱稽考世绪、家学的重要性："盖华亭之卫，莫盛于宋，世变以来，衣冠之族往往沦替，谱牒散之而传闻荒忽，而卫氏之后独可征信如此，异哉。夫大事之得丧一去一来者，天也。至于上承诗书之课，下为曾玄之计，厥有道焉。"②在另一篇《世学楼记》中，危素赞扬了陈氏家族保存家族文献，十一世族人传承世学的盛举，并慨叹文化世家能传承家学者寥寥无几：

> 素盖观乎古今事变，而尝为之慨焉以叹：士君子以诗书起家，一再传而弗坠者，鲜矣；三四传者，世以为异而且交誉之；五六传者，历数郡而不一遇焉；多至于七八传者，吾未之见。今也陈氏九世而得正言公，十有一世而传诸怡可之昆弟。怡可之昆弟况有子有孙，自是以往，复不知其几世。嗟乎！世禄非难，世学为难，此吾徒于陈氏喜谈而乐道之者也。昔者孔子于夏、殷之礼，以为杞、宋之文献有不足征。典籍之湮没，则考据无其书；贤者之沦亡，则咨访无其人，岂不可惜哉？夫以杞、宋之有国，而犹久而荒堕若此，陈氏远处乎百粤之地，而能保其诗书之绪于世代更革之后，可谓难矣。③

综上，可知危素秉持以谱齐家的理念，重视以家风陶冶来进行传统教化，家谱中所载祖先世系、志传、家学等内容成为家族精神的物质载体，代代传承。

---

① 李修生. 全元文·第48册［M］. 南京：凤凰出版社，2004：183.
② 李修生. 全元文·第48册［M］. 南京：凤凰出版社，2004：230.
③ 李修生. 全元文·第48册［M］. 南京：凤凰出版社，2004：329.

据此，危素积极主张修谱，以此为基点进行家族文化建设，激励后人立德，并从家庭辐射社会，从而达到恢复古道、挽救世风的目的。

二、建祠堂

危素重视祠堂建设，他认为祠堂除了有传统意义上的敬宗作用外，还有将祖先之泽传于子孙，化行乡里，甚至远泽邻乡的功能。他在《南丰曾氏祠堂记》中提到这点：

> 素尝数过南原之祠，瞻拜遗像。退而读中书舍人文定公、翰林学士文昭公之书，至于庐陵欧阳文忠公、我临川王文公、彭城陈先生、真定韩□□公维、延平杨文靖公、新安汪公藻、南唐江文忠公、我朝旴江程文宪公铭功述德之词，百世之下，声光烨如，则为之反覆加叹者久之。然则曾氏之祠岂止其子孙所当致力而已！古者国无先师则以邻国之君子为之先师。南丰今虽为州，故抚之属县。以一郡之间，宗工钜儒、名臣正士磊落相望，有不待合祭于邻国。①

除此之外，危素还以事例说明祠堂之设有益于乡里，为乡人解决实际问题。在《金溪县梁安峡义度记》②中危素记载了金溪南有梁安峡，上游有马头度，峡东而水深，不可徒涉，乡人张昭孙因其先君葬距马头度二里的梁安山之中，于是作堂以祠其父，外为屋，作为度者休息的地方。后永嘉僧人普愿守祠，并割腴田若干亩以赡养舟人。

危素曾为陈苑之子设立的静明书塾作记，赞赏其惠及后人的做法，陈苑之子在书塾内设陈苑像，春秋严祀，并将其遗书放置其间，供天下之士阅读：

> 先生虽没，幸而遗书犹有贤子孙袭而藏之。天下后世之士有欲闻先生之言论风旨，而过贵溪之邑，造其家，拜其象，读其书，为善之意如川方增，浩乎其不可遏，则先生之阴被于学者，有不在兹乎！③

---

① 李修生. 全元文·第48册[M]. 南京：凤凰出版社，2004：337.
② 李修生. 全元文·第48册[M]. 南京：凤凰出版社，2004：297.
③ 李修生. 全元文·第48册[M]. 南京：凤凰出版社，2004：301.

中国的书院和祠堂多是合二为一的，子弟学习期间：一方面受先贤人格的感化；另一方面利用书院书籍文献资源努力充实自身。危素非常肯定书院在培养人才方面的作用，这也是他积极推行祠堂建设的重要原因。六安州的怀德书院乃由皋陶祠改制而成，危素在为其所作的记中阐明了自己的这一看法：

  按皋陶之告其君曰："慎厥身，修思永，惇叙九族，庶明励翼，迩可远，在兹。"君子以为体用具备，品节详明，即大学之道。至于"知人""安民"之论，又必本于兢业，信所谓"朕言惠，可底行"。此来学于斯者，服行其言而深致其力，将见人才猬兴，用于邦国，则书院不徒作矣。①

祠堂作为中国民间建筑中的礼制性建筑，是一个家族的人文根基。危素认为祠堂的功能不应仅局限于家族内部，更应充分扩展到整个社会，实现传播文化和对乡里民众的教化作用。

三、立家规

家规族规的兴起，是宋儒修齐治平和重建宗族制度主张在民间的实践，强调用祠堂祭祖、设立族规教化宗族子弟。危素也是如此，十分重视民间礼制的建设，认为树立正确的家风是教化天下的根本，积极推行"礼下庶人"。郑氏义门以恢复古道为目的制定的家规得到了危素的赞同，《题郑氏义门家范后》中写道：

  呜呼！周衰而秦暴，先王之法大坏，所以治其天下国家者，苟焉而已。是以礼义至微，而纲常渎乱，将胥为禽兽之归，君子未尝不为之慨焉永叹也。而郑氏于其间，卓然有志乎古。欧阳子有言："后世所谓贤者，其可贵于三代之士远矣。"岂不信然与？《家规》之书，可与九江陈氏之家法、吾临川陆氏之家制并传于世，守而行之，有不在其子孙者乎？故君又能于族人之疏远者，为屋以居之，分地以葬之；于乡邻之乏绝者，发粟以赈之，买棺以敛之，可谓善推其所为矣。则其意非直欲保其门户于久远者。抑素又闻之：宋端平中，严陵钱氏作广塾，以淑艾其宗族之子姓、乡党之俊秀，

---

① 危素. 怀德书院记［M］//李修生. 全元文·第48册. 南京：凤凰出版社，2004：307.

149

有以养之，而又有以教之，使风俗美而人才出，以备朝廷之用，顾不盛欤？吾犹有望于郑氏焉。①

在文中，危素还赞扬了郑氏以族产赈济族人的做法，并提出设立书塾教化乡里子弟，为国家培育人才的希望。如他在《石鹿书院记》中所言："诚使一家之善推化行于一乡，远而达于一国，人人有士君子之行，则其为瑞莫大焉。"②

危素还主张家规应重德教，在《陈氏尚德堂记》中他称赞了陈氏以德为宗的家规："然其堂曰'尚德'者，著其保家本，其在于斯乎？……今君之处其家规，肃肃乎区画之严密，可谓谋之深而虑之远。其为子若孙者夙兴夜寐，毋丧厥德，则其兴也将绵绵而未艾，九江之宗家不独专美于前矣。"③ 综上，危素接受了北宋以来在理学家的倡导下形成的一种新的面向平民的宗法制，这种宗法制以恢复和重建古代的宗法制度为手段，根据理学的伦理纲常制定宗族家规，通过尊祖、敬宗、睦族等方式稳定社会秩序。元代其他文人如虞集、吴澄等，也都留下了关于谱学的言论，表达了他们的宗法思想。危素和他们一起推动了宋代宗法制度在元代的延续。危素一生都在极力呼吁恢复儒家古道，他的宗法思想带有鲜明的实用主义色彩：其尊祖敬宗的主张除了发慎终追远之幽思外，更多看重先贤人格的榜样和感化力量；其建设祠堂的主张更多看重其解决实际社会问题的功能；其设立家规的主张更多看重其对儒家伦理道德的弘扬和遵从，从而达到和睦宗族、稳定社会、净化社会风气的目的。

第三节　危素君子人格观及政治思想

某种程度上，中国传统文化可看作一种塑造、培养理想人格的文化。历史上，儒家一直致力于建构、塑造理想人格，其倡导的君子人格占据了中华人格文化的主导地位，为历代士人们树立了人格修养上的目标和榜样，长久地影响着中华民族的价值取向。危素的思想中也体现了对这样一种理想的人格范式的

---

① 李修生. 全元文·第48册 [M]. 南京：凤凰出版社，2004：274.
② 李修生. 全元文·第48册 [M]. 南京：凤凰出版社，2004：320.
③ 李修生. 全元文·第48册 [M]. 南京：凤凰出版社，2004：328.

探索，以激励士人学习仿效，加强自身人格修养。危素在元朝多年为官，为政经历丰富，其政治思想也值得研究。本节将对其君子人格观和政治思想进行研究。

一、君子人格观

危素认为士人通过内省修养仁德和学习外在知识充实自己之后，应为社会贡献自己的力量，有儒家的济世情怀。他一再强调："四民之中，惟士有天地民物之责，虽穷居草茅，其虑必周于天下后世，此昔之君子先天下之忧而忧也。"① "士有天地民物之责，故少而学，则必思有以致其用。"② 从前面论述的危素的本体论来看，他认为人与天地民物本为一体，应思学以致用，将一己之力贡献于社会。对于那些有才能却不能为世所用的士人，危素深感惋惜，他一生都致力于向朝廷推荐人才的工作。据宋濂为其所作墓铭记载，危素先后荐引的人才多达七十人③，至通显者很多，充分践行了他这一主张。

对于出仕的君子，危素认为应有忠义之心，有献身精神，要求他们要以国家的利益为中心，不要只顾一己之安危：

> 古之君子，其出处进退岂苟然哉？立人之朝，食人之禄，必忧人之忧。其志在于天下国家，而措心积虑不止乎其一身而已。如此，然后有以建立于当日，垂休于无穷焉。彼未得而患得，既得而患失，斯孔子所谓鄙夫！夫苟得鄙夫而用之，则君人者独何赖哉？自昔以来，居高明、耽宠禄之人灭磨湮没，不可胜数。惟忠君爱国、有德有功者能自见于一时，虽更千万世之下，其生气凛然，足以使夫顽夫廉、懦夫立，不与死俱亡也。传曰："不有君子，其何能国？"岂不信然与！④

如果朝廷中都是如孔子所言只在意个人得失的"鄙夫"，君主将无所依靠。

---

① 危素. 太平十策序 [M]//李修生. 全元文·第48册. 南京：凤凰出版社，2004：193.
② 危素. 送湖州吴教授诗序 [M]//李修生. 全元文·第48册. 南京：凤凰出版社，2004：201.
③ 黄灵庚. 宋濂全集 [M]. 北京：人民文学出版社，2014：1268.
④ 危素. 张文忠公年谱序 [M]//李修生. 全元文·第48册. 南京：凤凰出版社，2004：188.

忠君爱国、有德有功之人才是国家的基石，受万世景仰，更以其人格力量感染后人。忠义报国是士人实现自身人生价值的重要方式，其精神将常存于世。至于那些出卖国家利益以求苟安的臣子，易代之君主虽赏赐录用，却难免怀疑鄙薄：

> 昔闻儒者之言曰：天地有大经，亘万世而不泯者，忠义是也。夫惟败亡之国，其人乃见。而有道之朝，务存至公，不责其抗而录其节。至于倒戈迎降、开门输款者，虽赏之爵之，而未尝不疑其心、薄其行。是以高祖致丁公之戮，文皇章君素之赠，皆所以植天表、正民德、崇世功，非浅见俗识所能测也。①

在《送归宪使赴河西诗序》② 中，危素记录了归彦温以死抗贼、图报国恩的事迹，赞扬了归彦温是具有气节的儒生，并用朱熹对君子理想人格的定义，即"光明正大，疏畅洞达"来形容归彦温，透露了危素自己的君子人格观。

危素虽然主张士人应为国尽忠，但认为儒者不应愚忠，还要保持自己的独立人格和气节，臣子对君主的"忠"应以君主的"礼"为前提条件，这是对孔子提出的"君使臣以礼，臣事君以忠"君臣关系的继承：

> 彼儒生苟贤者也，自以为吾之学足以治其国家天下，屈而居下，尝自悼矣。不得于上，山林而已，何至俛首包羞，低回隐忍，以自辱哉？甚者，反舍其所学而以趋世媚俗为能，则号曰'用儒'，其实非也。故必有高才绝识者，出乎其间。上之使下也，以礼；下之事上也，以忠。夫如是，其民焉有不被其泽者乎？③

危素还对有才能治理国家天下的儒生提出了更具体的要求：入仕后，如不得于上则不必隐忍自辱，可回归山林，而不能趋世媚俗，背离初衷。这和荀子

---

① 危素. 昭先小录序 [M] //李修生. 全元文·第48册. 南京：凤凰出版社，2004：197.
② 危素. 送归宪使赴河西序 [M] //李修生. 全元文·第48册. 南京：凤凰出版社，2004：214.
③ 危素. 送陈子嘉序 [M] //李修生. 全元文·第48册. 南京：凤凰出版社，2004：155.

在《荀子·儒效》中所讲的较为接近：儒者如为君主赏识，则为国家效力，展现自己的才能；如不得赏识，便安分地回归百姓之中。即使穷困冻馁，也不以邪道为贪。危素的讲友郑玉则更为理性，他在《张华论》中认为臣子对君主尽忠分两种状况："幸而遭遇明哲之君"，则应"尽职奉公，竭忠事上，守其常分，毋或凌犯。"如果不幸遭遇"纵情暴虐，肆行祸乱，毒害生灵，倾危宗社"的昏愚之君，就要"权之以义"，允许有"伊霍之事"，即臣废君的做法，不应拘泥于"俗儒之常谈""守匹夫之小节，坐视祸乱，至于危亡而莫之救"，否则也谈不上是忠臣良相。

危素还明确提出能够通权达变也是君子必备的品质之一："君子之于小人，察其所趋而已。至若见之于事，则观之有遇有不遇，势可为与不可为。势不可为而强为之，时之不遇而强行之，古之知进退存亡之道者不如是也。"① 认为君子在处理事情时要能审时度势，知进退存亡之道而不失其正。危素认为事物是不断发展变化的，但变化中也应遵循一定的原则，君子要能因时御变，不失其常：

  盖尝求君著述之意，以为人之处人伦之常，可能也；至于处变而处其变者，不可能也。且常而至于变，固人伦之不幸，素其位而行，顾不在于我耶？然而未易言也。非格物之深，使义精而仁熟，固不免于毫厘之差、千里之谬。过与不及，其失则均。君为之书，诚足以资学者格物之助，譬诸养生之菽粟、治病之药石，其可阙哉！抑先王之泽既熄，数千年间，议论之未当、处置之失宜、经权之不明、性识之昏蔽，虽处君父之尊尤不能明乎臣子之所当为，况于其他乎？此书之盛行天下，家藏而人诵之，彝教庸行，其有成法。因时制变，不失其常，岂待权然后知轻重，度然后知长短？②

文中提到了中国哲学中一对范畴：常与变。危素从社会层面论述了执常迎变的重要性，即遵守人伦之常的重要性，他希望社会上多出《明伦传》这样的

---

① 危素. 送史县尹诗序［M］//李修生. 全元文·第48册. 南京：凤凰出版社，2004：186.
② 危素. 明伦传序［M］//李修生. 全元文·第48册. 南京：凤凰出版社，2004：231.

书籍，让百姓家藏户诵，使人伦礼仪成为人们自然平常的言行，如他的老师李存所言：

> 常者，何常也？子而孝，常也；臣而忠，常也；因不失其常而昭之，亦常矣；事虽至于周公闵子，皆常也。善于其君以自德，尽瘁于君以为劳，则失其所以常者矣。由是观之，常则自然，自然则常。①

同时要蹈常处变，根据客观形势做出相应措施，在具体情境中因时权变，做到守其常而通其变，处其变而复其常。

二、政治思想

危素的政治思想儒家色彩较浓，他不仅将儒家思想作为士人修身立世的准则，也将其视为治国安民的圭臬。如上所述，危素的忠节观较理性，认为士人的忠应和君主的礼相对应，进而他的政治思想是与其君子人格观相对应的。

首先，危素讲尚德，提倡儒家崇德轻力思想：

> 嗟乎！甚矣，其德之不可以弗尚也！彼有德之不尚，而唯力之是骋，未有不倾覆败裂者。以嬴秦之强，虎视六合而威震诸侯，曾不旋踵而亡其国。有天下者且然，况一家乎？是以知力之不足恃盖如此。夫且所谓德者，本之吾所固有，而非自外至，亦何为而不尚之哉？②

从治理天下的角度讲崇德而施行仁政的重要性，如亡秦一般骋力而以霸道治国者必然灭亡。应以仁义治民，不应倚靠刑罚，否则社会将动乱："抚之以仁，结之以义，人孰从而离叛哉？诛求之无厌，刑罚之不中，乱斯起矣，乱起而兵不得不用也。"③ 因此，他的治边思想也强调以仁为主，妥善安置流民，布

---

① 李存. 汪氏二子字说［M］//李修生. 全元文·第33册. 南京：凤凰出版社，2004：656.
② 危素. 陈氏尚德堂记［M］//李修生. 全元文·第48册. 南京：凤凰出版社，2004：328.
③ 危素. 将医一首赠雍方叔［M］//李修生. 全元文·第48册. 南京：凤凰出版社，2004：282.

宣德泽,才是安定之本:"近岁又有元开元路,地广万里,难于控治。……夫既往之咎,虽悔莫追。其方来之事,所以安集流亡,布宣德泽,诚不可缓。"①

危素讲求礼治,他很重视礼的作用,认为历史上周兴汉亡皆取决于是否施行礼治,并为当世礼制的丧失叹惋:"先生之制礼,将以扶持人心,纪纲世教,为天下后世虑远矣。周之所以兴,汉之所以亡,视礼何如耳。生乎千载之下,遗经之未泯,仅十一于千百,何其不幸欤!"②

危素还重视乐教,认为音乐可以帮助人们修养性情:"乐何为而作也?将以养人之性,平人之情,宣天地之和而已。先王之泽熄,《乐经》沦亡,人亦莫知所以养其性、平其情。所谓天地之和者往往变为乖沴,无可得而宣焉。"③ 危素非常推崇乐的教化作用,认为人们能通过赏乐树立志向,端正品行,安守本分。国家重视礼乐,才会有优秀的乐师发挥自己的作用,审音便可以知政:

> 皇朝一天下将百年,制礼作乐,兹惟其时,是宜有精于乐艺者出,而效用于当日,审音而知政。呜呼!未易言也。……《记》曰:"君子听琴瑟之声,则思忠义之臣。"丝声婉妙,故能怨哀,故能立廉隅,不越其分,以自立其志。闻声达事,存乎知者。④

在政治上,危素也主张以民为本,因时御变。他认为每个朝代都有各自的时代特色,事物不断发展变化,应根据社会状况和百姓利益,该因循的因循,该变革的变革:

> 儒者之论王政,必曰井田。井田岂不善哉!然治天下之道,或损或益,或沿或革,因时御变,与民宜之。以阡陌既开,而欲复井田之制,是犹书

---

① 危素. 送札剌尔国王诗序 [M] //李修生. 全元文·第48册. 南京:凤凰出版社,2004: 245.
② 危素. 元故都昌陈先生墓志铭 [M] //李修生. 全元文·第48册. 南京:凤凰出版社,2004: 513.
③ 危素. 送琴师张弘道序 [M] //李修生. 全元文·第48册. 南京:凤凰出版社,2004: 153.
④ 危素. 送董英仲琴师诗序 [M] //李修生. 全元文·第48册. 南京:凤凰出版社,2004: 216.

契已作，而思反结绳之时，三尺童子知其不可也。①

夫天地之间，古今风气不同。自结绳而后有书契，结绳之时之人不识书契也；自土鼓而后有音乐，土鼓之时之人不识音乐也。风气愈开，制作愈出。当因而因，当革而革。盖非一时之所能备，亦非一圣一贤之所能周也。②

有学者对元代吏治情况进行了分析："在封建制度下，吏治的好坏从根本上讲决定于官吏的素质，同时取决于法纪的完否与奉行的严弛。元朝从民族特权与防范的基本政策出发，以蒙古人、色目人遍据要津。他们大多不谙汉语，不通文墨，只能靠盖印画押来处理公事。官员素质之低，在至元时就是如此。"③到危素生活的时代，元朝的统治已走入穷途末路：元顺帝不理朝政，荒淫腐朽；朝中各股势力围绕皇位继承的斗争频发；各地方军阀相继壮大，混战不休。在这种情况下，社会上吏治更加腐败，民怨沸腾。危素对当时社会上政法不行，官吏因循苟且、偷懒敷衍的习气极为不满，大力批判：

于是乎率皆堕于因循苟且之习，政有所不举，法有所不行。凡舞手以乘民者，一听命于胥吏，驯致之久，民情愁怨，天灾流行，其祸不至于败亡不止也。④

危素看到了社会祸乱产生的源头，并认为一旦民情愁怨，政权将败亡。危素认为元朝立法垂制，初衷是本于仁厚的，只是统率者没有贯彻好："我皇元有天下，立法垂制，本诸仁厚。为之师帅者，其于承流宣化，盖阙如也，是以民乱而情弗通，祸结而众不悟，四方万里，大而省府，小而县镇，鲜有能保而存之。"⑤ 针对元末官吏腐败成风、胥吏只手遮天的状况，危素赞成廷臣"取学校

---

① 危素. 本政书序 [M]//李修生. 全元文·第48册. 南京：凤凰出版社，2004：207.
② 危素. 神农冕服辨 [M]//李修生. 全元文·第48册. 南京：凤凰出版社，2004：278.
③ 周良霄，顾菊英. 元代史 [M]. 上海：上海人民出版社，1993：618.
④ 危素. 承宣集序 [M]//李修生. 全元文·第48册. 南京：凤凰出版社，2004：202.
⑤ 危素. 静江路新城记 [M]//李修生. 全元文·第48册. 南京：凤凰出版社，2004：361.

诸生参错用之"① 的建议，希望通过以儒生入吏的做法，使贪邪迷缪者有所观感，改善理政风气。

危素很重视教育，重视培养人才，他多次为开展地方教育工作的祠堂和书院作文，他甚至认为儒家礼乐诗书的教育应渗透到军队之中，这样培养出的军队更明道义，更有战斗力，如此才是治理军队的根本：

> 呜呼！行师用兵之法，岂独贵乎武！夫悍卒尚勇以制胜，抑教之有其道，感之尽其诚，使其知尊君亲上之义，然后可用也。是故古之谋元帅必曰说礼乐而敦诗书。孙权谓吕蒙、蒋钦宜学问以自开益，况于虎臣献馘，在彼泮宫，学校、兵政宁有二道哉！或者指教事为缓而不急，诚不足以论天下事矣。康里公为龙虎卫上将军……其出镇也，多所兴建，修明肃之楼，营演武之亭，缮治城闉，奸暴平息，其善政皆可述者。乃若屯储充羡，是以被上尊币帛之赐，其致力于学校，尤为知本。②

在赋役方面，危素主张应根据田地多少来定，不应根据户口。他认同孟子"论仁政必自经界始"的观点，重视核田均赋：

> 初，国朝既定中原，制赋役之法，不取诸土田，而取诸户口。故富者愈富，贫者愈贫。贫者鬻妻子以供公上，不幸而又水旱之灾，则弱者死沟壑，强者为盗贼，于是素怀奸究者，因之以为乱。及王师一出，馈饷百须，有司乘之一厉民，民益受其殃。况于执良民而斩馘之，则曰吾功也，有司亦曰斯人之功也，考察之弗审，又从而官之。嗟乎！政令果安哉？③

他还多次为余姚州核实田税之事作文，赞赏称扬。在劳役方面，危素也主张均行，使百姓没有怨言，才是治理天下的根本。他入明后为济南府治作记时写道："且山东自兵燹之后，独济南赖天戈所挥，休养生息，年谷稍稔，流离渐

---

① 危素. 送陈子嘉序 [M] //李修生. 全元文·第48册. 南京：凤凰出版社，2004：155.
② 危素. 中卫营兴学记 [M] //李修生. 全元文·第48册. 南京：凤凰出版社，2004：359.
③ 危素. 书张承基传后 [M] //李修生. 全元文·第48册. 南京：凤凰出版社，2004：264.

归。而两公当造邦之初，事役□葛，法制始行，剖繁剧而刑不施，均工役而民无怨，可谓知为治之本与！"①

对于刑罚，危素认为应以仁义为本，把握好尺度，既不严苛又不放纵："苟为之变，变择则失其中，非深文则纵出。深文则不仁，纵出则不义，岂命官之意哉！"② 危素还提出刑罚应既有雷的威令，又有电无处不达的光芒，当世应向汉、唐、宋之明断者学习，守死善道，用法平允。

综合看来，危素政治思想的立足点是以民为本，虽以正统为主，却又非常理性而灵活。他在元朝辗转各部，在实际事务的处理上体现了卓越的才能，这与他灵活而讲求实用的思想是分不开的。

第四节　危素文学思想研究

危素的文学创作引起了很多文学大家的注意，并给予了很高评价，他的文学思想对后世也产生了一定的影响，因此，对危素的文学思想和创作进行系统的研究也就非常必要。因为危素没有专门的文论著作，所以只能从他的文集入手，爬梳相关零散资料，建构他的文学思想。

一、"文为载道之器"的文道观

在中国文学发展史上，"文"与"道"是一对非常重要的概念，两者随时代变迁而分合不定，至元代，文士们基本肯定了"文道合一"的观点。危素青少年时期曾从大儒吴澄治学，后又转益多师。吴澄继承了周敦颐的文道观，他曾谈道："道不载以文，则道不自行；文不载斯道，则文犹虚车也。故曰'笃其实'，而艺者书之。"③ 强调文以载道，危素的文道观与其相类。

危素的文道观主要体现在《与苏参议书》一文中：

---

① 危素. 济南府治记 [M] //李修生. 全元文·第48册. 南京：凤凰出版社，2004：371.
② 危素. 中书省刑部题名续记 [M] //李修生. 全元文·第48册. 南京：凤凰出版社，2004：357.
③ 吴澄. 题康里子渊赠胡助古愚序后 [M] //李修生. 全元文·第48册. 南京：凤凰出版社，2004：542.

第四章 危素思想研究

> 盖闻文为载道之器尚矣,道弗明,何有于文哉?气有升降,时有污隆,而文随之。六经之文,其理明,其言约,其事核,弗可及矣。自是离文与道而为二,斯道湮微,文遂为儒者之末艺。虽其才之杰然,若司马迁、扬雄、班固,后世犹有议之者。陵夷至于隋唐,其敝极矣,昌黎韩子起而振之。至于宋,敝又极矣,庐陵欧阳子起而振之。欧阳子以为韩之功不在禹下。后之论者曰:"欧阳子之功不在韩子之下。"①

危素认为六经之文"理明、言约、事核",文道合一,堪称典范,而后文道渐渐分离,文遂流为儒者末艺。这一观点和周敦颐颇为相近,在《周元公集》卷一中周敦颐曾云:"不知务道德而第以文辞为能者,艺焉而已。噫,弊也久矣。"危素以六经之文为文之典范,是因为其文以表现"理"为核心,以简约的言辞和翔实正确的事实为辅助,文为说明道而服务。在《潏水集序》中他也谈道:"汉唐之文人皆竭其精思,自谓阔步一时,曾何所补?亦小技而已。其志必欲发道之奥,明理之隐,求其文之可传也。"② 这句话进一步表明自己的态度:能阐发道之幽隐的文章才能流传后世,而于时无补的离道之文只能沦为小技末流。

二、理明辞达的语言风格

在文以载道观念的基础上,危素进一步阐明做文章对语言的要求,即"辞达"。孔子的一句"辞达而已矣"引起后世学者的极大关注,他们从不同角度阐释了"辞达"的含义,但共通的是都认为孔子的本意是言辞通达即可,不需文采修饰,这与危素表述的意思相同。

在《丹崖集序》中,危素认为学习古人写文章,应"先用力于古道",不应只在文辞上下功夫:

> 昌黎韩氏有曰"学古道必兼通其辞",辞虽古而道不古,君子恒患之。于是物我之相形、胜负之相倾,其祸有不可胜言者,则文者徒流为一艺,反足以增吾之累,曾不若质野无哗之为愈。故学古词必先用力于古道,端

---

① 危素. 与苏参议书 [M] //李修生. 全元文·第48册. 南京: 凤凰出版社, 2004: 148.
② 危素. 潏水集序 [M] //李修生. 全元文·第48册. 南京: 凤凰出版社, 2004: 235.

159

其本原，去名就实，然后其文因其人而重，匪以文重其人也。①

韩愈倡导学古辞，是为了让人们更好地接受古道，然后"师其意不师其辞"，危素继承了这一点，并对"辞虽古而道不古"的创作现实表示担忧，主张端"道"之本原，去文辞之华丽，主张作质野无华之文。

元代立国后，文士多反思宋儒鄙薄文艺之弊，虽主张文道合一，但多注重文采，元代学术各派都表现了"流而为文"的倾向。如吴澄在具体行文中，呈现"词华典雅，常常斐然可观"的特点，《四库全书总目提要》称"据其文章论之，澄其尤彬彬乎"。危素则不然，和吴澄等元代大部分理学家不同的是，他倡导简朴的文风，在《白云稿序》中，他再次重申了这一点：

> 余尝怪为古文者多用险语，以文义句读异于时为工，非有合于古道者也。古之人为言辞少文致，又时语不类，故为训诂等文，似难为解，大约使通上下之情而已，非故为其辞异于时也。然其宣布号令，君臣之等，天伦之重，性情之懿，义理所在，炳如日星，含蓄万变，无所不备。后之人虽剧于文辞，欲著论其说者不尔过，故其传久不衰，而人宗师之。下逮汉唐，以至今日，文之升降率与时等。即其简策之存而传者读之，岂故为其辞而为是异哉？又尝怪业进士者多自称为时文，言古文字异学，不知古文又何乖于今之人也？唐因隋法，有明经进士，自是取士者必设是科。其间达人志士用以自见者亦甚众，其为经义词赋果可尽传于人人耶？又其人间有为史官，秉笔为典策，载国家事盛衰传后世者，其叙彝典，明善恶，果外于天人性命、仁义道德之说耶？文古今诚不同，不外是理。理明辞达，今与古不异也。②

危素从时人模仿古文写作"多用险语，以文义句读异于时为工"的做法入手加以批判，认为其"非合于古道"，进而论述了古人言辞少文致、不易懂是语言在发展的初级阶段的必然现象，今人不必盲目跟随模仿。而且虽然古文没有文辞上的过多雕琢，却蕴含义理，这正是古今之文的共同之处，从而引发出他

---

① 危素. 丹崖集序 [M] //李修生. 全元文·第48册. 南京：凤凰出版社，2004：259.
② 危素. 白云稿序 [M] //李修生. 全元文·第48册. 南京：凤凰出版社，2004：252.

散文创作的中心思想——理明辞达。

理明辞达也是危素评判他人文章好坏的重要标准，如在《云阳集序》中评价李祁之文：

> 君之于文，卫道甚严，书事有法，有纡徐开朗之气，无钩棘骫骳之态，流布于四方者不少。①

朱元璋作诗文倡导平和简朴的文风，认为能够说明道理就行，不必以辞藻修饰，还曾多次下诏禁止"奇巧浮艳""深险怪僻"的文体。②这种文风正与危素的作文主张一致，也影响了后来台阁文臣的创作风格，于明朝前期盛行一时。

三、明体适用的文学功用观

在文以载道的文道观的基础上，危素认为文学有功于世，不应以儒者末技视之，既而提出了明体适用的文学功用观。危素重视文学的社会功能，认为文学与天地气运互相影响，人们可于诗文中观世道人情。他认为："夫文章之传，儒者视之以为末艺，然实与天地之气运相为升降，君子于此观世道焉。"③并认为文学可以传达一个时代的风貌："金之亡，其文粗而肆；宋之亡，其文卑而冗。考其时概可知矣。"④反之，一个时代的文风与世运盛衰也密切相关，这与元人普遍以气运论文的观点一致，危素甚至将南宋的灭亡归于虚夸的学风和文风："嘉定而后，其弊滋起，大抵持鲁莽之学以争雄，述芜秽之文以相尚，假高虚之论以自诡，此其人才衰微，国之所以驯至于灭亡。"⑤

一方面危素认为士人应承担起自己的社会责任，而不应局限于章句文辞之末，应作有功于世的文章：

---

① 危素. 云阳集序 [M] //李修生. 全元文·第48册. 南京：凤凰出版社，2004：258.
② 廖道南. 殿阁词林记·卷十三 [M] //上海书店出版社编委会. 丛书集成续编·第37册. 上海：上海书店出版社，1994：2251.
③ 危素. 黎省之诗序 [M] //李修生. 全元文·第48册. 南京：凤凰出版社，2004：217.
④ 危素. 与苏参议书 [M] //李修生. 全元文·第48册. 南京：凤凰出版社，2004：148.
⑤ 危素. 汉艺文志考证序 [M] //李修生. 全元文·第49册. 南京：凤凰出版社，2004：206.

> 士有天地民物之责，故少而学，则必思有以致其用。有国家者，设为庠序学校之教，亦曰他日取才于是而任使之，故有以成天下之务，而善天下之俗，其效莫著焉。后世之学几与古异，局于章句文词之末，究其归不足以明体而适用，圣人之道微矣。①

> 文章有功于世尚矣，乌可以为儒者末技而轻视之哉！自宓牺氏之先吾不知其几世几年，其间虽人事简质，风气未开，然载籍无所稽，而洪荒莫可诘。由后世观之，无乃失之于野，而非先王御天下之意也。彼三坟、五典、八索、九丘，今不可得而见之矣，《诗》《书》《春秋》具载四代之事、帝王之功业，于是乎可考其大凡。于后历世有史，其文人有别集，固汗牛马而充栋宇，游于书林艺圃，沛乎有余哉。②

值得注意的是，危素融合文史，从记录时事的角度肯定了文章的功用。

另一方面，元代中期以来，文坛萎靡，抄袭剽窃风行，文风纤弱功利，引起很多学者不满，撰文加以批判，如虞集《刘应文文稿序》载：

> 江西之境，山奇秀而水清泻，其人禀是气者多能文章。故言文者未有先于江西，然习俗之弊，其上者常以怪诡险涩、断绝起顿、挥霍闪避为能事，以窃取《庄子》、释氏绪余造语至不可解为绝妙。其次者泛取耳闻，经、史、子、传，下逮小说，无问类不类，剽剿近似而杂举之，以多维博，而蔓延草积如醉梦，人听之终日不能了了。而下者乃突兀其首尾，轻重其情状，若俳优谐谑，立此应彼，以文为戏。③

虞集文中批判了江西文人三种习俗之弊：为文故作艰险怪涩、剽窃堆砌及以文为戏。柳贯也批判道：

---

① 危素.送湖州吴教授诗序［M］//李修生.全元文·第48册.南京：凤凰出版社，2004：201.
② 危素.送镏志伊采大元文集序［M］//李修生.全元文·第48册.南京：凤凰出版社，2004：169.
③ 虞集.刘应文文稿序［M］//李修生.全元文·第26册.南京：凤凰出版社，2004：119.

>>> 第四章 危素思想研究

> 比数十年，学者大抵有自利之心，而志日益卑，道日益远。夫其自利之心根著于中，则未得谓得，未至谓至，自高者耻于问，自多者耻于求，而若剽掠纤碎，缘饰浅末，已足以雄夸于制作之林，而为猎取名爵之资矣。无惑乎颓败萎靡，而莫之振起也。①

文中指出科举恢复之后，学者忙于追逐名利，志气卑下，文章也渐渐远悖大道，重文采修饰而肤浅浮华，抄袭剽窃风行。

危素在《武伯威诗集序》中表达了自己于世教日卑之际对浮靡文风的焦虑，呼唤如《诗经》一样使人得其情性之正的好作品：

> 王泽久熄，世教日卑，于是代变新声，益趋于浮靡，何能有以兴起人之善心，惩创人之逸志也哉？故共城邵子曰删诗之后，世不复有诗矣。余读邵子自序其《击壤集》，深有感于斯言也。盖尝欲效其体而为之，又退而思邵子之为邵子，其始学也，冬不炉，夏不扇，夜不就席者数年，将以去己之滓，久而玩心于高明，知天地之运化，阴阳之消长至于安且成。必造乎此，而后邵子可几也。区区仿真其文字语言之末，则岂希圣希贤之道乎？②

危素又以读邵雍诗序为例，通过认同邵雍诗学观念，表达了自己对《诗经》传统、风雅之道的追寻，即在诗文中蕴含积极内容，从而实现使人明善惩恶的教化作用。虽然危素试图以文学复古来拯救颓风，但又指出复古不是单纯地学习模仿古人的语言文字，想达到如此有补于时、康济苍生的境界，还需要一个漫长、艰苦的"明体"过程，即"内以明道，外以经世"。

在《清啸吟稿前后集序》中，危素再次表明自己宗经征圣的重道倾向，希望后来学者能将《诗经》《离骚》之风作为衡量诗人艺术水平高低的标准：

---

① 柳贯. 答临川危太朴手书[M]//李修生. 全元文·第25册. 南京：凤凰出版社，2004：122.
② 危素. 武伯威诗集序[M]//李修生. 全元文·第48册. 南京：凤凰出版社，2004：189.

> 吕居仁作《江西诗社宗派图》，推黄文节公大出而力振之，而陈无己等二十有五人同作并和，发尽千古之秘，无余蕴矣。久之，议者以为陈氏为诗高古，使其不死，未必甘居派下。徐师川叹曰："吾乃居行闻乎韩子苍云：'我自学古人。'夏均父亦以在下为耻。当时固已纷纷若此，乃知千载之公论，未易定也。"素之生，盖已后三百年，于诗社君子何敢妄有评□？要之当以晋征士陶靖节先生为江西之宗。间尝取建安真文忠公、番阳汤文清公及我临川吴文正公所论，比而观之，深得先生之心者，庶几去《三百篇》《离骚》为不远。学者苟欲继吕氏之作，盍以是为标准矣乎？①

整体看来，危素的文学思想上承宋元，下启明清，实用主义成为其鲜明特点。危素积极反思理学的空疏，将元中期以来各名家主张融会贯通，并传承下来，实为明清之际经世致用学风之先导，他所提出的"明体适用"思想也为清代理学家李颙所继承。

---

① 危素.清啸吟稿前后集序［M］//李修生.全元文·第48册.南京：凤凰出版社，2004：257.

第五章　危素文学创作研究

危素在由元到明的文学发展过程中，担负了传递文风的重任，搭建了文学演进的桥梁，如杨镰先生所言："如果元诗没有了危素其人，与明初的衔接就有了问题。"[①] 其实危素连接的不仅仅是诗歌创作，还有散文创作，他的文学创作在文学史上具有重要意义，值得深入研究。

第一节　危素对元代中期文学创作思想的继承

元代散文在中期已经完成了南北文风的融合，目前学界多认可这个时期散文呈现的盛世文风，即文道并重，平易正大、纡徐雍容的风格。如查洪德先生的观点：从宋代开始，理学精神就开始向文学渗透，至元代，学术各派都表现了"流而为文"的发展趋势，形成了以理学为精神底蕴的文风，这种文风平易正大、冲淡悠远。从更深层次去看其风格，则是"元代文章家和理学家都主张以韩柳欧苏之文，载周程张朱之道，在文章风格上注重表现中和之意，追求一种'儒者气象'"[②]。这种代表性的文风是在江西从吴澄开始形成的，倡导、实践和最后完成这种文风追求的人是虞集。[③] 李超认为："大儒吴澄给江西文学奇崛风尚中添进了儒者平和的气息。要认识元代中后期江西文学的圣贤气象和元代中后期平易正大的盛世文风，吴澄和以他为中心的抚州文人群体都是一个绕

[①] 杨镰. 元诗史 [M]. 北京：人民文学出版社，2003：8.
[②] 查洪德. 理学背景下的元代文论与诗文 [D]. 保定：河北大学，2004.
[③] 傅璇琮，蒋寅，等. 中国古代文学通论·辽金元卷 [M]. 沈阳：辽宁人民出版社，2005：5.

不开的点。"① 危素曾求学于吴澄和虞集，两位大儒也都对其寄予厚望，从文学思想和创作实践来看，危素的确是两人的继承者，成为元末文坛盟主，他的文学创作极具研究价值。

再向后延伸，兴起于江西的这种文风决定了明初诗文的走向，成为明初，甚至永乐至成化（1403—1487）年间台阁体文风的先导，危素又成为明初江西文学的揭幕人。

一、危素对吴澄、虞集的继承

危素年及弱冠即受教于吴澄门下，他的思想及创作都潜移默化受到了吴澄的影响。吴澄很重视文章的法度，在材料选择和剪裁安排上都煞费苦心。危素的散文历来被学者评价为"法度严谨"，这应与吴澄的教导分不开，吴澄是一个比较有个性的学者，他杂取各家，推崇邵雍、王安石、韩愈和欧阳修，又不盲从。在对前辈文人的学习方面，危素很明显受到吴澄的影响。他非常推崇欧阳修，视其为作文之标准："公当国家全盛之时、世运昌明之际，卓然为一代文宗，上配韩子，若丽天之星，光于下土，何其伟哉！学者不为文则已，苟欲为之，要必取法于斯，犹梓人之规矩准绳也。"② 并认为欧阳修振兴了宋文，革除了文章流为儒者末艺之弊："至于宋，敝又极矣，庐陵欧阳子起而振之。"③ 除此之外，他还很认同邵雍的诗学观念，如上节所述，他认为写诗更应重视个人的道德和学识修养，这样才能更好地实现诗的教化功能。

吴澄为纠正南宋空疏的学术风气，大力提倡实学，主张和会朱陆。如前述危素少年时的求学经历，可知危素从小深受陆学浸染，求教于吴澄后，应接受了他和会朱陆的学术主张，吴晓红在他的硕士论文《危素研究》中提道："危素主张以朱学的笃实补陆学的高妙，他极其重视读书，说'治心修身，一征诸方册'。应通过泛观博览体认自身的德性。这与吴澄对他的影响不无关系。"④ 在《临川吴文正公年谱序》中，危素高度评价了吴澄兼取朱陆的做法，批判南宋嘉定以来科举考试以程朱理学为宗的流弊："方宋周元公倡圣贤之绝学，关洛之大

---

① 李超. 江西抚州文人群体论略 [J]. 曲靖师范学院学报，2015（4）：15-18.
② 危素. 欧阳氏文集目录后记 [M] //李修生. 全元文·第48册. 南京：凤凰出版社，2004：368.
③ 危素. 与苏参议书 [M] //李修生. 全元文·第48册. 南京：凤凰出版社，2004：148.
④ 吴晓红. 危素研究 [D]. 南昌：江西师范大学，1996.

儒继出。迁国江南，斯道之传尤胜于关境。已出，当国者不明，重加禁绝。嘉定以来，国是既章，而东南之学者靡然从之，其设科取士，必以是为宗，其流之弊，往往驰骛于空言，而汩乱于实学，以至国随以亡，而莫之语。公生于淳祐，长于咸淳，而斯其何时也？乃毅然有志，拔乎流俗，以径造高明之域。"①吴澄反对朱陆两家弟子之间的相互攻击，主张融会贯通，折中兼济。危素也反对两家门人的角立门户："昔者，朱文公、陆文安公同时并起，以明道树教为己事，辩论异同，朋友之义。其后二家门人之卑陋者，角立门户，若仇雠然。"②在学术思想上，危素受吴澄的影响居多。

　　融会朱陆，使得吴澄论诗既主师古，也主师心，两者并不矛盾。吴澄论诗强调诗人感情的自然流露，坚信言为心声，从理学的角度强调个人心性修养，倾向于将外在的要求内化为个人的品格，以此成为先天自然情性的一部分，并强调这种情性的真实发露和自然表现，而不带一丝功利性。这样看来，他的和会朱陆，和会的是个性性情与政治伦理，并且引导他的学生写文章更要重视心性与道德的培养。危素对此加以吸收，他文章中的重道倾向来源于他从小学习传统儒学的浸染和后天不断的修养，是一种发自内心的信仰，成为他自然情性的一部分，不是为宣扬而宣扬，因此，表达出来不会让人觉得有道学气，更使人信服。在文与道的关系问题上，吴澄说："道不载文，则道不自行；文不载斯道，则文犹虚车也。"③ 提倡文以载道，批判因文害道。对此，危素的继承痕迹也很明显。

　　虞集是元代中期最具代表性的文学家，他全面推进了盛世文风的形成。虞集在《李仲渊诗稿序》中说："某尝以为世道有升降，风气有盛衰，而文采随之。其辞平和而意深者，大抵皆盛世之音也。"虞集幼年受到其家学和蜀中学术传统的影响，有回归传统儒学的倾向和经世致用思想，后又长期居于馆阁，论文也多有正统色彩，提倡学习古代纯正博雅的诗文风格。同时，虞集矫正了江西奇崛的文风，认为文学应有用于世，倡导平实的文风，他提倡"平易正大""冲淡悠远"的风格。他肯定诗歌的抒情功能，但不认可激烈的感情，吸收张载

---

① 李修生. 全元文·第48册 [M]. 南京：凤凰出版社，2004：242.
② 危素. 上饶祝先生行录 [M] //李修生. 全元文·第48册. 南京：凤凰出版社，2004：418.
③ 吴澄. 题康里子渊赠胡助古愚序后 [M] //李修生. 全元文·第14册. 南京：凤凰出版社，2004：542.

的观点，以气运论文，主张克治血气，倡导"至清至和"之文，认为要写出这样的文章关键在于诗人的个人的身心修养。

危素青年时曾求学于虞集，两人常有互动往来，虞集非常看重这个后辈，危素出游时，曾作《送危太朴序》①，鼓励危素外出增长见识。危素在《道园遗稿序》中自述："素夤事翰林学士吴先生于华盖山中，至于论文，则必以公为称首。公之南归，始获从容奉教。观其文，神奇变化，诚不可窥测以蠡管也。"②可知，在文学方面，对危素影响最大的是虞集，他"明体适用"的文学功用观都可在虞集的创作主张中找到印迹。虞集是元中期圣贤气象文风的实现者，也将这种文风传递给了危素。

二、危素对柳贯的继承

查洪德先生认为，柳贯的创作思想是一个复杂的集合体，既容纳了浙江地区流行的各家学说以及他们的文学观念，也融入了宋元之际东南诗文各派的创作思想。柳贯生活的婺州，有很多学术流派，如朱学、陆学、事功之学、经制之学等在此兴起，形成了一代学术之盛。柳贯虽直接受教于朱熹的四传弟子金华学者金履祥，但他继承更多的不是朱学，而是很大程度上接受了事功学和经制之学。③ 危素在《柳待制文集序》中评价柳贯也有类似的看法："先生少历游前代遗老之门，该综百氏，根极壶奥。"④

危素曾多次问学于柳贯，两人留下不少来往的诗文。早在泰定三年（1326），柳贯出为江西等处儒学提举，时年24岁的危素屡次拜访问学。危素自叙："先生官豫章，素以诸生见焉，凡训诱奖励者，久而弥笃。"⑤ 柳贯约于此时作《危太朴自金溪来访留馆兼旬因归有赠》，诗中有云："取新非厌常，通变由知易。衰迟岂复进，傒子坚吾壁。"⑥ 将危素视为自己的继承人，希望他能担负起恢复古道的大任。危素评价其文"雄浑严整，长于议论，而无一语蹈陈袭

---

① 李修生. 全元文·第26册［M］. 南京：凤凰出版社，2004：185.
② 李修生. 全元文·第48册［M］. 南京：凤凰出版社，2004：243.
③ 查洪德. 理学背景下的元代文论与诗文［D］. 保定：河北大学，2004.
④ 危素. 柳待制文集序［M］//李修生. 全元文·第48册. 南京：凤凰出版社，2004：219.
⑤ 危素. 柳待制文集序［M］//李修生. 全元文·第48册. 南京：凤凰出版社，2004：219.
⑥ 柳贯著，魏崇武. 柳贯集上［M］. 钟彦飞，点校. 杭州：浙江古籍出版社，2014：18.

故，盖杰然于当时者也。"① 这样的文风也影响了危素。

柳贯的创作思想是很复杂、很灵活的，他在《自题钟陵稿后》中和前来拜访的危素探讨了自己作诗的心得：

> 余寄钟陵三年，无吏议之恇怯，有拙者之逍遥。每情至景会，往往托诸吟讽以自识。其窃禄之幸，随其所得，辄亦次之稿卷，揆诸风人之优柔，赋客之微婉，岂能希其千一哉！临川学者危太朴，谓余有一日之尝，赢粮菲屦，忽肯来贶。留连旬余，请出余卷而诵之，乃与厌尝嗜古者共之。然余之诗，出诸余心，宣诸余口，无隽味以悦人，无鸿声以惊俗。上不足以企乎古，下不足以贻诸今。不过如嵇康之听锻、阮孚之著屐，以足吾之所好而已。太朴之取之也，其与余有同乎？有不同乎？余一不能知之也。余山中人，旦夕受代东归，以是诗置诸山中，则林猿野鹤，其将有以亮之矣！②

柳贯寄居钟陵三年，少世事烦扰，内心悠然，灵感所致，便成文章，引发感悟：创作贵在发乎自然，写心抒怀，抛去其他种种功利因素，只为"足吾之所好"。可以看到柳贯是师心论者，把写诗看作个人的一种爱好，以消解诗的神圣性，这也是元代诗学的一种倾向。危素的诗集《云林集》所收均是他出游前在家乡读书、会友时创作的诗歌，这些诗呈现复杂的风貌，一部分承继了元中期以来醇和雅正的风格，温和平易，但其中也有一部分写景纪游诗是得自自然之作，读来清新可喜，或是受了柳贯的影响。如《五月廿有二日同邓渐叔仪晋季昭旭肆父昶晳父晚眺以森木乱鸣蝉分韵》和《游石门寺有怀表兄张伯玉》等。柳贯曾在《寄太朴》一诗中赞赏危素的诗文自然有神，蕴藉无累，颇合柳贯"适意"之论：

> 玉树瑶华不数人，更从竹箭得苍筠。文章酝藉心无累，山水娱嬉笔有

---

① 危素. 柳待制文集序 [M]//李修生. 全元文·第48册. 南京：凤凰出版社，2004：219.
② 柳贯著，魏崇武. 柳贯集上 [M]. 钟彦飞，点校. 杭州：浙江古籍出版社，2014：488.

神。唤起瞽蒙阵哗缓，洗空盆盎出清醇。两雄岂敢当韩孟，但喜龙云入梦亲。①

柳贯以韩孟比拟自己和危素，委婉表达了对危素的赞赏，也可看到柳贯对危素才华的认可程度。温世亮认为从此诗可以看出柳贯以推衍"盛世之音"的重担相寄危素②，其实这样理解并不全面，柳贯对诗文的要求是既要写出"吾胸中天趣流行之妙"，又要柔和舒缓地表现"义理之真""性情之正"，从这首诗中看到，他希望危素继承的是兼备两个方面。

柳贯曾批判复兴科举后文坛功利浮夸的颓风，赞扬危素在此浊流中独树一帜：

独吾友捐弃俗学，一意古初。谓不肖颇尝涉迹于是，乃肯过相推予，将以质其所疑，证其所闻，而为求端用力之地。此哉不肖，固当竭其单智，鼓其盛气，以进吾友于光明博大之域。而环顾其中，不无瓶罄罍耻之患，甚自恧焉。③

"一意古初"属金华文派的文学追求，他们反对单纯模拟古人言语来师古，柳贯很高兴看到危素也有追寻古道的志向。由此在钟陵之会阐发性情之正的基础上进一步教导危素："圣人载道于经，所以应先以六经和诸儒之学涵养充实自己，极尽义理之真、性情之正。"

盖学以致夫道，群圣人载道之言具于经可见已。古之人所以底至于道者，亦曰尊闻行知，而不敢以吾一己之私，系累于其间耳。区区愚虑，比见钟陵时，已略陈之。今信道如吾友，笃志如吾友，愿一求之群圣人之经以端其本；而参之以孟、荀、扬、韩之书以博其趣；又翼之以周、程、张、邵、朱、陆诸儒先之论以要其归。涵养益密，识察益精，则发之文章，自

---

① 柳贯. 柳贯集上［M］. 魏崇武，钟彦飞，点校. 杭州：浙江古籍出版社，2014：38.
② 温世亮. 危素文学思想与创作实践平议［J］. 山西师大学报（社会科学版），2015（1）：82.
③ 柳贯. 答临川危太朴手书［M］//李修生. 全元文·第25册. 南京：凤凰出版社，2004：122.

然极夫义理之真；形之歌咏，自然适夫性情之正矣。切不可模仿今人，以日沦于洿下而莫之救也。①

柳贯的方法带有一定的理学色彩，同时鼓励危素学习治国实用之术。危素应是认真领悟了柳贯的教导。入明后，他在为唐肃的《丹崖集》作序时仍殷殷嘱咐后学，希望唐肃能将这种传统承继下去："故学古词必先用力于古道，端其本原，去名就实，然后其文因其人而重，匪以文重其人也。处敬方盛年，其进也盖不知其所止。古道微矣，振而起之，诚有望一时之英彦，处敬尚慎之哉！"② 综上，危素以其地域因缘得师从众多元代大家，同时代人戴良在《夷白斋稿序》中评云："自天历以来，擅名于海内，惟蜀郡虞公、豫章揭公，及金华柳公、黄公而已……而临川危公之浩博，则又兼得夫四家之指授。"③ 他兼收并蓄各家创作思想，加以贯通于自己的文学创作实践中，在乱世中坚守儒家经世致用的传统，并有意识地培育后进，可谓"独力撑颓宇，清响薄高云"。

第二节　危素的散文创作

据笔者所考，《全元文》是目前为止对危素散文整理最为全面的文集，收文317篇，加上本论文所作补遗28篇，共342篇文章，是迄今收集整理到的危素文章的最全篇目，当然不排除他还有很多文章孤存于某些古书之中，等待着人们发掘。本文将危素散文整体分为两部分，即赋体文和散体文，散体文又细分为论说性散文、记叙性散文两种，这样分类没有以旧的文章体裁为依据，因为古代散文的体裁不够严密，已与现代散文分类在内容和形式上有很大的不同。如同为"序"，既可以叙事也可以写景，还可以记人，所以本文分类统以内容为依据，记叙性散文又分为叙事、写景、记人三种论述，应用性散文如碑铭、墓志、行状、颂赞等有一定的史料价值，在艺术上则相对缺少研究价值，因此不

---

① 柳贯. 答临川危太朴手书［M］//李修生. 全元文·第25册. 南京：凤凰出版社，2004：122.
② 危素. 丹崖集序［M］//李修生. 全元文·第48册. 南京：凤凰出版社，2004：259.
③ 戴良. 夷白斋稿序［M］//李修生. 全元文·第53册. 南京：凤凰出版社，2004：247.

做重点研究。

如前节所述，危素吸收了吴澄和会朱陆的学术思想，从他那里学习到了作文的法度；继承了虞集平和冲淡、雍容平实的盛世文风，并强化了文学要经世致用的思想；从柳贯那领悟到内心的修为是为文的根本，也学习了他雄浑严整的文风和"适意"的文学观，这些都体现在危素的诗文创作中。徐一夔在《始丰稿·卷三》中对危素文章风格的概括较为准确："窃尝观于阁下之文，属辞陈义深厚尔雅，不丰不约，动中矩度，其言的然而实，其态彧然而广，其味幽然而永。"

一、赋体文

元代恢复科举试赋之后，提出改试古赋，黄仁生先生认为：仁宗时科举提出改试古赋是站在"从事实学"的立场上调和各方面意见的结果。同时与文学自身的发展规律和元前期的文风有关。[①] 这一转变，激发了文人们创作古赋的兴趣。学者进一步指出："除了体式的择取之外，元代辞赋的复古还大力呼唤情感内容的回归，这又是对唐宋赋崇尚理义的一种否定。"[②] 元人祝尧曾在《古赋辨体·卷五》中深入探讨了古赋和后人之赋的区别：

> 观古之诗人，其赋古也，则于古有怀；其赋今也，则于今有感；其赋事也，则于事有触；其赋物也，则于物有况。情之所在，索之而愈深，穷之而愈妙，彼其于辞直寄焉而矣。又观后之辞人，刊陈落腐，而惟恐一语未新；搜奇摘艳，而惟恐一字未巧。抽黄对白，而惟恐一联未偶；回声揣病，而惟恐一韵未协。辞之所为，馨矣而愈求，研矣而愈饰，彼其于情直外焉而已矣。

祝尧也正是从表达真情实感的角度推崇古赋的。虽然辞采华丽是赋的突出特征，却不应以辞害情，流于浮华，既而提出"赋出诗骚，理当发乎于情"以及"祖骚宗汉"的标准，试图以复古求革新。

[①] 上海嘉定博物馆，上海中国科举博物馆. 科举文化与科举学下[M]. 福州：海风出版社，2007：173.
[②] 赵义山，李修生. 中国分体文学史散文卷[M]. 上海：上海古籍出版社，2014：331.

危素文集中收赋5篇：《别友赋送葛子熙》《三节堂赋》《存存斋赋》《望番禺赋》《述变》，五篇皆为骚体赋。

《别友赋送葛子熙》是一篇赠别赋，朋友临别时作赋相赠是古人常见的一种交谊方式。危素的这篇赋赠予从小一起求学长大的好友葛子熙，与一般的赠别赋不同，这篇赋没有表达太多离别之情，更多是抒发一种古道不复、艰难进取之情。赋的开篇危素写道：

> 余生楚南之穷邦兮，嗟不逮乎古之人。执简策以永歌兮，视前行之逡巡。怅风气之日凋兮，众糅杂乎淬秽。独凉凉而奚适兮，虞诽言之交至。能服仁而蹈义兮，虽颠沛庸何伤！顾操践之或怠兮，悲丝染之玄黄。思骖云螭以高驰兮，下览观乎四海。带玉璐而佩宝剑兮，划长啸乎天之外。值美人于丹丘兮，云抱朴之来孙。朝吸上池之沉瀣兮，夕掇玄圃之芳荪。猎六籍之精华兮，悲黄农之不吾待……①

赋中以送友人之时的所想所感，表达了世风日凋，自己为实现儒家的理想而艰难求索的怅然与坚持，结尾用"乱"作结，表达了对民生的忧思。五篇赋之中，此篇情感最为激荡，危素首先代入其中，写自己身处异时，"风气日凋""众糅杂乎淬秽""独凉凉而奚适兮，虞诽言之交至"。这篇赋作于元统元年（1333），危素时年31岁，在疏山读书，透过文字我们仿佛感受到他满腹才华、抱负无处施展的怅然与无所适从，同时他"能服仁而蹈义兮，虽颠沛庸何伤"的执着和坚毅也令人动容。赋的后半段感叹葛子熙迫于生计，辗转流离，通过想象他即将远行的路途隐喻未来仕途的艰辛，再展望两人于未来的某年能再相聚于故乡，共享林泉之乐。与其说是送别葛子熙，更像是危素自己对人生的预想，更像是危素人生的序言，终其一生，他始终在这种情绪中挣扎。

这篇赋中有很多仿《离骚》的句法，如"朝吸上池之沉瀣兮，夕掇玄圃之芳荪""怀夫子之固穷兮，虽制义而自安"等，可以看到危素和多数元代辞赋作家一样走向对《离骚》的回归和复古。学者李新宇认为元赋对"骚"有回归和模仿，这种模仿不仅满足于停留在外在形式上，更是深入其内在精神气质。"元

---

① 危素. 别友赋送葛子熙［M］//李修生. 全元文·第48册. 南京：凤凰出版社，2004：143.

人继承骚悲，楚辞多愁苦之音，元人在宣泄人生失意的处境、慨叹社会不公的现实、表达科举无门的苦痛、体现忧国忧民的情思、考量仕隐取舍的态度等方面也多用骚体。"① 许结先生说："朝廷的文化政策与文士的致用要求之撞击，形成二者间巨大的心理隔膜，这是元代赋家擅长抒写内心情绪的重要原因之一。"② 两者都比较准确中肯，危素的这篇赋可谓元人赋中很典型的作品。

　　李新宇在研究中指出元代中期，辞赋有"崇古尚理"的情致："科举考试以程朱理学对儒学经典的阐释为评判标准，推动理学在全国范围内的传播普及。加之元代中期政局相对稳定、大力推崇儒学，故此时的辞赋作家多受儒学侵染，无论是在朝在野、得意失意，也无论是交友应酬、品鉴书画，都特别关注个人道德修行、人格心志的培养，辞赋也渐趋中正典雅，内容多谈古尚理。"③《存存斋赋》可谓这类赋作的代表。该篇是为李孟豳尚书而作，表现他向儒家传统文化复归的倾向，该篇以其斋名"存存"入手，论述了人道与天道相互依存，儒学从自然之天中寻找道德的合理根源，一个人若是能效天之刚健，法地之厚德，反复涵养蕴存自身的德性，便能使道义永存。然后概述李孟豳一生的经历，他早年便中进士，后身居高位，然仕优而务学，勤奋不息，后丁母忧而去位斋居④，仍然尽力于修身及传承儒学，无论仕与隐都能以善存之心，一以贯之，在乱世之中保持正直清白之心，寄情于创作。危素的这篇赋很好地处理了情和理的关系，很适合用祝尧和陈绎曾的观点来解读，祝尧在《古赋辨体·卷四》中说："其为辞也，须从物理上推出人情来，直教从肺腑中流出，方有高古气味。"陈绎曾云："楚赋之法以情为本，以理辅之。先清神沉思，将题中合说事物一一了然在心目中，却都放下，只于其中取出喜、怒、哀、乐、爱、恶、欲之真情，又从而发至情之极处，把出第一、第二重，易得之浮辞，一切革去。"⑤ 危素先讲君子善存的必要性和重要性，再以李孟豳的经历来说明，使人心悦诚服，敬佩之心油然而生。文章构思精巧、法度严谨、气势刚健、行文从容，语言古朴却不失丰富，有大家风范。

---

① 李新宇. 论元代辞赋"祖骚宗汉"的创作实践 [J]. 济南大学学报（社会科学版），2008（3）：42-47.
② 许结者. 中国赋学历史与批评 [M]. 南京：江苏教育出版社，2001：297.
③ 李新宇. 元代辞赋研究 [M]. 北京：中国社会科学出版社，2008：241.
④ 张以宁. 存存斋记 [M] //李修生. 全元文·第47册. 南京：凤凰出版社，2004：516.
⑤ 陈绎曾. 楚赋谱 [M] //王水照. 历代文话. 上海：复旦大学出版社，2007：1273.

另一篇《三节堂赋》是为高昌（今新疆吐鲁番一带）畏兀儿族（维吾尔族先祖）偰氏家族合刺普华一家所作，合刺普华在攘除匪盗的战斗中以死殉国，夫人希台特勒氏盛年守节自誓，其长子偰文质十岁刲臂肉以疗母疾，世人称其忠、贞、孝萃于一门，为绘《三节图》以传，又建三节堂，时人多作文称之，陈旅有《书三节堂记序后》，郑元祐亦有《三节堂》，苏天爵作有《题高昌偰氏三节堂记后》，危素的这篇赋也为此时所作。文中追述了合刺普华一门的忠节义行，因合刺普华子孙多高中进士，危素在表述其家簪笏满堂的同时提到了延祐年间恢复科举的举措："惟延祐之后皇兮，思搜罗于文儒。"并对其子孙寄予了厚望。危素以赋铺陈合刺普华一门义事，寓情感于叙述中，驾驭起来得心应手，可见其才力华赡，如"匪徒戮力于战陈兮，陈征讨之吁谟。信直道以忤时兮，转漕挽于番禺。属群盗之交炽兮，集草间而啸呼。陁险隘以弄兵兮，值陆梁之凶渠。矢赤心而奋斫兮，凛英烈而莫渝。俄势穷以被执兮，必临难而捐躯。惨海雾之阴翳兮，叫山鬼而乘狐"①，将合刺普华的壮烈写得感人肺腑，其与盗匪的斗争场面更是描写得惊心动魄，危素的赞誉隐于其中。

《望番禺赋》是为广东道肃政廉访使钦察所作，钦察举达鲁花赤脱欢察儿在广州多不法事，监察御史镏振因受贿而颠倒黑白，钦察忿死，镏振亦因惧得疾而死，危素闻此事，乃作此赋，表达"豺虎呀哮兮麒麟潜遁"之愤恨，有"骚悲"遗绪；《述变》是为送琴师赵友直得官南还所作，文中提出了建设礼乐文化的必要性，希望能够通过建设礼乐"还淳复朴"，以达到河清海晏的目的，有浓厚的家国情怀。

综上，危素的赋在形式上体现了复古倾向，如多模仿骚体句法，主语多置于副词、形容词之后，句子中间多用"之""于"等虚词；在表达的主旨和感情上也多继承离骚之悲，"发乎于情，止于礼义"。同时，危素的赋带有其自身作为理学家鲜明的精神特质，相比而言淡化了骚怨，强化了进取和明道之意。

二、散体文

（一）论说性散文

危素有三篇致上司和友人的书信：《与苏参议书》《上贺相公论史书》《与

---

① 危素.三节堂赋［M］//李修生.全元文·第48册.南京：凤凰出版社，2004：144.

邓子明书》，虽为书信，实为论说性散文，都为陈请劝说而作，颇能代表危素论说性散文的风格，即结构严谨、层次清晰、逻辑严密、步步为营、明切简练、说理透彻。

先看《与苏参议书》①，开篇先阐明自己的观点："文为载道之器""道弗明，何有于文哉？"又以六经文之理明、言约、事核为作文之典范，接着论述文道分离后，古道湮微，文沦为儒者末艺，认为此弊于隋唐达到极端，然后大力肯定了韩愈、欧阳修倡导的古文运动之功，最后展望当代的文风发展，将希望寄托于苏天爵，希望他能以赏识自己之心推及他人，搜求访问山林草泽中"学古道而通其辞者"，振兴文章之古道。这篇文章不长，但信息量很大，前半部分寥寥几句便追溯了古文发展的轨迹，以"气有升降，时有污隆，而文随之"展开，然后以"金之亡，其文粗而肆；宋之亡，其文卑而冗。考其时概可知矣"句引入下半部分，寄希望于当代。整篇文章立局宏远，言辞恳切，极具感染力。

再看另一篇《与邓子明书》，作于至正四年（1344）危素为修史事前往河南、江浙、江西等地访求遗书之时。据《宋史·卷四五一·陆秀夫传》记载：陆秀夫详记南宋灭亡崖山二王之事为一书，授礼部侍郎邓光荐，命其传之后世，邓光荐携之回庐陵。刘诜在《桂隐文集·卷四·题危太朴与邓子明书后》文中记录，邓剡回庐陵后，以其所闻所见集录为野史若干卷，藏不示人。危素写此书正是为劝说邓子明献出藏书，使世人得以了解南宋王朝灭亡最后时刻的详细情形。从书中所述看来，邓子明似乎僵持了一段时间，不肯献书，最后在危素的劝说下终于将其先祖所藏所著的珍贵书籍进献史馆。这篇书信篇幅也不大，却能句句切中肯綮，使人信服。首先，危素从陆秀夫和邓剡的角度入手，揭示他们所以记录这段史事并付托后人是希望能助后世修史，使宋三百年之有其终；接着又述当今朝廷优赏之恩；然后以设问的方式自问自答，阐述了从纲常的角度来说进书的重要意义：

  兄果进此书，岂独足以慰礼部公之志，实为纲常重也。何则？当宋之亡，士大夫苟一时之利禄，坐视其宗社危亡者，非可以一二数。而诸君子奋然从两弱主于鲸波不测之渊，非灼知君臣之义不可废绝者，岂能如是？若礼部公之破家频于万死者，世岂可多得？一时之事，独赖此书以存。仆

---

① 危素. 与苏参议书［M］//李修生. 全元文·第48册. 南京：凤凰出版社，2004：148.

固知兄宝之重之，然亦安忍久秘而不出耶？①

最精彩的是《上贺相公论史书》一文，全文可分三个层次：第一层主要是论述史书的重要性，提出"三国之史，不可以不修"的观点。危素先引经典提出修史应以"秉中"之原则，因为史事有昭示来世的作用，所以过不可，不及亦不可，要做到"善善而不流于阿，恶恶而不伤于刻"。又从后世君主、臣子以及普通人三个角度阐释史的借鉴作用，然后铺排史书记载内容之丰广，顺势提出辽、金、南宋三朝史书未修之事，不仅从"亡人之国，不可以亡人之史"的角度论述修史的重要性，更重要的是无以垂监于万世之人，然后导出观点。第二层列举了当前四种反对修史的观点，并一一加以驳斥，提出解决办法。首先追溯了自世祖皇帝以来没有修史的原因，先是建国初期，制度未定，创痍未瘳，史事没来得及修成，大德末年以来，国多变故，虽有倡之而无和者，而又四十年后，史书犹未修成，此时已到非修不可的地步，因为事迹渐渐湮灭，传记散佚，宿老凋零，故实多荒忽。其次，危素列出四个修史面临的问题并紧随解决办法：

> 素游京师最晚，颇闻议者曰：传天下者必有正统。今主宋者曰宋正统也，主金者曰金正统也。史官卢公挚、太常徐公世隆、集贤王公约以及张枢、修端之说纷然而不一。或谓本朝不承金，则太祖、太宗非正统矣。此皆胶于常论者也。本朝立国于宋、金未亡之先，非承宋、金而有国者也。若是则宋之与金，国统正否，自有定论矣。议者又曰：本朝之取金、宋，其战争攻取之际，当有所讳而不敢书。夫司马晋之时，尝修《三国志》矣。唐太宗尝修《隋书》矣，宋之时尝修《五代史》矣。其间固有战争攻取之事，据实而直书，史官之职，尚何讳之有？议者又曰：耆硕之士尽矣，孰可以任其事哉？古人有言：人才自足以周一世之用，未闻借才于异代也。患国家不为，为之则不患无其人。设谓今无其人，则待何时然后有当史笔者出邪？诚能破其拘挛，公其举选，则作者云合矣。议者又曰：今有司之于钱谷细若蓬芒，必钩而取，其肯捐弃而为此邪？我国家以四海为富，赐

---

① 危素.与邓子明书［M］//李修生.全元文·第48册.南京：凤凰出版社，2004：151.

予近侍，崇奉异教，往往累千万而不爱，而岂靳于此哉？①

第一个关于修史的争论问题是何为正统，危素列举当前一些人的观点后提出自己的观点：元非立国于宋、金未亡之先，非承宋、金而有国。因此，三国应各为正统，快刀斩乱麻地终结了众人之说，解决了这一困扰已久的问题。第二个问题是避讳太多难以书写。危素列举历史上类似的三个例子来说明据实直书即可。第三个问题是没有可用的人才，危素更是直言最重要的是国家的执行力，国家果真去做，公开选举，自然便有可用之人。第四个问题是关于资金的问题，危素批判元朝政府花费大量金钱赐予近侍，崇奉异教，更应拿出资金来做修史这样的大事。这四个问题的列举，气势纵横，简洁有力，想来贺惟一读完会有豁然开朗之感，应觉修史之事该做、可做。第三层危素阐明当前皇帝亦有修史之意，御史台、国史院交请于中书省，但未见回应，于是恳切地请求贺丞相在这关键的时刻助一臂之力，玉成此事。文章感情充沛，气势强健，亦充分体现了危素"理明辞达"的文学主张。

除此之外，危素还有几篇论说文也很值得一观。如《神农冕服辨》②《说隐》《虚游说》等。《神农冕服辨》针对宋代谢景平所作《神农冕服记》提出批驳，认为神农之时未有衣裳之制，祭祀时不必加冕服，妄加则经无所据，礼无所合。除引经据典，以熟知的礼制反驳谢氏的观点外，危素先以神农氏的视角写他着冕服的心情："神农氏在天之神终古不昧，骤而施之以未尝见之冕服，岂不惊异乎？"再进一步提出他人关于此事的疑虑，"或曰：'若子之言，则当如今郡县三皇庙素像，披发裸身，以木叶自蔽，然后为得'"。如果按照危素的说法神农不着冕服，难道祭祀时要披发裸身吗？危素对此回应，应以木主祀之，而且神农不应只让医家专掌祭祀，才能不悖于经，不缪于礼，文末再次强调自己做此文的目的："祭祀，大事也，其可忽诸！作《神农冕服辨》。"《说隐》和《虚游说》皆以对话的形式，巧妙灵活地表达了对林泉之乐的向往，与《神农冕服辨》一样，注意把握读者的心理，以对话的形式解答读者可能遇到的疑问，逻辑严密，层层递进，语言简洁，论述透彻，颇有危素自己的独特风格。

---

① 危素. 上贺相公论史书［M］//李修生. 全元文·第48册. 南京：凤凰出版社，2004：149.
② 危素. 神农冕服辨［M］//李修生. 全元文·第48册. 南京：凤凰出版社，2004：278.

（二）记叙性散文

前述危素提倡明体适用的文学功用观，从记录时事的角度肯定文学的功用；同时他既是文学家也是史学家，常以史家的态度、方式和目的写作散文，很多文章专门就某事、某物或某种制度沿革进行记录，常"旁稽乎百家之言，上求乎历代之故"[1]，人物传记中也常贯穿事件，形成以事写人的基本模式。因此，他的记叙性散文多以史为文，具有考据确凿、详赡精当的特点，可起到征史、补史的作用。另外，文集中也不乏一些清新隽永的一般叙事散文，这类文章继承了欧阳修、曾巩散文的风格，叙事纡徐委婉、语言平易自然、质朴深切。下面分叙事、写景、记人三类略述此类散文：

1. 叙事散文

叙事散文拟分以史为文类和一般叙事类两种进行论述。以史为文类的散文以《昭先小录序》《故宋秘书监毛公墓表》《富州蠲金纪事》等篇为代表。

先看《昭先小录序》，文章以宋通判常州陈炤曾孙陈显曾上书请求为其曾祖父立传事为起，引出作序缘起。序中追述元军入常州事，并强调元军入江南，屠戮未有如常州者，所以史书应格外尽心书写。危素下江南时经过常州，曾经就此事询问当地父老，再参以野史杂记所载，在序中补写了元军攻入常州时的许多细节，歌颂了为国尽忠、舍生取义、浴血奋战的忠烈，批判了临阵脱逃、倒戈迎降、贻误战机的败类。

文中涉及的人物、事件很多，但叙述清晰，材料剪裁安排得当，颇具匠心；写战斗场面，多用短句，用短促的节奏让读者深切感受战争的紧张和激烈；细节描写亦非常精彩。写五牧之战时，用对比的手法将统制张全的卑鄙丑恶描写得入木三分，读来令人痛恨不已，张全受命将淮兵两千来常援助，往横林，设伏于虞桥，大兵来袭时，麻士龙战死，张全却见死不救，走还五牧，朱华欲掘堑设栅，张全不许，后朱华、尹玉大战元军，"华军死于水者不可计。至暮，大兵绕出华背，曾全、谢云、胡遇、曾玉先遁。尹玉力战，手杀七八十人。全军隔岸，不发一矢。华军渡水挽船，全断挽者指，于是多溺死者。尹玉战死，全亦宵遁，惟尹玉残军五百与大兵角，皆并力死战，无一降者"[2]。令人气愤的是，像张全这样的败类在战后却被朝廷一免再免，没有得到应有的惩罚。

---

[1] 危素. 与苏参议书 [M] //李修生. 全元文·第48册. 南京：凤凰出版社，2004：148.
[2] 危素. 昭先小录序 [M] //李修生. 全元文·第48册. 南京：凤凰出版社，2004：197.

另外，文章对刘师勇、王安节、陈炤等英烈形象的塑造也非常成功，语言、动作和细节描写为常用手法。常州城破时，刘师勇等数百人开东门，拔栅踰堑而去。此时，师勇弟马堕堑不能起，"师勇遥举手以诀"。王安节"率死士数人巷战，及左股断，犹手杀数十人。大兵胁之降，安节大诟曰：'汝不知守合州王节使耶？乃吾父也。吾岂为降将军辱吾先人！'遂死之。"姚訔纵火自焚。陈炤"调兵巷战，败归，坐厅事。左右牵马，请由小东门出。公曰：'去此一步，非死所矣。'日中，兵至堂上，慷慨不屈，死于所居之位"。这些描写让英雄们的形象呼之欲出，读来令人悲叹、感慨良久。文末，危素肯定了元朝皇帝"明诏史臣，毋讳死节"之至公，但是他在尽力罔罗放矢之余仍然感叹"死者多逸其氏名，为之永嘅而已"。

在《故宋秘书监毛公墓表》①中危素以故宋提点广东刑狱公事毛沆、通判泰州事毛演兄弟二人在元军破南恩战役中宁死不降，以身殉国，时有义士林钦以卿礼为其改葬的往事开篇。写入元后，毛演之子茂孙常痛惜自己不能亲手为父亲下葬，令其婿求其父坟墓于南恩之北津，其婿郑德访得林氏一门三世守其墓，于是携归其骨葬之。文中，危素依然为南宋灭亡之际，为国殉死之臣子姓名、事迹不传而悲叹。叙事中多用语言描写，茂孙与其婿的对话令人动容："先秘书监府君之死六十有六年矣，子为我求北津阡。不得，则持此衣（毛演故所用朝服）三招返葬，以慰吾终天之痛。"郑德找到毛演之墓后，危素写墓旁有覃、卓二翁，"扶杖相劳间，言当日事，犹蹙额有忧色"，从南宋灭亡至文中所述至正三年已六十余年，亲历当年事的人都已垂垂老矣，但仍不能释怀，侧面烘托了毛演殉国时的惨烈。短短一句，却令人印象深刻，感慨万千。

《富州蠲金纪事》②记述了商琼在丰城借淘金事为自己谋利，而苛扰百姓数十年，百姓因此死徙亡者，因之破家者比比皆是，士人揭车反复上书于上级官员，乞去民害，还曾因此得祸，但仍不断努力，多次陈说，后贡金事终于得以蠲免，"州人数十年剥肤椎髓之害始一旦脱然矣"，详述此事后，危素发表自己的议论，敏锐地看到商琼不足议，荼毒百姓数十年的罪魁祸首是坐视百姓困苦

---

① 危素. 故宋秘书监毛公墓表［M］//李修生. 全元文·第48册. 南京：凤凰出版社，2004：497.
② 危素. 富州蠲金纪事［M］//李修生. 全元文·第48册. 南京：凤凰出版社，2004：352.

而不顾的官员，希望朝廷能使有德之人居其位："噫！商琼不足议矣，彼天子之命吏牧此民者，坐视其困苦，默然不以为意，独何欤？自昔阴阳错行，盗贼并起，贻国家无穷之忧者，鲜不由财聚于上，怨结于下，此《硕鼠》之诗，仲尼存而不去也。诚使士之居于乡，立于朝，皆揭车若授经公其人，岂有知而不言者哉？风纪之司，藩辅之宰皆张公、全公其人，则岂有闻而不行者哉？"全文先叙后议，叙事细密清晰。

文集中的一般叙事类散文以《云林图记》《鄞江送别图序》《借书录序》《送道士李九成序》等篇为代表。

危素在经筵时，张彦辅为他作《云林图》，以纪念他幼时生活的地方，危素以画求诗于答禄道夫，为其描述云林山景色而作《云林图记》。文中介绍了云林山所处的地理位置、主要山峰以及散见各处的名胜和传说：有汉初徐仲仙遇仙之所、有仙人上升时委玉佩处、又有黄帝时浮丘先生祠、神龙居处、宋刘师中茅屋、方仲永之神童峰，山上有石磴、飞瀑、深潭，"古木苍藤，阴翳惨澹"。危素充满感情地描述了云林山的秀美灵动、清幽深邃，还穿插了刘师中乞雨的神奇故事，趣味盎然：

> 他日，师入潭中，遗履石上，涂叟者守其履，俟之七日。师自外至，谓叟曰："汝可谓诚笃。"问其所欲，曰："吾唯嗜鸭肉。"今祷雨者必先以鸭祭叟，然后得雨。师尝谒抚州守，书刺曰"骖龙僧某"。守恶其幻，诘之曰："龙安在？"师曰："明公勿惊。"以金槃盛水，探怀中若朽草，置水中，风雨大至，龙飞跃而去。①

除了这些优美的景色外，云林山还留下了危素年少时的美好回忆，他追忆与祝蕃夜宿田家"白云满谷，独闻水声而已"的往事，回忆少年时读书的"处一堂""开窗正面诸峰，韩子云：'横云平凝，时露数岫，修眉新画，浮于天宇'，与此甚类。余少肄业其间，有书若干卷，皆先世所藏。岁缩衣食之费，增若干卷，以三代所来碑刻若干卷。有琴一，不上弦。独以先父太常府君遗戒，不设弈具耳"。这些过往生活让危素对云林山魂牵梦萦，文末表达了对"归与樵夫野叟嬉游山间，上下云月"的致仕生活的向往。全文寓情感于叙述中，一反

---

① 危素.云林图记［M］//李修生.全元文·第48册.南京：凤凰出版社，2004：310.

危素以史为文的理性基调，充满了人文情怀。

《鄞江送别图序》写至正四年（1344）其奉使购求袁桷家藏书于鄞（今浙江宁波），鄞之士人君子热情接待陪伴，第二年陈元昭作《鄞江送别图》寄至京师，上有士人题诗文若干，危素感慨与其宿缘，作序。文中描绘与士人君子相会于涵虚馆的情景时，笔触虽清淡，寥寥几笔却写得颇有情趣："鄞之士君子闻素至甚喜，无贵贱长少，日候素于寓馆，所以慰藉奖予，无所不至。其退处山谷间者亦褒衣博带，相携来见。馆名'涵虚'，唐秘书监贺公之故宅，下瞰月湖，后枕碧沚，方盛暑，清风时来，坐有嘉客。鄞故文献之邦，距宋行都不远，往往能言前代故实。又各出其文章，如游琼林瑶圃，粲然可观。"在贺公故宅中，对着美景，与一群志同道合的人谈前代故实，品各自文章，真乃人生之美事。

《借书录序》追忆以往借书之事，并记录所借书目，附所借人家世名出处，以示感谢。文章不长，虽乃生活琐事，娓娓道来，却别有味道："及长，出从师友，稍知自厉而无书。家又贫，不能致书。学未成，辄为童子师，得钱以供赋税，给衣食，问遗姻族，应接宾友，其赢悉以市书。妻子数告空乏，而书不可以不备也。若此者几廿年，然捃拾纤细，书亦不能多致。独赖藏书之家多素之亲友，雅知其嗜好之颛，肯以书假借，或久留而不怨，或数请而弗拒。"①

《送道士李九成序》写自己与友人李九成时隔三十年后重逢，两人已侵寻老矣，而往昔同游诸友，多已去世，感慨天地无情，再追忆年少时相与嬉游的情景，恍如隔世："时卢尊师自闲处玉清道馆，每休暇，辄过其室。尊师为之陈豆觞，从容竟日，而退则与其徒嬉游茂林修竹之间，弹琴焫香，翛然不知世虑之牵人也。后数年，再过之，尊师已仙去，裵回久之乃行。及客京师，驱驰尘土，以求升斗之禄。每读剡原戴先生所著《拂云楼记》，思玉清之胜，茫乎若弱水之不可度矣。"危素文中再次表达了急于乞身而去，回归名山大川的愿望。

总体来看，危素的一般叙事散文写得平易自然，文笔虽闲淡，不以气势见长，却有大家风范，有法度可循。上承欧阳修、曾巩的文风，下启归有光、钱谦益的创作。

2. 写景散文

危素的游记散文以《游牛头山记》和《仙岩图序》为代表，他的游记散文

---

① 危素.借书录序［M］//李修生.全元文·第48册.南京：凤凰出版社，2004：192.

通常致力于描写人迹罕至处深幽清逸、孤绝险极的景色，常伴有仙人道士的神异传说，以抒发自己想要摆脱世事牵绊、隐居云游的渴望，颇如柳贯所说："思与境会，脱口成章，自有一种奇秀之美。"① 这类散文摆脱了文学的功利性和实用性的束缚，抛开传统儒学加在文学身上的种种要求，写得清新自然。

《仙岩图序》乃紫阳王达善得方壶子为其所作《仙岩图》，寄至京师求危素志，危素回忆起往昔游览仙岩的情形，因作序。文章先从不同角度描写，或仰或俯，传达出仙岩的奇美："余尝从渔者买小舟，泛溪流行数里，得仙岩。自舟中仰望，峭壁万仞，众岩棋布，如辘轳酒瓮，仙仓仙棺，不可枚数。有三人者同坐岩中，俯观流水。然或隐或显，意非飞仙不能到也。樵者虽极力攀援至绝顶，仅可俯窥，而石磴嵌空，终莫能即。"② 接着移步换形，写岩上、山中，洞里之景色，有水帘飞瀑，"若缟练飞而雷霆吼"，又有乱石怪鸟，异草丛生。引发危素的议论："大抵千岩万壑，草木秀润，非遁世好奇之士，无因而至。"因而怜惜自己"汩没世事而不知返也"。

《游牛头山记》写自己与方外友人鄱阳僧明晋、僧善继、如璧、道士费一元等人共游金陵南牛头山，从辟支佛洞、兜率庵、下西寺、幽栖岩、西峰寺、延寿寺，最后至东峰，一路赏美景、叹奇胜、观碑文、寻旧迹、和诗歌，写得情趣盎然，尤其在山顶崖石处危素写道："崖甚险，予五人者皆惧，而明大独往来如飞猱，訾且笑。"③ 颇具友朋之乐，文末写至东峰回望兜率庵，"树石参错，若画图然"，众人相约于此处结庵隐居。临高而望，引发了危素怀古之思，自三国以来数千百年间，金陵为兵家必争之地，可而今"英雄豪杰之遗迹，既皆划削消磨尽矣"，不如娱情山水之间来得畅快，表达了向往隐居之情，不失为一篇好文。

3. 记人散文

危素的记人散文多为墓表、碑铭、传状，大多是由于其史官的身份所写的酬应文字，多写生平履历、职位升迁，较为方正循矩，不乏溢美之词，但其也有超脱一般碑志墓铭的地方，如危素文善于安排、使用材料，注意删节、详略

---

① 柳贯. 题赵明仲所藏姚子敬书高彦敬尚书绝句诗后［M］//李修生. 全元文·第25册. 南京：凤凰出版社，2004：172.
② 危素. 仙岩图序［M］//李修生. 全元文·第48册. 南京：凤凰出版社，2004：209.
③ 危素. 游牛头山记［M］//李修生. 全元文·第48册. 南京：凤凰出版社，2004：285.

得当、重点突出；对人物品格、性情也注重刻画，常通过语言描写和具体事例来描摹，另外，其中保存了一些可供参考的历史资料。以下重点研究《送归宪使赴河西诗序》《滕先生传》《杨行道传》三篇文章。

《送归宪使赴河西诗序》[1] 写大梁归彦温抗贼之节，文章开篇先写朱熹论观人之术："光明正大，疏畅洞达，如青天白日，如高山大川，如雷霆之为威，如雨露之为泽，如龙虎之为猛，而麟凤之为祥，磊磊落落，无纤芥可疑者，必君子也。"然后点明归彦温正是这样的人，叙述他以死抗贼的经历，贼人范孟伪造中书公牒，结无赖游民入据省署，自称大元帅，召归彦温欲授伪官，归公与母诀死别，并抗言曰："吾起诸生，擢科第，方图报国恩，忧其弗及，岂肯从汝等为盗贼耶"，而因此获死罪，后贼事败而得免。归公之事上报于朝廷，擢为河西肃政廉访使，危素为之作序。文章紧扣归公以死抗贼之事写他"光明正大，疏畅洞达"，重用语言描写来突出其气节品格，又用阿乞剌公之言衬托其行之难得，首尾呼应，叙事简洁，是一篇精巧的写人之文。

《杨行道传》[2] 写杨行道不贪财，亦以事写人，文中列举四件事来写杨行道不以钱财为重，先写杨行道拾珠不昧之事，"里人万顺尝以贾人珠来集其家，其直至元钞八百贯。去而遗其珠，行道偶获之。明日，顺至，蹙额若不能以生者。行道问曰：'尔何为而忧也？'顺初隐不敢言，固诘之，乃以实对。遂还之。顺顿首谢，愿择珠之佳者可值百贯以奉行道，行道不受。顺固以献，又不受"。这里写万顺失珠后的心痛难当写得很传神，而行道明知故问，颇有趣味。最后又写大饥之年，强盗四处抢粮食，至杨行道处辄散，害怕惊扰他，而当地人也以杨行道为不贪财之人的代表。文末，危素表达了自己的心愿，希望世人能"闻其风而兴起焉"，重振淳朴古风。

《滕先生传》[3] 写奇士滕㻞，写他赋诗立就、丧亲守礼三年、读书不守传注、为师谨守礼节、重视记诵、拒不受礼币等事突出他的异行高致，又写他"或夜参半，积雪初霁，拄杖独行听泉声。晚游钱塘，观古碑刻，泫然泣下"，突出他之"奇"。除此之外，又写他抚育早亡友人之子，虽喜"面折人过"，然

---

[1] 危素. 送归宪使赴河西诗序 [M] //李修生. 全元文·第48册. 南京：凤凰出版社，2004：214.
[2] 危素. 杨行道传 [M] //李修生. 全元文·第48册. 南京：凤凰出版社，2004：380.
[3] 危素. 滕先生传 [M] //李修生. 全元文·第48册. 南京：凤凰出版社，2004：381.

"退未尝言"，而且很好客，常以自酿美酒待客。通过这样一些生动的小细节，一位"心如铜镜，面似生蛟螭"的奇士跃然纸上，给人留下深刻的印象。

综上所述，危素的散文既有深刻的内涵又很具艺术性，他渊深的学识、史官的立场、理学家的身份，以及转益多师的经历使他的散文独具特色：虽为理学家，文章却没有道学气，没有枯燥的道德说教，只是抓住读者的心理曲尽事理的分析，让人信服；虽具以史为文的风范，却也将生活中的小细节描写得清新有趣。从文学发展的角度，起到了承上启下的作用，影响不容忽视。

第三节 危素诗歌创作

前人对危素的诗多有佳赞，认为他的诗有中唐风，上承唐轨，下开明途。明人胡应麟比较认可危素的诗，评曰：

> 弘正前七言律数篇外，惟危素《送人之岭右》有中唐风，王直《西湖》、高棅《早朝》得初唐调，此外或句联工而全篇不称，或首尾称而气格太卑，不足多论。①

> 七言律难倍五言，元则五言罕睹鸿篇，七言盛有佳什……危大朴："三省甲兵劳节制，八蛮烟雨入封提。雕弓晓射崖云裂，画角寒吹海月低。"……皆句格庄严，辞藻瑰丽，上接大历、元和之轨，下开正德、嘉靖之途，今以元人一概不复过目，余故稍为拈出，以俟知者。宋五言律胜元，元七言律胜宋。歌行绝句，皆元人胜。至五言古，俱不足言矣。②

柳贯亦盛赞危素："初，与君同为诗者，危素太朴；后与君上下颉颃者，王浙玄翰、揭车子舟。余最善是四人，以为江右后来之秀。"③《四库全书总目提要》称其诗"气格雄伟，风骨遒上，足以凌轹一时，就诗论诗，要不能推为元季一作者矣"。这些评论对我们认识危素的诗歌有所启示，但更需要对其进行具

---

① （明）胡应麟. 诗薮·续编·卷二·国朝下 [M]. 北京：中华书局，1958：346.
② （明）胡应麟. 诗薮·外编·卷六 [M]. 北京：中华书局，1958：226.
③ （元）柳贯. 柳贯集（上）[M]. 杭州：浙江古籍出版社，2014：340.

体的分析研究。

危素曾赞扬诗道宏大，于众诗家中独推杜甫：

予惟诗之道大矣，盈天地之间，烟云之卷舒、风霆之震荡、日月星辰之森列、山川之流峙、草木之荣华、鸟兽之飞走、鱼龙之变化，无非诗也。自苏、李下至唐人，各以所见，自为一家言。独杜甫氏汪洋浩博，兼备众体，所谓杰然者哉。①

与杜甫相一致的是，危素自己创作诗歌也注意兼备众体。据笔者统计，以《全元诗》为例，共收危素诗歌100首，其中七言古体诗29首（包括杂言诗9首），七言律诗18首，骚体诗1首，四言诗1首，五言古体诗30首，五言律诗6首，五言绝句1首，七言绝句14首。可以看到，各种诗体他都积极尝试，尤其偏爱古体诗，这与他复古的文学思想是一致的。风格上也是气象万千，有雄浑沉郁之作，亦有清新自然之作。

从内容上看，可把危素的诗分为五类：送赠诗，悼亡诗，纪游诗，题画诗，其他。其中，与友人相关之作最多，亦可看出危素交游之广阔。下面一一细述：

首先，危素与友人送赠唱和之作除抒发朋友之间的真挚的情感外，多勉励朋友为国效力、积极恢复古道。如《赠儿②大同甫之龙岩巡检任》③，这首五言古体诗，写得颇有古风，诗中先追述儿大同求学、求官经历："十岁学文章，十五富六经。心涵宇宙表，思动江河倾。三十辞社邑，万里游燕京。"其次，叙述了其在京做官的情形："微官坐毡冷，白发日以生。沥血奏长策，青蝇乃营营。踽轮受羁绁，驽骀尽骞腾。"描述了当时朝中的政治环境，愚庸小人蝇营狗苟，有志之士壮志难酬，于是儿大同远赴漳州为官，实现仁治理想："黎氓尽富庶，田里安芸耕。蛮方服仁义，坐见治化成。"再次，表达了两人深厚的情谊和离别不舍之情，写来眷眷情深："贱子托深眷，离别宁无情。月色落江水，花气通津亭。广筵集宾客，高楼吹玉笙。天空北斗直，酒罢鹧鸪鸣。王事有期程，行迈

---

① 危素. 刘彦昺诗集序［M］//李修生. 全元文·第48册. 南京：凤凰出版社，2004：250.
② 据《康熙字典》载，古韵书中多记儿为姓也，如汉有儿宽。
③ 杨镰. 全元诗·第44册［M］. 北京：中华书局，2013：217.

<<< 第五章 危素文学创作研究

不遑宁。闽山莽遥遥,楚云浩冥冥。昔如骨肉亲,今则参辰星。夙夜慎眠食,莫畏艰难婴。丈夫誓许国,岂为求斗升。相期在千古,勉勉惟忠贞。"以美好的景色和热闹的宴席反衬离别的凄清。最后,勉励朋友忠贞报国。《送朱奚假赴乡试》① 也有异曲同工之妙,诗歌最后写道:"怀忠许报国,况乃素行修。勉哉励贞操,无为漫离忧。"

《送王起元之分宁教官任》② 则借送友人赴任之机呼唤重寻古道,使民风再归淳朴,诗中还提到英宗时事,危素表达了自己对逆臣乱伦的强烈痛恨:"大元设学校,于以教万民。吁嗟去古远,世降何沄沄。周孔不可见,圣道日以湮。儒官窃廪禄,法度岂复遵。教化何由宣,礼乐亦以沦。在薮无凤凰,在郊无麒麟。英宗皇帝时,逆气横乾坤。贼子不知父,乱臣已忘君。臣素愤薄世,胆气长困轮。念之万感集,血泪射秋旻。思见豪杰士,再使民风淳。"与友人唱和的《东风行》也表达了危素二十三岁时欲入世恢复儒家传统的壮志:"宫中圣人朝万国,臣抱犁锄在山泽。终年读书空自劳,三岛求仙岂能得。齿牙不动心未摧,欲奏长策天门开。周公仲尼没已久,麒麟凤凰去不来。世无忠臣与孝子,四海风俗何由回。"这类诗,危素写得感情饱满并蕴含济世情怀。

《寄张太乙张时留江浙》一诗则气势纵横,想象奇特,呈现别样风貌:"我曾身着芙蓉裳,笞麟游遍蓬莱乡。蓬莱仙人留我住,醉枕大石歌瑶章。高秋及上尘湖顶,下瞰八极天茫茫。石林风烟白日静,但有灏气如飞霜。张君独乘紫凤凰,我得霞佩骖翱翔。星官下谒奏广乐,众客燕集翻琼浆。曾楼高空不得寝,神飙夜撼金琳琅。归来云林闭户坐,忽忆旧事心飞扬。"③

另外,此类诗歌中多赞美盛世德泽之句,如"吾皇端拱四海治,千秋万岁垂鸿猷。"④ 再如"况逢尧舜君,德泽周八垠。"⑤ "圣代恩波洽,明时礼乐兴。万方无战伐,多士尽飞腾。科第开贤路,芗溪得县丞。"⑥ "百年礼乐今全盛,

---

① 杨镰. 全元诗·第44册 [M]. 北京:中华书局,2013:225.
② 杨镰. 全元诗·第44册 [M]. 北京:中华书局,2013:235.
③ 杨镰. 全元诗·第44册 [M]. 北京:中华书局,2013:230.
④ 危素. 为李仲经赋得古音琴 [M]//杨镰. 全元诗·第44册. 北京:中华书局,2013:234.
⑤ 危素. 送王起元之分宁教官任 [M]//杨镰. 全元诗·第44册. 北京:中华书局,2013:235.
⑥ 危素. 赠贵溪安鲁丁县丞 [M]//杨镰. 全元诗·第44册. 北京:中华书局,2013:235.

故国遗民已耄齯。"① 可以看到元代中叶以后，社会稳定，文人与政权的关系缓和，文坛歌颂升平的盛世气象对明初台阁体文风的形成有一定的影响。

悼亡诗共有四首：《怀母》②《春日上高桥阡》③《邓省吾先生挽诗三首》④《挽达兼善》⑤，写得情感激荡，真挚感人。《怀母》和《春日上高桥阡》都是为悼念母亲所作，早在危素幼年时，母亲就已去世，但时隔多年祭祀母亲，仍然痛彻心扉，读来使人如临其境，感同身受："季春天多阴，往拜慈母墓。恸哭长松根，声彻泉下土。母没儿尚髫，儿啼母仍苦。儿长母不见，岁远益愁慕。白日向西流，沧波自东注。凄凄石上云，翳翳谷中树。抚景抱长恨，苍天莽难愬。"

达兼善（1304—1352），原名达普化，元文宗赐名泰不华，字兼善，自号白野。《挽达兼善》约作于至正十二年（1352），此年任台州路达鲁花赤的达兼善，在攻打方国珍的战役中英勇不屈，最后被方军以攒槊刺死于海上。危素悲痛地写道："天胡不陨杨行密，公恨不为张伯仪。满眼陆梁皆小丑，甘心一死是男儿。要知汗竹留芳日，只在孤舟浅水时。"诗中既痛惜达兼善惨死，又肯定了他忠于国家的英烈精神。

另一首《邓省吾先生挽诗三首》，则是危素为蒙师所作，此诗寓情于景，一唱三叹，回环往复，表达了危素对老师的无尽哀思："噫嗟复噫嗟，哀斯邓先生。平生葆贞曜，白首稽遗经。岂无当世念，冉冉年岁零。养真白云林，足迹不到城。浩歌紫芝曲，惨淡悲风生。泠然竟长往，苍茫隔幽明。临流一挥涕，耿耿难为情。席前执经时，贱子始髫龀。忽忽十年间，此意诚缱绻……凄愁隔千古，安得重相见。忧患苦相婴，恐惧负所愿。恩义曷能忘，怀哉泪如霰。春山何英英，春江何幽幽。日暮山水间，无以消我忧。朔风翻铭旌，飞雪惨以稠。伊人不可见，回首心悠悠。回首心悠悠，载咏商声讴。老竹尚延月，丛兰自作秋。荒林夜雨来，恻恻令人愁。"⑥

---

① 危素. 杭州观阅武和儿伯范［M］//杨镰. 全元诗·第44册. 北京：中华书局，2013：219.
② 杨镰. 全元诗·第44册［M］. 北京：中华书局，2013：217.
③ 杨镰. 全元诗·第44册［M］. 北京：中华书局，2013：230.
④ 杨镰. 全元诗·第44册［M］. 北京：中华书局，2013：223.
⑤ 杨镰. 全元诗·第44册［M］. 北京：中华书局，2013：236.
⑥ 杨镰. 全元诗·第44册［M］. 北京：中华书局，2013：223.

危素的纪游诗和题画诗写得清新流利,又不乏气势,表现了闲适、清逸的生活情趣和隐逸情怀。如《题张雨浴牛图》:

> 西畴昨夜膏雨足,村村绿树啼布谷。农家相唤整锄犁,早起驱牛出茅屋。土腴牛健耕易深,暖云笼日春阴阴。夕阳未下终十亩,儿童跨背行自吟。山妻相敬如宾友,炊黍烹葵馌南亩。溪边浴牛垄头坐,高歌且尽壶中酒。年来不因忧旱涝,高田宜黍低宜稻。官租纳足食有余,社酒鸡豚自相劳。人言耕夫苦,我道田家好。但愿五风十雨年谷登,室家团栾永相保。①

给我们描摹出一幅静谧和美田园生活图景。再如《送李常游匡山》② 中"天星化作石,彭蠡汇成湖。之子穷幽胜,扁舟逸兴孤。"《送程明游华盖山》③ 中"余本性疏放,夙志思林皋。何当绝埃壒,高举乘鲸鳌。颉颃飞霞珮,不必烦圭刀。"《游翠云关和吴山人》④ 中"白云回绕翠云关,吾辈登临乐意闲。树拂微烟秋淡淡,港通晴瀑夜潺潺。悲风卷地虎坐石,黑气贯天龙在山。老衲平生不迎客,避人深入竹林间。"都写得清新脱俗,自在豪逸。《泊官步门》⑤ 这首五绝以动衬静,也写得精巧可爱:"人归石城边,鸟没白沙尾。秋风凉萧萧,波静月如洗。水凫栖不定,半夜犹飞起。"

危素在诗文中提到自己仰慕杜甫、李白,诗中亦有仿作唱和。如《种菜为霜雪所杀叹》⑥ 和《公无渡河》⑦。第一首很明显仿杜甫的《茅屋为秋风所破歌》,写道:

> 云林山人穷到骨,手种菘菜连中唐。栽培深丛照云水,撷摄翠甲盈顷筐。江南仲冬寒气盛,小草无力排风霜。侧闻今岁谷不熟,田里嗟怨吾神伤。大车运米填旧债,一穗不在农夫仓。农夫辛苦食无粟,艺菜正欲充糇

---

① 杨镰. 全元诗·第44册 [M]. 北京:中华书局,2013:243.
② 杨镰. 全元诗·第44册 [M]. 北京:中华书局,2013:223.
③ 杨镰. 全元诗·第44册 [M]. 北京:中华书局,2013:221.
④ 杨镰. 全元诗·第44册 [M]. 北京:中华书局,2013:222.
⑤ 杨镰. 全元诗·第44册 [M]. 北京:中华书局,2013:228.
⑥ 杨镰. 全元诗·第44册 [M]. 北京:中华书局,2013:220.
⑦ 杨镰. 全元诗·第44册 [M]. 北京:中华书局,2013:229.

粮。上天胡为降杀气,造物骄寒颏其纲。吾君爱民如爱子,忧国感激张平章。臣愤贪夫满郡邑,臣愿盛世跻虞唐。君不见,豪家大户餍酒肉,暖阁无风咽丝竹。又不见,饥人破铛夜煮蕨根粥,妻子嗷嗷向天哭。

危素诗中少有写实之作,此诗为其一,对于"农夫辛苦食无粟"的现实,危素愤恨的却是满邑的贪夫,充分体现了他"诗之作夫,焉有格律之可言,发乎情止乎礼义而已"的诗学观念。① 而另一首唱和李白的《公无渡河》是另一番景象,显得情感激荡:"提壶公,向何方,止公勿渡公欲行。妇人之言公不信,蛟螭纵横河水黄。从公死,入河水,千载同作河中鬼。"李白诗塑造了执着追求理想的狂夫形象,危素则更进一步,要从狂夫同死,为理想不惜牺牲生命,表现了出仕之前危素的满腔抱负。另有《儿秀才古剑歌》② 也写得近似李白狂放的风格,古意盎然。

从创作的不同阶段来看,危素的诗歌也呈现截然不同的风格。在元时创作的诗歌或雄浑遒劲,或清新雅逸,入明之后的诗歌则情致幽婉、沉郁悲凉,如《南京别王道士》:"秦淮卧病惜春阴,访问深知故旧心。千里家乡渐投老,云山烂漫许相寻。"③ 再如《题营丘山房》:"故国兵戈后,空山草木秋。穆陵关北路,风雪近曾游。"④

综上,危素的诗吸收了元中期以来各家诗论精华,又体现了自己的地域渊源,既符合由陶渊明奠定的江西诗派风格的基调:造语精工而简易平淡的艺术风格,总体来看又符合他"要皆发乎至情,非有所勉强矫揉而为之者也"⑤ 的诗歌理论,各种诗歌体裁能够随心所欲,运用自如,气象万千却又法度严整,有较高的艺术水平。

---

① 危素. 武伯威诗集序 [M]//李修生. 全元文·第48册. 南京:凤凰出版社,2004:189.
② 杨镰. 全元诗·第44册 [M]. 北京:中华书局,2013:225.
③ 杨镰. 全元诗·第44册 [M]. 北京:中华书局,2013:237.
④ 杨镰. 全元诗·第44册 [M]. 北京:中华书局,2013:237.
⑤ 危素. 居竹轩诗集序 [M]//李修生. 全元文·第48册. 南京:凤凰出版社,2004:256.

第六章 危素接受研究

危素作为元中期以来多位文坛巨子学术思想、文学思想的继承者，在元明清文学演进过程中承担了重要角色。但长期以来，他备受争议的贰臣身份影响了人们对他文学史意义的评价和认知，一些学术著作在论及明初文坛格局形成时对危素避而不谈，这是不准确的。因此，厘清明清以来文坛对危素文学主张、创作风格的接受有重要意义。

同时，危素以其在元明之际的影响力及其传奇性的一生，引起了后人的广泛关注，评论者众说纷纭，毁誉参半，形成了评论层面的接受方式，亦值得探讨。论史者多围绕危素元亡未殉国，入明又未参与编写《元史》等问题对其批判，清人嵇璜《续通志》甚至将其列入《奸臣传》。文人们也将危素作为创作的题材在诗、词、曲中反复吟咏。这些带有评论性的资料随着时间的累积又成为新的文献资料，具有新的价值。不同时代的评论者从各自不同时代的社会文化背景出发，并受自身历史观、社会观及当时政治环境等因素的制约去衡量和解读危素，这些评论有助于激发我们多元性的思考。同时，以考证出的危素生平细节以及思想心态、师友的评价为依据，剥离出这些评论中不客观、受时代局限的一些因素，力图对危素进行历史还原，认识他的真实面貌，客观公允地评价这一历史人物。

第一节 文学层面的危素接受研究

危素存世作品并不多，尤其是入明之后的作品寥寥无几，但这并不影响人们对他的认可。危素在同时代人中的影响可以和他有关的两次文坛集咏为例略为说明，一是关于他下江南搜书之行；二是以方方壶为他所作《云林图》为题。

笔者根据存留的诗歌统计，第一次集咏参与者有张仲深、岑安卿、顾瑛、胡助、迺贤、王冕；第二次集咏参与者有成廷珪、丁复、胡助、柯九思、迺贤、吴师道、张雨、虞集，可以说元代文坛多位重要人物参与其中，多在诗中表达了对危素的景仰，其在元代文坛的地位可见一斑。

元后亦有不少学者关注危素，表达仰慕之情。明代散文大家归有光恨不能尽读危素文集，以慰倾慕之心，四处访求太朴文集。明人徐泰在《诗谈》中评论："金溪危素，入国朝老矣，盖元季之虎也。"[①] 清人陈田在《明诗纪事》中亦云："太朴之文，明初当无抗手，其诗亦可并立于作者之林，采录虽多，犹憾未窥其备云。"

清人王懋竑在《白田杂著》卷八中亦有评曰：

> 太朴在黄、柳之后，杰出冠时。至正间，声望甚重。入明以谪死，集遂散佚不大传。其文演迤澄泓，视之若平易，而实不可几及，非熙甫莫知其深也。

清代大学士汪由敦在《跋危太朴文集》中对危素评价也较高：

> 危太朴文一百三十三首，后有震川先生跋，秀水曹倦圃侍郎家藏抄本，所谓《说学斋稿》也。危公以文名至正间，入明隐然为耆宿。其文雄浑博大，前逊虞、欧，后劣王、宋，而醇雅清婉，高处亦诸公所少。南宋冗蔓之习洗刷殆尽，余读而爱之。

清代学者刘咸炘也肯定了危素的文学成就："素以事二姓，为世所鄙，而其文实工。"[②]

作为文坛领袖级的人物，那些追随他的文士们在文学创作方面多多少少会受到他的影响，或得到过他的指授，但因为没有资料可以证明，无从谈起，所以本节仅选取确有资料能说明承继关系的朱元璋和归有光来论述。

---

① （清）曹溶. 学海类编［M］. 扬州：广陵书社，1994：551.
② 刘咸炘. 推十书（增补全本）戊辑·第1册［M］. 上海：上海科学技术文献出版社，2009：39.

一、洪武朝对危素文学思想的接受

历史似乎总是如此，朝代的更迭割不断文学风尚的延续，每一个朝代新建起来，初期的文坛总会有一段承前代之余绪的阶段，明初也是如此，明初文坛多沿袭元末的习气，文风绮弱清浅、哀愁怨抑。沈德潜曾评论道："洪武之初，刘伯温之高格，并以高季迪、袁景文诸人，各逞才情，连镳并轸，然犹存元季之余风，未极隆时之正轨。"① 刚刚建国立业的朱元璋更希望看到的是一种平和雍容，具有盛世气象的文风，元代中期兴起于江西的盛世文风很符合明初文化建设的需要，而一直在元末坚持道统文学和正大平易文风的人是危素，他传递了这种盛世文风，搭建了文学演进的桥梁，可谓明初馆阁文学的揭幕人。朱元璋也很敏锐地看到了这一点，入明后，朱元璋非常看重危素的才华，"甚见礼重，俾之侍讲禁林"②，并将撰写皇陵碑文的任务交给了危素，完成之后，亦符合朱元璋的意旨③，可见朱元璋是认可危素的文风的。这种文风主宰了明初诗文的走向，成为明初，甚至永乐至成化年间（1403—1487）台阁体文风的先导。

另外，前述危素的文学思想有三个方面：文以载道、理明辞达、明体适用。而据罗宗强先生的总结，朱元璋的文章观是，尊典谟、重实用、去华饰、求平实④。两者看起来非常相似，有理由相信朱元璋对危素的文学思想是有所接受的。

面对政权初建、文坛萎靡哀怨的状况，朱元璋急切地想要扭转文坛风尚，他自己创作诗文与群臣唱和，通过评论来倡导平和、雍容、典雅、实用的文风。《明史·危素传·卷二百八十五》中记录了一个片段，"尝偕诸学士赐宴，屡遣内官劝之酒，御制诗一章，以示恩宠，命各以诗进，素诗最后成，帝独览而善之曰：'素老成，有先忧之意。'"可知，朱元璋对危素诗有先忧后乐之意非常赞赏，实际上赞赏的是他文以载道、有用于世的特质，以此来引导文学思想的

---

① （清）沈德潜. 明诗别裁集·序［M］. 上海：上海古籍出版社，1975：1.
② 宋濂. 翰林侍讲学士中顺大夫知制诰同修国史危公新墓碑铭［M］//黄灵庚，校点. 宋濂全集. 北京：人民文学出版社，2014：1268.
③ 《明史·危素传·卷二百八十五》记载："洪武二年，授翰林侍讲学士，数访以元兴亡之故，且诏撰《皇陵碑》文，皆称旨。"即便后来朱元璋又自己重新撰写了碑文，也是从垂戒子孙的角度去做的。
④ 罗宗强. 晚学集［M］. 天津：南开大学出版社，2009：61.

走向。

朱元璋曾作《谕幼儒敕》，文中对当时幼儒多读韩柳之书，喜其悠游逸乐，很不满意，提出："且智人于世，动以规模则为世之用，非规模于人而遗之于世，亦何益哉？"批判了无用世之志的文章。在《谕礼部侍郎张智等敕》文中又云："古之儒者务学以明体适用，穷则忠信笃敬以淑诸人，达则忠君爱国而泽被天下。朕自御宇以来，擢用儒士，布列百司，思得其人以称其任，而卒少见，其何故也？良由师道不立，故成材罕闻。尔礼部宜以朕言谕天下，俾凡为儒者，必恪遵先贤之道，以修己教人，毋徒尚文艺云。"更是强调了明体适用的文学观。

至于语言风格，危素的主张也和朱元璋颇为一致，朱元璋说："古人文章明道德、通世务，如典谟，皆明白简易，无深险怪僻之语。"① 危素亦讲求理明辞达。但总体看来，朱元璋的文章观更重道轻文，危素则倡导文道统一。与吴中派秾丽哀怨的文风相比，以危素为首的江西派雍容平正的文风更和朱元璋的胃口，在他的倡导下，危素传承下来的这种文风慢慢成为文坛的主导风格，稍后的台阁体文人也与江西派有紧密的亲缘师承关系，成为明初一百年的主流文风。需要注意的是，不能把台阁体文风完全等同于危素的文风，台阁体沿袭的只是危素平和雍容的盛世文风，并没有学到危素诗文的其他优长。

二、归有光对危素的接受

清代学者刘咸炘认为归有光和桐城派都宗危素：

> 有光当王、李之时而倡欧、曾之法，于南宋、元人未有所宗，即虞氏亦不道及，顾独推素。而后来桐城家于王慎思、唐顺治皆不道及，独推有光。然则桐城一派之繁盛于近世者，其远祖乃素也，安可数典而忘之耶？②

按照他的观点，演进路线是这样的：

前述危素的确推崇欧阳修、曾巩的文章，并结合自己所处时代的具体境况

---

① 《中华野史》编委会. 中华野史·卷八·明朝卷 [M]. 西安：三秦出版社，2000：7060.
② 刘咸炘. 推十书（增补全本）戊辑·第1册 [M]. 上海：上海科学技术文献出版社，2009：39.

加以融通。从现有的材料看，归有光也确实阅读、搜寻过危素的文集，并给出很高的评价。比较两人的文学主张也有很多类似的地方，因此应该可以说归有光受到过危素的影响，对他的文学思想有所接受，并加以融合。

```
欧阳修、曾巩 → 危素 → 归有光 → 桐城派
```

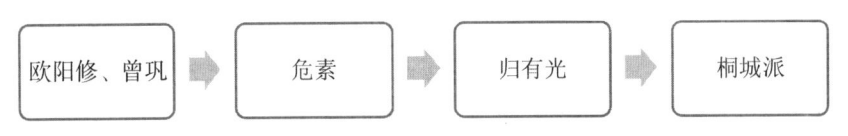

图 6.1　演进路线

归有光生活的时代，台阁体狭庸纤弱的文风已经影响文坛一百多年了，前后七子相继崛起，打出"文必秦汉，诗必盛唐"的复古口号试图矫正台阁体的文风，可是他们过多重视学习古人的法度格调，甚至如临书帖般逐字逐句、亦步亦趋地模拟古人创作，追求藻饰，文风秾艳纤弱，陷入了形式主义的泥淖，扼杀了文学发展的生机。同时，吴中地区兴起了以自适自慊心理欲求为基础的缘情尚趣、追求自适与狂放的吴中派诗文主张，以诗歌为宣泄感情的工具，这一派是元末明初以杨维桢为代表的尊情抑理文学思潮的延续。归有光偶读危素文章，发现其中蕴含的文学主张是挽救当时的文坛弊病的良药，于是想要了解更多，四处访求危素文集。归有光曾有诗《奉托俞宜黄访求危太朴集并属蒋萧二同年及长城吴博士》云：

> 昔年宋学士，尝称太朴文：独立撑颓宇，清响薄高云。余少略见之，讽诵每忻忻。淡然玄酒味，曾不涉世芬。如欲复大雅，斯人真可群。苟非知音赏，宋公安肯云？

诗中肯定了宋濂对危素的定位，认为他是支撑元末文坛的重要力量，在吴澄、虞集等诸大家陨落之后独立支撑道统文学，积极救世，对危素诗文冲淡而具深意的风格很是欣赏。归有光稍读危素文，便觉有所启示，并认识到想要复兴古道，危素是个适合学习的对象。

归有光的思想虽不能说全部来自危素，但也很明显能看到类似的地方。如

对于文道关系，归有光提出："余谓文章天地之元气，得之者其气直与天地同流。"① 又说，"道之所形也，道形而为文，其言适与道称。谓之曰：其旨远，其辞文，曲而中，肆而隐，是虽累千万言，皆非所谓出乎形，而多方骈枝于五脏之情者也。"② 这与危素提出的文道统一、文为道的表现形式的观点很相似："盖闻文为载道之器尚矣，道弗明，何有于文哉？气有升降，时有污隆，而文随之。"③不同的是，归有光的观点带上了王学色彩。

面对前后七子在文坛掀起的复古风潮，浮华、模拟之风盛行的状况，如何找到正确的复古之路？归有光提出了返经的主张，认为六经的平易晓畅才是治文风之良药，批判了当时舍经奉传的学风。在《与沈敬甫》文中，他写道："朴文何能为古人？但今世相尚以琢句为工，自谓欲追秦汉，然不过剽窃齐梁之余，而海内宗之，翕然成风，可谓悼叹耳。"④ 他认为正确的复古之路是去阅读古书，以学问为写作根底："为文须有出落，从有出落至无出落，方妙。敬甫病自在无出落，便似陶者苦窳，非器之美。所以古书不可不看。"⑤ 他进一步提出欲"明圣人之道"，必先"明圣人之经"：

> 夫圣人之道，其迹载于六经，其本具于吾心。本以主之，迹以征之，灿然炳然，无庸言矣。心之蒙弗亟开，而假于格致之功，是故学以征诸迹。迹之著，莫六经若也。六经之言何其简而易也！不能平心以求知，而别求讲说，别求功效，无怪乎言语之支，而蹊径之旁出也！⑥

危素也把六经作为文道合一的典范："六经之文，其理明，其言约，其事

---

① （明）归有光. 项思尧文集序［M］//周本淳，校点. 震川先生集. 上海：上海古籍出版社，2007：21.
② （明）归有光. 与沈敬甫［M］//周本淳，校点. 震川先生集. 上海：上海古籍出版社，2007：25.
③ 危素. 与苏参议书［M］//李修生. 全元文·第48册. 南京：凤凰出版社，2004：148.
④ （明）归有光. 奉托俞宜黄访求危太朴集并属蒋萧二同年及长城吴博士［M］//周本淳，校点. 震川先生集·卷十. 上海：上海古籍出版社，2007：951.
⑤ （明）归有光. 示徐生书［M］//周本淳，校点. 震川先生集. 上海：上海古籍出版社，2007：150.
⑥ （明）归有光. 示徐生书［M］//周本淳，校点. 震川先生集. 上海：上海古籍出版社，2007：150.

核，弗可及矣。"他说："区区仿真其文字语言之末，则岂希圣希贤之道乎？"①指出当时文士们在复古方面存在的普遍性问题，即模字拟句学习表面，文章没有深刻内涵，于是出现"辞虽古而道不古"的情况：

> 昌黎韩氏有曰"学古道必兼通其辞"，辞虽古而道不古，君子恒患之。于是物我之相形、胜负之相倾，其祸有不可胜言者，则文者徒流为一艺，反足以增吾之累，曾不若质野无哗之为愈。故学古词必先用力于古道，端其本原，去名就实，然后其文因其人而重，匪以文重其人也。②

钱谦益对归有光很是景仰，也学习他作文的观念和风格，他曾撰文归纳归有光的学术渊源和风格，很是确切：

> 先生钻研六经，含茹洛、闽之学，而追溯其元本，谓秦火已后，儒者专门名家，确有指授。古圣贤之蕴奥，未必久晦于汉、唐，而乍辟于有宋……参之《孟》《荀》以畅其支，参之《谷梁》以厉其气，参之太史以著其洁。其畅也，其厉也，其洁也，学者举不能知，而先生独深知而自得之。③

指出归有光文学思想的渊源是六经及先秦诸子，风格是"畅""厉""洁"，达成这种风格需要具备深厚扎实的古文修养，这与危素的观点是一致的。

以上可知，归有光在危素文学思想的影响下建立了自己的古文创作理论体系。到了清代，桐城派又继承了归氏的理论和主张，姚鼐在编撰《古文辞类纂》时，选取归有光作为上承唐宋、下启清代的散文大家，选其文32篇，将其作为本派的宗祖④。目前学界多认可归有光是唐宋八大家到桐城派之间的重要过渡人物，却往往忽略了危素在这个过程中起到的作用，确如刘咸炘所言，在这个

---

① 危素. 武伯威诗集序[M]//李修生. 全元文·第48册. 南京：凤凰出版社，2004：189.
② 危素. 丹崖集序[M]//李修生. 全元文·第48册. 南京：凤凰出版社，2004：259.
③ (明)钱谦益. 新刻震川先生文集序[M]//钱仲联，校点. 钱牧斋全集第5册·有学集·卷十六. 上海：上海古籍出版社，2003：729.
④ (清)刘声木《桐城文派渊源考》："此卷专记师事归有光及私淑诸人。"

演进过程中，危素的确应该占有一席之地。

第二节　评论层面的危素接受研究

一、批判

危素的经历引起了明清时人们的广泛关注，评论多围绕危素元亡后没有殉国的问题展开。黄㫤是危素年少时的同学，又是在官场中一直相伴的挚友，明军攻入大都之际，黄㫤投井赴死，被仆人救起后又支开仆人再次赴井而死。文士们以传统忠节观念衡量，多以黄㫤对比批判危素觍颜苟活。

廖道南《殿阁词林记》：

> 素仕元，秉文衡，都枢要，学者仰之如星凤。及徐达收燕蓟，命仕元者投告身，素与编修黄㫤约死于难，㫤死而素背约焉，及至跻显荣、陟清华，愧东阁之履声，惨南滁之汗颜，竟自经于沟渎而不之耻，庄生有言哀莫大于心死，素之谓矣！

廖道南认为危素背弃友人的约定，一人独活，入明短暂居高位，而最后结局悲惨，人虽未死，心早已亡。明王世贞在《明朝通纪会纂·卷一·明纪》中记载，钟惺看法与之相似："危素何尝不死，视黄㫤之死，所争不过几何时，而觉千古下犹有愧色。"雷礼在《国朝列卿记·卷六》中亦云："后世并与铭殿士①者观之，死荣生辱，自霄壤矣。"薛应旂感叹危素在元之辉煌与失节后的悲惨：

> 素之在元，秉文衡，握枢要，不但以文艺名，且崇尚考亭、龟山、豫章、延平、九峰、西山之学。请诸儒从祀孔庙，其规为气志不凡矣！一失节焉，腼颜于元亡之不贺，泚颡于东阁之履声，竟死含山，甘心沟渎，仰视黄㫤，何霄壤也哉？

---

① 黄㫤，字殿士。

<<< 第六章 危素接受研究

关于明军入大都当天,危素投井时的情景,宋濂在《宋学士全集·卷十八》为危素所作碑铭中这样记录:

> 及再任翰林仅一日,而大兵入燕,公曰:"国家遇我至矣,国亡,吾敢不死,趋所居报恩寺,脱帽井傍,两手据井口,俯身将就沈。"寺僧大梓与番阳徐彦礼大呼曰:"公毋死!公毋死!公不食禄四年矣,非居位比。且国史非公莫知,公死,是死国之史也!力挽起之。"

据此,文士们多以批判危素以存史为借口偷生。方鹏以大梓和徐彦礼劝说危素的话入手批判危素苟且偷生:

> 危素再入翰林,一日大兵入燕,素曰:"国家遇我至矣。吾敢不死?"趋所居报恩寺,俯身入井,门客徐彦礼力挽起之,曰:"公毋死!公不禄食四年矣,非居任者比也。"呜呼!果若人言,则周之伯夷,齐之王蠋,汉之龚遂,唐之甄济,岂皆当事任者耶?彦礼鼓邪说以害义,危素听邪说以偷生,实万世之罪人也!①

方鹏连举四位历史上的忠节之士来驳斥徐彦礼之言,将危素视为"万世之罪人"。言语颇为激烈,实为恐惧此类言行破坏传统臣子的道德规范。郑真在《读赵格庵墓表》以危素曾称赵格庵失节之事,讽刺危素,并称之为"名教之罪人":

> 故宋格庵先生赵公上承朱子之传,所著《四书纂疏》,天下咸所传诵。而临川危公以失节称之……危公既讥其失节,至于其身,乃不免焉!是所谓大义责人而不能律己,所以卒为名教之罪人欤!

姜南在《蓉塘诗话·卷二》中亦是此种观点:

---

① (明)方鹏. 危素不能死难[M]//方鹏. 责备余谈·卷下. 北京:中华书局,1985:60.

199

吁！忠义者，人臣之大闲也。吾尽吾之节而已，遑恤其他？史书者，天下之公论也，一人不记，天下必有记之者耳，何必以此藉口而为偷生之阶乎！

秦瀛在《小岘山人集续文集·卷一》中认为不能因作史而失节：

中郎之惓惓于汉纪，危素之惓惓于元史，史可不作而身固不可辱也。

黄宗羲在《历代史表序》中以危素故事感慨明亡后朝中任史事者无人为故国保存遗史：

嗟乎！元之亡也，危素趋报恩寺，将入井中。僧大梓云："国史非公莫知，公死，是死国之史也。"素是以不死。后修《元史》，不闻素有一辞之赞。及明之亡，朝之任史事者众矣，顾独藉一草野之万季野以留之，不亦可慨也夫！①

近代的藏书家刘承干，虽然尽心收集整理危素文集，但在《明史例案·卷一》中对危素的批判颇为激烈：

明修《元史》全凭其《十三朝实录》，即无危素，亦何虑其散佚无存。至于元统以后，史所未备，素果足咨询考，何不闻就而访其遗事，仍待遣使分求？是素于文献皆无足征，徒饰寺僧之言以文其不死，不深可贱乎？藉云与史为存亡，则史既成书，即当举程婴之例，捐躯明志，以全臣节。乃帘外履声，觍然以老臣自命，其视冯道之不知廉耻相去几何？明祖以文天祥讽之且以余阙愧之，其为食生忘义之小人示儆，凛然严于斧钺矣。

清人吴仰贤《小匏庵诗话·卷四》引上元赵野鹤天觖诗云："贾充自解忧身后，危素何心号老臣。半世不言憔悴死，息妫终是可怜人。"也表现他对失节之臣为自身辩解的厌恶。

---

① 黄宗羲. 黄宗羲全集·第10册 [M]. 杭州：浙江古籍出版社，1993：77.

除了痛斥危素借史偷生失节，有的评论者还将矛头直指宋濂，如张萱在《西园闻见录·卷十九》载：

> 危黄事，始同而终异如此。两人墓碑皆宋景濂氏为铭之。危初为礼部尚书，每陈得失，自言："吾不畏丞相，畏后世史官耳！"景濂乃谓元史之存乃危力也。呜呼！危，故史官，知畏史，力能存史，然得罪《元史》深矣。《元史》成而无直笔，其得免于君子之议乎？若黄乃真无愧于青史者，僧梓拯危何如殡黄之为义乎？景濂作太朴铭，多假借词，无乃过乎？

查继佐《罪惟录列传之十七》载：

> 太朴以经学著声元时，吴澄、范椁俱折节与行辈。白事丞相，极言无隐。其所自分非常，尝曰："吾不畏丞相，畏后世史官。"宋景濂谓："元亡史存，危力也。"危改节于史，不畏史以存史，若自谳。而景濂之必存史于危，奈何？或曰：太朴审运，可以陪青田。然则舁诚可以陪余阙无愧也，而景濂又为舁铭其墓碑。

一致认为宋濂夸大了危素在修史中的作用，以私交为危素正名。

王夫之生逢明清之际，从其自身所处时代文化背景出发，他的批判更为深入，他需要以宋濂、危素等人为例警示清初的士人。他认为宋濂所修《元史》是为蒙古隐恶扬美，而这样做正是受虞集、危素的影响：

> 宋濂中华之士，与闻君子之教，佐兴王以复中华者也，非有崔浩族诛之恐，而修蒙古之史，隐其恶，扬其美。其兴也，若列之汉、唐、宋开国之君而有余休；其亡也，则若无罪于天下而不幸以亡也。濂史成，而天下之直道永绝于人心矣。濂其能无愧于浩乎？浩以赤族而不恤，濂以曲徇虞集、危素而为蒙古掩其腥秽，使后王无所惩以厚其防，后人无所愧以洁其身。①

---

① （清）王夫之. 船山遗书·第5卷 [M]. 傅云龙，吴可，校点. 北京：北京出版社，1999：3056.

甚至进一步批判了众多服务于"非类之廷"的文士，包括危素，认为他们只会加剧政权灭亡的速度，又为儒者所耻：

故鬻诗书礼乐于非类之廷者，其国之妖也。其迹似，其理逆，其文诡，其说淫，相帅以嬉，不亡也奚待？虞集、危素只益蒙古之亡，而为儒者必之耻，姚枢、许衡实先之矣。虽然，又恶足为儒者之耻哉？君子之道，《六经》《语》《孟》之所详，初不在文具之浮荣，谈说之琐辩也。①

对于危素最终谪贬和州守余阙庙的结局，文士们大多从倡忠节、益名教的角度赞扬朱元璋的做法，如夏之蓉《读史提要录·卷一二》载：

文山、叠山皆一代良史才，不闻以此自贷其死。危素委贽新朝，不过是保身惜命，突借"国史"二字为解，天下后世安可诬也？履声橐橐，使看守余阙墓去，如此处置，使负国者无地自容。

文德翼《求是堂文集·卷一七》载：

高皇帝命危素守余阙庙，甚于赐金钱也。千古第一愧恨事。

杨钟羲《雪桥诗话余集·卷三》中《秋江散人小传》谓：

易代之际，必有高蹈之人而兴，王亦不夺其志，诚以道虽不同，而于世教有裨云云。亦足使留梦炎、危素辈知所愧也。

明代思想家李贽专门撰文论及元末福寿、余阙、危素等人之事，题名为《开国诸臣本根》，称赞朱元璋褒死励生，显忠劝义，可称"帝王之师"。②《秘阁元龟政要》也提及于此，对比张以宁和危素，认为危素的下场皆是咎由自取：

---

① （清）王夫之. 读通鉴论·卷一七［M］. 北京：中华书局，1975：1307.
② 张建业. 续藏书注［M］//李贽全集注·第9册. 北京：社会科学文献出版社，2010：22.

  臣按：我圣祖开国之初，将以名节风励天下后世，凡元守节之臣，必低心下气以求之，多举其官，不忍斥其名。至于降附之臣，始都荣遇，终必摒辱，如危素、张以宁亦所不免，乃汉祖戮丁公而嘉季布之意也，但以宁以清素著称而素之罪则由于自取。

对危素的批判不止于以上这些短评，诗词中也常有吟咏。如清人夏宝晋的《八声甘州·野史亭》：

  叹生才、偶值乱离时，其人遂千秋。算金源闰位，南迁已矣，省掾名留。能记百年文献，遗事尽堪搜。不遇青城祸，也合归休。说到中原人物，自南邦交聘，才染风流。剩一枝好笔，班马许同俦。认云踪、书山缥缈，想生平、高寄在林邱。应难料、后来藉口，委质贻羞。危太朴、钱牧翁皆以遗山自比。①

夏宝晋对比元好问、危素、钱谦益三人，皆是前朝有影响的人物，元好问在金亡之后虽被羁押却始终未出仕，后回到家乡，建野史亭，辛勤著书，为修《金史》提供了重要资料。相比之下危、钱两人则"委质贻羞"。

前清遗老叶德辉在《读史四首》其一中也将危素与钱谦益作为反面例子并提，衬托蔡邕和元好问的存史精神，以喻自己以留存文化遗产为使命：

  一树冬青雨露新，翻从天水录遗民。蔡邕请罪修私志，危素偷生附老臣。野史亭中千古事，绛云楼畔两朝身。文衡典后膺疆寄，回首皇华四十春。②

清末周寿昌经历过太平天国战乱后，写下《拂水山庄》，感慨政权动荡之际臣子坚守道义的艰难，批判钱谦益、危素、褚渊等人失节：

  几树残阳故国春，沧桑回首劫灰新。褚渊旧日原名士，危素兴朝自老

---

① 唐圭璋. 金元明清词鉴赏辞典［M］. 南京：江苏古籍出版社，1989：1265.
② （清）叶德辉. 叶德辉诗文集·第2册［M］. 长沙：岳麓书社，2010：557.

臣。末路艰难同有死，清流朋党愧斯人。绛云莫更寻遗址，欲遣西风荡庚尘。

除了将危素与钱谦益并列之外，清人尤侗在歌颂杨维桢时也将危素作为反例，烘托杨维桢的高节，其《老客妇》写道：

老客妇，不再嫁。老秀才，台懒下。针线让他家，征书求报罢。车诣阙，谢朝班。一代春秋笔削间，白衣宣至白衣还。鹿冠鹤氅蹑高屐，三弄梅花吹铁笛。仙去还寻九华伯，却笑老臣有危素，和州空守余阙墓。

在一些颂扬忠臣事迹的诗歌中，危素也常以反例出现，如这首追怀余阙的咏史诗——吴裕垂的《咏史诗下》：

且战且守且耕且讲书，群盗环布中晏如。三军皆感激，存亡矢与俱。可怜安庆城里士民千百余，一一登楼纵火捐厥躯。奈何橐橐危素履，谪来污我先生耳。

还有赵藩追吊清末节臣褚克昌的《褚家营追吊武烈公》：

名士龙头误华歆，运筹帷幄几留宾。属车未下黄巾拜，空壁俄翻白帜新。齿冷今朝长乐老，趾高当日不凡人。守祠我意烦危素，来看春秋荐藻苹。

更以历仕五朝的长乐老冯道与危素反衬武烈公之忠义。有生之年执着于反清斗争的冯梦龙更是批判危素不能早死殉国，来阐述君臣大义，《降贼问·锡山顾谦》载：

尔不见唐家六等正典刑，宋时三罪严诛戮。老臣危素终雒经，何事图荣死不速？君臣两字日月悬，失身争似填沟渎。

总体而言，对危素进行批判的文士多以君臣大义为出发点，在他们的笔下，危素与冯道、钱谦益等人一样成为贰臣的代名词，成为遗民们表明心迹、维护正统反复提到的人物。还有人批判危素反对以科举选拔人才，贻害后人。明人叶子奇：

> 专以倡鸣科举无人才为说，以耸动观听，人多信之。彼固以文章德性自居也。及夷考之，至正辛卯天下之乱，能死节者，惟彭城张桓、安庆余阙、江州李绂、燕京陈子山，皆举人也。危是时已累位至参政，独首鼠皈降。上以其失节，屡辱之，决以夏楚，安置滁州而死。呜呼！科目虽非古，果不足以得人才耶？①

叶子奇将人才的定义狭隘地定位为能否死节，以此来批判危素，不足为论。幺书仪认为危素年至四十都没有获得功名，科举入仕是他的一块心病，因此才反对以科举论人才。实际上，危素在《吴文正公年谱序》中说得很清楚，他接受了老师吴澄的观点，认为当时科举以朱学末流为主，流于空言，泪乱实学，不讲求实用的后果就是南宋随之灭亡。因此，不但他自己不考科举，还认为当时的科举制度培养不出人才。危素的人才观讲求实用，他赞赏胡瑗创立的"分斋教法"，强调培养人才应将书本知识与实用知识结合起来。

二、肯定和痛惜

对危素的评论除了以上批判的声音外，还有肯定、痛惜的一面。在传统的君臣道德观念的笼罩下，仍然有一些文士能够穿越迷雾，客观、冷静地看待危素。

首先，他们肯定危素在学术上的地位和成就，对后人妄议危素表示不满。明代江西人李昌祺曾作《张舒州家观元承旨危素画像》，肯定了危素在元至正间的地位，是继虞集和揭傒斯之后文坛的领军人物：

> 虞揭凋零玉署空，堂堂至正独推公。气全河岳英灵秀，手抉云霞制作

---

① （明）叶子奇. 草木子［M］//王鏊，王禹声. 元明史料笔记. 北京：中华书局，2014：28.

工。江总归陈翻恨老，贾生鸣汉早称雄。丹青似有无穷意，却写南冠入画中。①

明末清初谈迁反对后人妄评降臣，在《国榷》中写道：

> 兴王之朝，多亡国之余材，如秦从龙、张以宁、王时、詹同、张昶、安然、朱守仁、李质其著者，独谪危学士以愧之，何也？谀则冯道，伉则危素，彼降臣无所适从矣。

同为明遗民，谈迁的看法就客观得多，为危素鸣不平，正是危素敢于在朱元璋面前称老臣，不卑不亢，才引起朱元璋的不满。而后人过于苛刻，对于降臣，无论谄媚还是直傲，都恣意批判。

杨士奇的先世与危素颇有渊源，曾得其赠文。对这位先贤，他很是敬重。对于危素的为人行事，他认为宋濂所作墓志已经记叙得很清楚，后辈不应再妄议乱评，并在《题范危墨迹后》中写道：

> 余见揭公诗文数集及危公《云林集》，皆亲书刊刻，不独余之所得已。余所宝此，非独重其文章字画，盖尤重先世之交。若二公行事，具见吴文正公、宋学士所作墓志，非后生小子所得置喙也。②

清人李绂在《陆子学谱·卷十九》中的评论更为一针见血：

> 明太祖征至南京，《元史》之修也，实录不亡，实由太朴，所以践不死之实。又请葬宋穆陵颅骨，出亦匪徒出也。岁余被谪，后人颇用訾议。然议之者亦幸生无事之时耳，不知身当政乱时，能如太朴之尽言否，其遇变也能自沉否，毋轻议昔人也。

---

① （清）钱谦益. 列朝诗集乙集·第5册 [M]. 许逸民，林淑敏，校点. 北京：中华书局，2007：2401.
② （明）杨士奇. 东里文集 [M]. 刘伯涵，朱海，点校. 北京：中华书局，1998：167.

第六章 危素接受研究

李绂的思维方式和当代的共情理论较为接近，是真正回归到危素所处的情境中去分析危素所为，认为没有亲身经历过时事巨变的人不应轻易评论前人。李绂在读罢危素《云林集》后还赋诗一首，反复感叹流于世俗舆论的人们对危素的错误认识。其《读危太朴云林集》载：

> 唐宋为古文，大家才七人。南渡遂萎苶，得貌遗厥神。有元运隆盛，大文兴崇仁。吴虞启先鞭，斯文绝复新。后劲得云林，如《国风》有《豳》。宋王拜下风，国史功不湮。偶然履橐橐，上嫌称老臣。御史乃希旨，元故臣宜摈。和州看余庙，于事犹轻尘。论者不复察，集矢何龂龂。岂知公出处，大节光宵旻。言事既激烈，邪闭善则陈。仓卒起田间，辞禄已五春。投井义不屈，存史情亦真。兴朝访故老，四国响然臻。聊因国史出，夙志将一伸。区区圭组荣，浮云谢天民。青田亦仕元，佐命持衡钧。松雪亦承旨，实宋天潢亲。不知持论者，比此何等伦。掩卷三叹息，流俗多顽嚚。

其次，另一些文人折服于危素的才华，为其命运感到惋惜。在《国榷·卷五》中，同为江西人的解缙感叹道：

> 予读《元史》，至于危素建言：择将帅、任守令、抚流民，务农保境，卧薪尝胆，以图中兴，而顺帝稍用其说，京南之境几无旷土，其所辟举皆能有功效。惊曰：是殆可以图存，而何至于覆亡耶？盖未几而素出为岭北右丞，而所举者亦皆散亡，而元遂亡矣。悲夫士不遇时，虽或小试而终以泯没无闻，可不惜哉！

解缙详细分析了危素在元末的作为及起到的重要作用，肯定了危素的才能。可是危素很快就被朝内争斗势力排挤出去，远赴岭北，他主张施行的一系列举措尽废，元也灭亡了。解缙感慨危素生不逢时，才华未能施展！

在《国榷·卷五》中，以敢于发表独特见解著称的何乔远也为危素的命运叹惜：

> 蔡邕被收，请黥首刖足，继成汉史，古人重史如此哉！以身博史，则

畏史官者耶！危素来归，首尾不三年，竟卒谪所，悲夫！名亦不载于《元史》，是以记之。

和危素同为史学家，何乔远深刻理解古人的重史情怀，叹息危素最终名不见载于《元史》。

民国柯劭忞在其所作《新元史》中慨叹危素因不保名节，文亦被忽略：

史臣曰：元明善诸人行义之方雅、议论之侃直、政事之明通，可谓台阁名臣，不独以文学擅名当世也。其后危素由书生致位宰相，尤负文学重名，晚节不终，并其文为后世所菲薄，惜哉！

明代和州人戴重记叙了一件和危素相关，略有些神秘色彩的事情，其《危太朴墓己巳》载：

危太朴放居和州，未几，自经死，葬含山东门外。后二百年，已失所在。会县治河，乃见梦于令曰："我危素也，明日将坏我宅。惟公其仁之！"令识其衣冠俨然，诺焉。明日，果掘及墓，衣骨俱朽，惟棺之前和赤漆如新，旁有志铭，不记姓名。令乃具衣冠，改葬之，识其处。太朴博雅之儒，遭时不偶，自伤其才，徒欲成《元史》耳！卒抑郁以死，宜目之不瞑也。虽然，君子有勉于生，无衰于死，死则已矣，百岁之后犹慨其枯骨，何为乎？其有余愤与？然后之君子未尝不悼其才，悲其遇，太朴亦可不朽矣！

文中叙危素死后二百年，精气犹存于衣冠冢，尚能托梦于县令。戴重认为危素入明只为能参与编写《元史》，史未成而终，长留余愤。百年之后君子士人犹为其境遇悲悼、感叹！危素可谓不朽！从戴重文中可见，在他所处的时代环境中，舆论更倾向于肯定危素。

清人全祖望虽认为危素以国史不死，以小义害大义，但也肯定了危素保存累朝实录之功，为其感到惋惜：

学士以国史不死，固昧于轻重之义，然其出累朝实录于刀剑章皇之下，功亦不小。乃史局既开，并未闻有一人过而问者，可以想见是时当宁眷睐之衰,黯然无色,所以潜溪又有"春秋既高,雅志不仕"之语。后世失身瓦裂之徒,可为殷鉴,而尚或援此为例,可谓不自爱惜之甚者也。①

全祖望也看到危素没有参与编修《元史》,史局无人前去咨询,应该是朱元璋的授意。虽然肯定危素保存实录的功劳,但总体上全祖望是不认同危素的,认为危素的遭际可为后人提供借鉴。

在上述文士对危素批判的基础上,《儒林外史》中塑造的危素形象进一步误导世人,吴敬梓为了宣明"文行出处",在笔记记载的基础上,以危素的名字为代号塑造了书中反面形象的典型,小说的影响让历史上真实的危素愈行愈远。但并非所有小说都如此,在明末周清原的短篇平话小说集《西湖二集》中我们也看到了以正面形象出现的危素形象:

> 幸而翰林学士危素是个通文理之人,知王祎甚有见识,遂立荐王祎为官,争奈别儿怯不花这个蠢材只是不肯,王祎遂隐于青岩山,著书自乐。

这里肯定危素的也仅是他乐荐后辈、爱惜人才的一面,同时道出了危素在元为官时的艰难。

第三节 轶闻演绎层面的危素接受研究

后人似乎对危素格外关注,喜欢演绎和他相关的逸闻轶事。挂牌和履声的故事被人们反复讲述,在这反复的讲述中,剥离了一些真实细节,也增添了一些虚假的枝叶,使我们离历史上的危素越来越远。但是,在这些演绎中,我们也可以循着一些蛛丝马迹探析后人的集体无意识。

当年,明军攻占大都后,将元宫中曾为顺帝表演过的一头大象运至金陵,这头大象见到朱元璋后却拒绝跪拜表演,因此被冠以"义象"之名。同时它触碰了易代之际文人敏感的神经,一时间这头老象成为众人吟咏的对象。危素的

---

① (清)全祖望. 跋危学士云林集[M]//朱铸禹,汇. 全祖望集汇校集注(中). 上海:上海古籍出版社,2000:1383.

友人危德华吟咏道:"老象牵来心傍铁,悲号犹恋赭黄衣",同窗曾坚也作《义象歌》,并因此遭受了杀身之祸,在江西屡举不起的士人萧岐作《义象传》。曾坚《义象歌》已然不存,但从曾坚因此被杀可以想见其内容应是针对朱明王朝。萧岐的《义象传》谓元廷于象有八十年豢养之恩,如今气运更革,怎忍遽弃之,亦有忠于元之意。明廷官员林鸿所作《义象行》则将矛头对准了入明为官的故元官员们:

有象有象来天都,大江欲渡心趑趄。诱之既渡献天子,拜跪不与众象俱。象奴劝之拜,怒鼻触象奴。赐酒不肯饮,哺之亦不哺。屹然十日受饥渴,俯首垂泪愤且吁。天子命杀之,众官束手莫敢屠。侍卫传宣麾,壮士被甲各执丈二殳。象战久不克,兵捷象乃殂。忆昔君王每巡幸,象当法驾行天衢。珊瑚错落明月珠,被服美锦红氍毹。紫泥函封载玉玺,万乐争拥群龙趋。玉玺归沙漠,龙亦归鼎湖。所以老象心,南来誓死骨为枯。嗟尔食禄人,空负七尺躯。高高白玉堂,赫赫黄金符,伊昔轩冕今泥涂。嗟尔食禄人,不若饭豆刍。象何洁,尔何污。天子垂衣治万世,俾全象德行天诛。呜呼,象兮古所无!呜呼,象兮古所无!

将义象与贰臣挂上钩,加以曾坚之事,人们很快将在元很有影响力的危素作为典型,于是,稗史笔记中开始演绎危素挂牌的故事:

元顺帝有一象,宴群臣时拜舞为仪。本朝王师破元都,帝北遁,徙象至南京。一日,上设宴,使象舞,象伏不起,杀之。次日,作二木牌:一书危不如象,一书素不如象,挂于危素左右肩。由是素以老疾告,乃谪含山县,寻卒,今墓在焉。(慎懋官《华夷花木鸟兽珍玩考》)

蒋一葵《尧山堂外纪》及其他一些野史笔记记录也大致相同,危素被挂牌事在正史中并无记载,在笔记小说的描述中,危素是因义象事受辱而自己主动以老疾告归,而贬谪含山,未提为余阙守墓之事。

关于危素被贬含山的原因,人们也多加揣测,多认为是因为脚步声沉重和自称老臣。我们把相关记叙材料大致按编述者生卒年先后堆排,能明显看出演化过程:

明人陆容（1436—1494）记载：

　　高皇一日遣小内使至翰林，看何人在院。时危素太朴当值，对内使云："老臣危素。"内使复命，上默然，翌日传旨，令素余阙墓烧香，盖余、危皆元臣，余为元死节。盖厌其自称老臣，故以愧之。①

明人祝允明《前闻记》（1460—1526）记录：

　　危学士素以胜国名卿事我太祖，年既高矣，上重其文学，礼待之。一日，上燕坐屏后，素不知也。步履屏外，甚为舒徐。上隔屏问为谁，素对曰："老臣危素。"语复雍缓。上低声笑曰："我只道是伯夷、叔齐来。或云文天祥。"

明代王世贞（1526—1590）也关注此事，其文《艺苑卮言增补·卷之七》载：

　　高皇帝征廉夫修《元史》，欲官之，廉夫作《老客妇谣》示不屈，乃放之归。时危素太朴为弘文馆学士，方贵重。上一日闻履声，问为谁，太朴率然曰："老臣危素。"上不怿，曰："吾以为文天祥耶！"谪佃临濠死。人以定杨危之优劣。

明人陆应阳（1542—1624）在《广舆记》中也提到此事：

　　危素，金溪人，仕元为中书省右丞，明兴，为弘文馆学士，时备顾问。一日，太祖坐阁中，素自外至，闻履声问为谁，对曰："老臣危素。"太祖曰："何不看守余阙庙去！"谪居和州。

明佚名《秘阁元龟政要》：

---

① （明）陆容. 菽园杂记·卷三 [M] // 周密. 历代笔记小说大观. 上海：上海古籍出版社，2012：23.

211

> 帝一日幸弘文馆，素不谨甚，至履声彻帘内，诏问为谁，危素对曰："老臣危素。"帝曰："素实元朝老臣，何不赴和州看守余阙庙去。"于是谪和州。

明末清初人傅占衡在其《湘帆堂集》中记录危素此事：

> 达乃以素归，上雅闻素名，仍命为学士。一日，上御东阁侧室静坐，素至履声橐橐，彻帘内，诏问为谁，对曰："老臣危素。"上曰："尔耶！朕将谓文天祥耳！"素惧，顿首，流汗浃背，上曰："素元朝老臣，何不赴和州看守余阙庙去。"遂有是谪。

清顺治朝进士谷应泰在其《明史纪事本末》中也记录了此事：

> 夏四月，以危素为翰林侍读学士，已谪。素居弘文馆，一日上御东阁，闻履声橐橐，上问为谁。对曰："老臣危素。"上曰："是尔耶！朕将谓文天祥耳。"素惶惧顿首。上曰："素元朝老臣，何不赴和州看守余阙庙去。"遂有是谪，素踰年卒。

我们可以看到，在最初的叙述中是没有"履声橐橐"的，也非朱元璋和危素的当面对话，而是内使转述，朱元璋听到危素自称老臣后，默然良久，第二日传旨贬谪。接着，在祝允明的叙述中加入了一些细节，如"步履屏外，甚为舒徐""语复雍缓"，而且将场景改为朱元璋和危素当面对话，又加入了朱元璋的一句话："我只道是伯夷、叔齐来。"又云"或云文天祥"。可见，祝允明是间接转述的，在他之前关于此事就有两种版本。在王世贞的叙述中，在危素回话前加上"率然"二字，批评危素不仅入明为官而且在朱元璋面前言行不谨。在陆应阳的叙述中，朱元璋的话开始增加了一句："何不看守余阙庙去！"将贬谪改为发生在对话的同一日。《秘阁元龟政要》中依然提到"素不谨甚"，而且对朱元璋的话又加以扩充"素实元朝老臣"。

到了明遗民傅占衡手上，这个故事的演绎有了鲜明的主观色彩。危素的履声开始"橐橐"，甚至"彻帘内"，朱元璋听到危素自称老臣后的对话增入了充满蔑视的一句"尔耶！"而危素的反应是"素惧，顿首，流汗浃背"。傅占衡出于对贰臣的厌恶,将危素塑造得格外面目可憎,主导了后人对危素的印象。之后清人的转述基本沿袭这个基调,《儒林外史》中,危素也是因为妄自尊大,在太祖面前自称老臣而被贬谪。

同为明遗民的吴炎,入清后,隐居山中,有志于撰写明史,书未成而受《明史》案株连被处死。他曾专门以《危不如》为题创作了两首诗:

> 东角开开帝在御,履声橐橐帘前度。诏问为谁欤?自言老臣是危素。天子忽念文天祥,七十老翁心胆破。报恩井,和州祠,死不早,何惧为?独不见燕都驯象犹恋胡,不饮不食双泪俱。危不如,素不如,可怜一兽犹区区,愧煞千万危素!(吴炎《今乐府·卷一》)
>
> 九歌奏虞韶,舞象跂跂涕如雨。徕自燕,首独颒。此身已逮事伪朝,今日何颜奉真主。老臣谁,汝危素。履声高,天子怒,危乎素乎两不如。胸中秽史何区区,平生误道文信国,一死方愧余丈夫。(吴炎《今乐府·卷二》)

在他笔下,对危素的厌恶之情呼之欲出,痛恨其未能为国殉死。还有一则材料——明刘绩《霏雪录》,描述了同时代人王冕眼中的危素:

> 会稽王山农元章早负大志,游大都无所遇,贳屋以居。时临川危素为翰林学士居钟楼街,山农尝见其文而不相识。一日,危骑而过山农所,与之坐而不问其姓名,徐曰:"君非钟楼街住耶?"危曰:"然。"更不出他语而罢。人问之,山农曰:"吾观其文有诡气,目其人举止亦然,料知必危太朴也。"

根据《霏雪录》的记载,王冕从危素文章中看出了诡气,再与其举止相对应,一下就认出了素未谋面的危素。实际上,从留存的诗文资料看,危素和王冕是相识的。王冕在《竹斋集·楼观》序言中说:"危太朴奉使求史馆遗书于河南、江南,历四明。会叶君敬常,借船过东湖访古迹。其乐好事者画之,太朴命之曰《借船图》,复自叙以记之。叶君敬常作诗,太朴和,令勒诸石。时贤从而题之,余亦为之赘。"[1] 可知,危素和王冕相识于危素下江南收集遗书时,王

---

[1] (明)王冕.竹斋集(外八种)[M].上海:上海古籍出版社,1991:1233.

冕对危素并无不屑之意。危素有《王冕墨梅歌为马易之赋》诗，诗中对王冕的为人和画作给予了充分的肯定。因此，《霏雪录》的记载不可信，但能传达出一部分人对危素的印象。

综上，前人对危素的评论或从各自当时的社会语境出发，或从个人的自身经历出发，或从传统忠义观出发，大多不可避免地带有主观色彩，但同时表现了人们对危素的关注，对一个历史人物的经历和命运表现如此大的兴趣，去评论、演绎与他相关的故事，这种情况相对少见。按照民俗学中的现代都市传说理论：流传于某一时期的社会生活中的，大部分人视为真实的叙事，反映了当时社会民众的希望、恐慌与焦虑，人们花时间讲述和聆听这些情节，是因为传说传达了一些潜在的、深刻的信息。

那么，前人对危素的评论可作如是观：人们对危素的关注可以看作人们对前朝影响较大的大臣或文人与新君之间相处之微妙、贰臣处境之好奇，亦是朱元璋与文人之间的紧张关系在社会上的投射。与危素类似的是入明后人们对杨维桢表现的关注。杨维桢是元朝的进士，又做过官，并坚持与反元政权保持距离，这种身份引发了人们的兴趣。对于他入明后的行止，形成了两种传说：一是他曾作《老客妇传》，以死拒绝征辟；二是被聘至金陵，论定礼乐，作《铙歌·鼓吹曲》称颂功德。有学者考证，两篇作品都是伪作，那么这两种传说都不准确。从中可以看出，时人对于此事的热切关注，甚至亲手炮制伪作，试图将其想象的士人或仕或隐的行为坐实，引发或赞或责的社会舆论，在集体探讨中深度满足自己的好奇心，传递出当时社会民众的复杂心态。

结语

危素的一生可谓生前荣耀，死后寂寥。与其他所谓"贰臣"相比，危素显得格外冤屈。人们对李陵、庾信和吴梅村等人同情多于指责，或许是他们诗文中流露的忏悔和自责格外打动人，人们承认他们的迫不得已，感慨他们的遭际，对人性或自我身上的弱点表示理解。危素就没这么好的运气了，只因没有投井殉国而入仕明朝，他被后人不断嘲笑批判，轶闻小说演绎和传播中的危素与历史上真实的危素渐行渐远。但历史的真实恐怕是永远也无法触摸的，我们只能尽量去还原真实的危素，并客观地看待他。

当我们把从各个历史角落里收集到的史料拼凑起来，危素的面貌依然是不够清晰。人本是复杂而具体的，一个人的内心世界往往比我们看到的和想象的要复杂得多。在危素的诗文中，通过自我述说和自我塑造呈现的形象是，面对世风浇薄、儒道不存的现实，危素无法安心隐居，他认为"遭逢盛时当返朴"①，那么生逢乱世，就当入世，为国家、百姓尽士人之责，不能以世之盛衰改变忠孝之节，高呼"世无忠臣与孝子，四海风俗何由回"②。他年少时所作《公无渡河》："提壶公，向何方，止公勿渡公欲行。妇人之言公不信，蛟螭纵横河水黄。从公死，入河水，千载同作河中鬼。"③ 甚至立下要与理想同归于尽的志向。因此，虽然深知为官艰难他却毅然出仕。

另外，危素的师辈们在文章中对他多有劝勉，或可曲折反映危素身上一些负面因素，让我们更立体地把握他。李存的文章记录了祝蕃对危素的劝勉，"危太朴携其诗文，自临川来过余。余敬之、爱之。间又出祝君蕃远所与帖，其言有曰：'驱轻啮肥，券内事也。'意若勉其盛年进进于德，毋或有羡于世俗之华、口体之末者"④。李存亦有劝告："'使言言如古人，既美矣；更心心如古人，又尽善也。'虽然，谓太朴心心不如古人，则亦诬太朴甚矣，但患太朴不求其所以如者尔。"⑤ 透过二人的劝勉，隐约可知时年24岁的危素或有追逐世俗荣华之念，学习古人也没有从内心下功夫。祝蕃和李存看出端倪，才有这番劝诫，但此时他年纪还轻，有进一步修养道德的空间。

《新元史》中记载了这样一件事："初金溪危素以文学征，或问于虞集，集曰：'素事业匪所敢知，必求其人，其余阙乎？'或问：'何以知阙？'集曰：'吾于阙文字见之。'后竟如其言。"这里虞集对危素的为人是不予肯定的，只是这则记录是否真实不得而知。后至元三年（1335），危素出游金陵时，虞集为他作的送序中有这样的话，"虽然，子亦欲子之善，与孟子之言，又有之矣。盖曰：以友天下之善士为未足，又尚论古之人，'颂其诗，读其书，不知其人可乎？'是固求至善之道也"⑥。文中告诉危素只结交天下善士是不够的，还要追论古人，求至善之道。不知虞集是否是有针对性地提出这样的建议。

---

① 危素. 赠朱元吉卖墨 [M]//杨镰. 全元诗·第44册. 北京：中华书局，2013：232.
② 危素. 东风行 [M]//杨镰. 全元诗·第44册. 北京：中华书局，2013：233.
③ 杨镰. 全元诗·第44册 [M]. 北京：中华书局，2013：229.
④ 李存. 题危太朴诗集后 [M]//李修生. 全元文·第33册. 南京：凤凰出版社，2004：380.
⑤ 李存. 题危太朴诗集后 [M]//李修生. 全元文·第33册. 南京：凤凰出版社，2004：380.
⑥ 虞集. 送危太朴序 [M]//李修生. 全元文·第25册. 南京：凤凰出版社，2004：185.

后危素任检讨、国子监助教时，李存亦屡有箴言相告："士君子负卓荦之才，遭盛名之世，既登仕板，其崇卑则有命，其效用则有方，随分观察，亦不可虚度。"① "千万凡百，朴实莫改，草莱寒酸，粗衣粝饭，莫妄攀附，莫强追陪，徒自取烦恼，增逋负。"② "知之为知之，不知为不知，能为能，不能为不能，莫相陵驾，莫相欺诈，亦自心逸日休。"③ 从中可看出，危素少负盛名应有些傲气，又似乎心机深沉，后来《霏雪录》中也说他为人和文章都有诡气，虽不足信，也代表了一些人对危素的印象。但任何一个人都不会十全十美，危素身上的这些特质反而让我们觉得他更加真实。

通过梳理危素的人生轨迹，我们更多的是看到他身上正面的特质：峭直进言，心系百姓；精心搜查，秉实修史；严整礼制，重视教育；主持屯田，供给京畿；悲天悯人，雪冤褒忠。他在每一个工作岗位上都兢兢业业，克尽实功，处理事情灵活而变通，确实解决了元末不少实际问题，从思想到行动都凸显了他主张的讲求经世致用的精神。危素究竟是出于什么目的出仕并不重要，重要的是他出仕是有价值的，于国于民都有助益，不失为一名循吏。

对于危素争议最大的元亡后未能以死殉国一事，我们也应客观看待。随着社会文明的进步与发展，"贰臣"这一封建社会传统政治领域的伦理观念早就被人们舍弃，评价一个人的成就不应仅以是否官仕二朝来看。孔子在《论语·宪问》中就此早就有一番高论："管仲相桓公，霸诸侯，一匡天下，民到于今受其赐。微管仲，吾其被发左衽矣。岂若匹夫匹妇之为谅也，自经于沟渎而莫之知也。"管仲和召忽本同为公子纠的门客，公子纠被齐桓公间接杀死后，召忽杀身殉主，管仲却辅佐齐桓公，成就了一番大事业，孰是孰非？危素和黄溍，一个坚决求死殉国，一个为旧朝保存了史料，孰是孰非？

无论如何，危素在得知元亡的消息时，内心应该非常复杂：一方面，他感激元朝的知遇之恩；另一方面多年儒家思想的教育熏陶，他知道他应该殉节。但真正投井的时候他并没有抱必死的决心，在跳的时候是有犹豫的。宋濂在《危公新墓碑铭》中的记叙也非常诚实："趋所居报恩寺，脱帽井傍，两手据井

---

① 李存. 复太朴危检讨 [M] //李修生. 全元文·第33册. 南京：凤凰出版社, 2004：264.
② 李存. 答危太朴 [M] //李修生. 全元文·第33册. 南京：凤凰出版社, 2004：275.
③ 李存. 又与危太朴 [M] //李修生. 全元文·第33册. 南京：凤凰出版社, 2004：279.

口,俯身将就沉。"那么,犹豫的这一刻他在想什么:或许是人求生的本能;或许是挂心史事;或许是寄希望于新朝,希望自己还能有一番作为,答案我们永远无法得知,也无须苛责危素不死。据统计在以夷变夏的明清易代之际,在京的官员有三千多人,殉国者不过数十人,足以证明绝大多数人是普通人,依照内心求生的本能选择活下去。

另外,危素的选择应与他理性而实用的思想有关。元末,同为江西人的大儒陈谟曾写过一篇《通塞论》,认为身处朝代变革之际,不一定都要死守气节,而是讲究通而不塞。所以我们看到明初很多江西文人为明王朝效力,是否在江西人之间存在着这样一种变通的观念、一种区域性的共识?早在危素祖父及其姑父曾渊子身上也体现了这一点,其祖父危龙友在南宋灭亡的最后一刻,随曾渊子至潮州,为大厦将倾的南宋王朝尽心尽力,而崖山海战失败后,曾渊子曾想跳海殉国,被下人救起后远赴安南。危龙友也未殉国,还在潮州小江等处做了盐司提举,他们奉行的是一种理性的忠节观,危素应也受其影响。①

危素入明后希望能够参与《元史》的修撰,实现自己存活的价值,或许因为这个原因他接受了官职,前文已考他因"失朝"被罢官和复官之时,恰是修《元史》的关键时期,可惜他一直未能如愿。据宋濂《危公新墓碑铭》载,危素有"《元史稿》若干卷,藏于家"②。又据《千顷堂书目》载:危素有《宋史稿》五十卷又《元史稿》五十卷。可知,危素入明后,在没有机会参与官修《元史》的情况下,曾自己动手编修元朝历史,撰写了若干卷《元史稿》,只是危素头脑中有太多违碍的历史,朱元璋不会允许流传。因此,入明后,危素的著作散佚异常严重。吴焯曾提出危素文散佚止于朱元璋起兵之岁,非常诡异,恐怕是有所触讳,遭人为销毁③。所以,危素并非如黄宗羲所说无一词之赞,只是按他"秉中为史""据实直书"的修史原则书写的历史不能传世。中国儒家一向有讲究经世致用的传统,在危素的文章中我们也能看到讲求实用是其思想很重要的一个方面,为故国存史,传承文化亦是士人实现人生价值的一种方式。

---

① 吴小红. 危素研究[D]. 南昌:江西师范大学,1996.
② 黄灵庚. 宋濂全集[M]. 北京:人民文学出版社,2014:1268.
③ 胡玉缙,王欣夫. 四库全书总目提要补正·卷五十三·别集类十一[M]. 上海:上海书店出版社,1998:1469.

元明之际不乏将"君臣大义"置于"华夷之辨"之上的忠臣义士，因未能逃脱征辟而自戕殉节的戴良、追随顺帝出塞以全臣节的林谏、因思念旧主大哭不止的蔡子英、拒绝征聘绝食七日后悬梁自尽的郑玉，还有"病不服药"甚至自残身体躲避入仕新朝的韩准等人，留下了太多让后人唏嘘不已的事迹。与他们相比，危素的不死是有价值的：如果他当时跳井了，世上不过多了一个节臣；活下来，将自己了解到的关于这个王朝历史的第一手资料记录下来，将这个王朝的面貌真实而详细地描述出来，褒忠扬义，无愧于那些在乱世中坚守正义的人们，才更有价值。事实上，这些徘徊于纲常与现实之间而选择活下来的所谓"贰臣"们的生活更为不易，要承受非议更要面对自己内心的不断拷问，有太多的隐忍、痛苦和压抑，如赵孟頫、刘基、钱谦益、吴梅村等。而相对于主动迎降的南明礼部尚书王铎而言，危素要多一个更能站得住脚的入仕新朝的理由，即为国存史，后人对他应该更为宽容。

综上，通过以上各章的梳理和研究，我们看到这样的危素：他生不逢时，却于乱世中关注民生疾苦，恪尽职守，努力践行儒家古道；他英才卓荦，交游广阔，深得时人赏识和推重；他不以科举论人才，乐于提携有才能的后辈；他在思想、文学和政治上讲求理性和实用，体现了传统文化中的实用理性精神。同时，他在政治上不够成熟老到，在朝廷两派的争斗中，太过书生意气，以至于远贬岭北，进而退居房山。入明后，面对多疑敏感的朱元璋，没有收敛自己的傲气和峭直，也没有掩饰对朱元璋的不屑，导致最后悲惨的命运。在文学和思想上，危素虽无新的创见，但他起到了承上启下的作用，没有他，从元到明的文学和思想的演进过程是不完整的。文学上，危素将元中期的盛世文风传递到明初，促进了台阁体文风的形成，亦将宗经明道的文学理念传递给归有光，进而影响了桐城派；思想上，危素亦是从和会朱陆到实学发展链条上的重要一环。

危素入明后在为李祁《云阳集》所作的序文中曾写道：

> 及国家失太平，诸君多已物故，若君之厉志以保身，著文以传世，有子以承家，诚所未知多见。猿鹤沙虫，公论岂得而尽泯乎？然则君庶几可以无憾矣。①

---

① 李修生. 全元文·第48册［M］. 南京：凤凰出版社，2004：258.

文中难得展示了危素入明后的心绪，他感慨李祁于变代之际几乎没留什么遗憾，而只能安慰自己"公论岂得尽泯乎"。时至今日，我们也该给这位古人一个公论了。

附录　危素诗文补遗

一、《会真记》跋

元微之传崔张事，写出心语。说者以为微之自叙，辩之者亦既已明。意当时必有此说，词语宛然，忧愁不平。事固有不得已者，难为始终，则崔不必负张，张不必负崔。微之欲避其名，而名己著；张有其实，而实自出矣。吾恐君子观之，能不自为戒谨也。（陈邦泰《重校北西厢记·卷首》）

二、《春游角技图》跋

仲美《春游图》笔意简古，神情散朗，较张择端《清明上河图》更有胜气。向为周公瑾所藏，今成斋王先生得之，诚可宝秘也，为题而归之。时己酉六月六日也，危素。（李日华《味水轩日记·卷四》）

三、贤首禅师墨宝跋

唐沙门师法顺，有弟子智俨，阐述《华严》。至再传，为贤首。武后时，召讲新经，晓然开悟，遂绢其言为《金狮子章》。后讲《华严世界品》，讲堂及寺中地皆震动。清凉疏主，其正传也。此为贤首师真迹，越宝林寺藏后，为宜住山同公携至金陵，敬志其后。临川危素。①

四、（梁）张僧繇《扫象图卷》跋

吴兴钱氏临唐人《普贤洗象图》，其妙有不待言。若夫物有相、心空无之

---

① （唐）陆柬之《文赋》，日本兴文社，昭和16年按：此版本《文赋》为两种书迹的合出本，此跋文为第二种书迹所有。

语，安得起极乐城散人而叩之。临川危素。(方濬颐《梦园书画录·卷一》)

五、赠武威处士杨象贤序

昔我国家用兵南伐，既灭女贞，乃命诸军留镇中土。蕃汉之民，参错而居。虽其制驭甚严，久则流敝生焉。倚军势而为暴，蔑官府而称雄，鳃鳃然以自营其私者，皆是也。余客北燕，谈者多称武威象贤之善而识之。

盖其大父国初在兵间，留居开州之濮阳，有惠及民。其父忠显君作《龙祠乡社义约》十有五条，所以维持风俗，保固人心者，其虑远矣。

象贤蚤肄业上庠，以孝友见推。承列圣之诏旨，乃作孔子庙学；谓射者六艺之一，承平既久而武事弗修，乃作"观德"之会；营先祠以奉祖祢，曰"思本"之堂；藏修以求圣贤之学，曰"敬止"之斋；兵乱以来，哀所得晋绅先生之文章次辑之，曰"述善"之集。此其人品为何如耶？向使河南、山东都府所部将校士卒，皆若象贤父子祖孙之立心处己，虽有悍嚣之徒，其能为乱乎？虽乱，亦岂有逾纪之久而靖乎？

象贤有弟曰敬贤，居丧遇盗，克尽其孝，惜乎其蚤世。然其见诸纪述，传诵于天下，后世不其盛欤！老子曰："修之于乡，其德乃长。"吾于象贤之父子祖孙见之矣。

象贤避难北来，观其敦朴自将，言论恳至，善而能恒者。因其取别，南还濮阳，庸书其美，以谂其后昆，且有儆焉。至正二十四年五月既望，临川危素书。①

六、危氏历代世系序

甚矣，宗谱之不可不修也！盖以明亲疏，别尊卑，序昭穆。秦汉而下，垂及隋、唐，莫不守此，而大宗、小宗得有所据信弗坠也。奈何五季之衰，而谱坏烂之，诸家相友存亡者，姓氏本源、宗支派系，殆罔然而莫可考莫可知，亦势使之然也？

素稽危氏往代，始本姬姓。周武王庶子，手中有文曰"厃"，因赐姓危，封于新，曰新公。第周纪约计八百余年，至秦。至汉，汉纪约计四百余年。年既

---

① 元代西夏遗民文献《述善集》校注 [M]. 焦进文, 杨富学, 校注. 兰州：甘肃人民出版社，2001：205

多，去古愈远，藐难追述。

故自晋永嘉中，一祖京公，因石勒乱，避地南渡，得建州刺史，居闽。一祖仙公，仕萧梁，为北京大将军。一祖衡公，任金州刺史。一祖奭公，中尉。一祖晋公，校书郎。一祖稠公，中郎将。一祖迁公，给事中。一祖灵公，仕唐，官至散骑常侍，迁于建昌南城双溪居焉。灵公子四：长曰真，仕唐为监察御史。真公生四子：次曰凝然，入睦王府咨议参军。凝公四子：长曰亘，任洪州别驾。亘公五子：长曰仿，银青光禄大夫；次曰侻，国子祭酒；三曰韬，金紫光禄大夫；四曰全讽，历官抚州刺史、特进、检校太傅，追封南庭王；五曰仔倡，官任信州刺史。全讽公七子：曰克崇，任司尉；克安，朝散大夫；曰克茸，任兵部郎中。克安公四子：长曰拱辰，官至光禄寺卿。拱辰公之次子曰祐，太学博士。祐公三子：曰之邵，任承务郎；曰之廉，隐居不仕；曰固，以元绛、赵抃荐，召试馆职不就。之邵公生子：曰怦、曰忱、曰悟。悟公之子曰九公。九公之子：曰康民、曰康济。康民公三子：幼曰光邦。光邦公一子：曰绍。绍公五子：长曰国登，太学生；次曰国维，迪功郎；三曰如春，宣州教谕；四曰国材，官任大理寺丞；五曰国辅，太学生。

于斯考之，危姓前代有其德者，斯有其后裔也。如木之千枝万叶本于一根，水之千流万派本于一源。危氏之祖，千代万代本于一祖耳。素遍览族门，一新编次，历代亲疏，了然在目。继兹以往，庶使续续相承。后之子孙强自树立，大其家声，为光前裕后之图，于勿替焉，可矣。元至正二十三年癸卯岁正月望后，全讽公十五代孙翰林学士兼修国史素太朴书。①

七、元续修族谱序

甚矣，宗谱之不可不修也！盖以明亲疏，别尊卑，序昭穆；虽年湮世远，而大宗、小宗得有所考信而不坠也。

予族受姓始自姬周，因新公始生，手有危字，赐姓曰危，封公爵。继则有献公、历公、元公、畅公、延公、衡公、晋公、稠公、迁公、奭公、仙公、绍公，历秦、汉以来，已阅四十余传而至晋。其间治乱相仍，历年既多，去古愈远，难以追述。

惟自晋永嘉时，石勒作乱。我祖京公避乱南渡，为建州刺史，居于闽。其

---

① 危流渊. 危氏通考［M］. 长沙：岳麓书社，2011：33.

子雪公，官至散骑常侍。生子二：长曰阁公，次曰郯公。由郯公又历数代而始生真公，仕唐为御史。真公生子四：曰忠、曰通、曰乃、曰凝。凝公为咨议参军；生子亘，任洪州别驾。凝公生四子：长曰亘。亘公生子六：长曰仿，银青光禄大夫；次曰倪，国子祭酒；三曰镐，官河东御史；四曰韬，金紫光禄大夫；五曰全讽，官抚州刺史，寻加兵部尚书，赐第南庭；六曰仔倡，官任信州刺史。全讽生子三：长克茸，官并不郎中，以功赐汝南郡；次克崇；三克安，亦官至朝散大夫。茸公生子三：仲义、仲勋、仲权。权公生拱辰，官至光禄寺少卿，生子二：长曰杰，幼曰继。杰公开族于闽杭西谷源，生子二：长舜臣，次汉臣。汉臣咸平六年进士，官至中散大夫。舜臣公生子一，名重青公，有嗣九人：长孟益公，次孟震公，三孟尚公，四孟勋公，五孟胜公，六孟兰公，七孟州公，幼即孟隆公也，世居西谷西源，后仍散处焉。汉臣公生子名林，字重白，治平间进士。重白生子四：长曰幅，字孟庸，居□渠之上源；次曰愉，字孟德，居官冲之北□；三曰怡，字孟宪，元祐进士，官至吏部尚书，系左啸□之始祖；四曰慎，字孟远，居杭州之西湖。怡公生子五：长曰越宵公，居员岱之东皋；次曰昂宵公，抱道自重，屡征不仕；世居啸□；开宵公分居六都翠亭；腾宵公开族定源；凌霄公支分县城镇岭。

由斯考之，危姓代有其德者，斯昌其后裔也。木之千枝万叶由于一本，水之千流万派同出一源。凡我同姓，虽支分派别散处各方，要皆本于一祖也。予素与德华相友善，今其族出谱相证阅，其先代世系与余族谱相吻合，且亲疏了然在目。因备叙其源流，以副先生之意，即以复德华之命焉。元至正三年癸未仲春月谷旦，翰林学士兼修国史素太朴氏拜撰。①

八、天如禅师语录序

昔中峰和尚倡道于杭之天目山，学者云集。既委世三十年，能任其付授之重，守其责望之言，韬光铲采，久而愈章，杰然而独立者，吾庐陵天如则禅师也。禅师既承密印，诸大方争聘之，遂隐于吴门师子林一室。卧云，泊然无意于当世。然四方之欲求其道者，惟禅师是归，故其言不待结集而盛行于时。其徒善遇稍录为七卷，天台宗沙门炬师以其可以启悟来学，迺刻之以传。噫！正法眼藏，唯微笑者得之，教外无可别传，人心何劳直指。曰别曰传曰直指者，

---

① 危流渊. 危氏通考［M］. 长沙：岳麓书社，2011：33.

盖使其自得之也。吾观禅师之言，如鸟飞空，如月印水，纵横开合，浅深俱应，而超然无迹之可寻。学者能因言以忘言，不滞乎迹，得其指归后，知其杰然而独立者，亦岂从人而得哉？余尝以事道出吴中，仰禅师之高风而未遑往见，宜春嗣钜师因游五台山，陀其书于蓟丘以示余，乃得序其首简，且以自庆夫法喜之遇云。至正九年夏五月辛卯朔，应奉翰林文字、文林郎、同知制诰、兼国史院编修官临川危素序。①

九、故郑夫人周氏墓碣铭并序

浦江士郑渊录其母周氏之事，因从兄经筵检讨涛至京师，谓临川危素曰："先夫人之葬，八年于兹矣，墓未及铭。庸敢述其言行之尤著者以请，庶几慰先夫人于地下，少塞人子之深悲耳！"乃按其所述，叙而为之铭。夫人姓周氏，讳生，字依仁，世为浦江著姓。祖孚先，父穗，母陈氏。夫人之大父与郑君德璋有雅好，甫及笄，遂以归君之孙钜。既不逮养其君舅，唯君姑黄氏孀居，朝夕服事弥谨，进退唯君姑命，甘旨虽微，莫敢先尝。岁时奉觞上寿曰："君舅逝矣，赖尊姑康疆，子妇得少展馈食之礼。"姑饮且醮曰："非而妇，曷足宽吾心。"平居，每见夫人，辄有喜色。姑病痁，昼夜与夫子侍侧。时盛暑，顷刻不暂离，或废寝食。姑既终，哀恸欲绝，服丧无违礼，遇忌日必泣下。事无大小，必禀命于夫子。夫子壮岁得末疾，每作，或至累月不瘳。闻呻吟声，中心伤痛，为之堕泪。夜则侍坐达旦，踰六七年始瘳。郑氏同居者九世，号为义门，处之以和而无间言。于姒张氏守清，恩义尤洽。张没，哭之甚哀，闻语及其平昔事，辄咨嗟痛□者久之。方夫人之归也，父兄未久相继以没，家始落，夫人鬻簪珥以养母，卒以孝称。渊生五岁，夫人口授《孝经》《论语》。及出外傅，莫归，必问是日所业。昧爽，即呼渊，谕之曰："尔可学矣，学不负人。"它日，有司以渊业成充贡，夫人虽喜，益加勉焉。人未尝见夫人大言厉容，有告急者，食在口，必投□□之，不吝也。至正七年十有二月十有八日乙酉有疾加剧，因其夫子生日，诀于娣姒曰："某幸托义门，赖薰陶之力，不至失德。今病革矣，其可不先致一言之别乎？"又□夫子曰："妾奉箕帚三十年，岂期寿命不齐，欲奉觞为祝，不能及矣！"因哽咽不自胜。渊在旁涕泣，夫人改容谓之曰："汝惟孝友，不负吾言，何以泣为？"越三日戊子，遂卒。夫人之生以大德二年十月，至

---

① 蓝吉富. 禅宗全书·语录部·第49册[M]. 北京：北京图书馆出版社，2004：349.

是得年五十。明年二月丙申，葬县东北灵泉乡左溪山西原。子男三人：长曰演，生四岁，颖悟天成，能背诵《昼锦堂记》，未龀而夭；渊其次也；幼曰洵。女一人，曰溥，适洪道孙。孙男一人，楷。铭曰：

世道交□，人心横奔。婺女之□，有伉义门。来嫔乃家，德则无愧。终于承平，闽范可识。宁其体魄，左溪之阡。陵谷变迁，刻铭在焉！中奉大夫、大司农少卿临川危素撰。（郑太和《麟溪集·寅卷》）

十、《书林外集》叙

王文公之宰鄞，常以职事行野中，而赋咏最多，而其遗爱又在鄞，故鄞人至今多能为诗，袁君彦章盖其一也。彦章示余诗百五十首，而其词气清丽可喜，然君几四十未尝求仕，观其所作，往往自放于山颠水涯之间，而与山僧逸人相与倡酬，以写其风云月露、草木禽鱼之趣，何其兴致之高远哉！顾国家设科目以取士，使彦章繇是而致用于盛时，作为雅颂，歌于朝廷，荐于郊庙，则彦章之学，不为徒用其力矣。余王公里人也，知王公而已，抑以彦章之诗神情态度，时有得于王公故也。至正四年夏五月丁未，临川危素书于庆元之涵虚馆。（袁士元《书林外集·卷首》）

十一、春秋公羊经传习读序

孔子《春秋》成，门人卜商传公羊高，高传其子平，平传其子地，地传其子敢，敢传其子寿。汉景帝时，乃与齐人胡母子都著于竹帛，子都，其弟子也。广川董仲舒传公羊氏，司马谈录其所闻者，盖可睹也矣。大抵羽翼《春秋》者，公羊氏及谷梁赤、左丘明三传，三传之注释相为矛盾，故纷纷之论，殊未见其归于一致也。或曰，孔子以是书授史官泊门人，在史官则左氏详其事，在门人则公羊、谷梁释其义理，或然欤？董生在汉，号为醇儒，正谊明道之格言，诚大有功于万世，然其学于公羊氏者，乃穿凿而附会，奚可易言哉？淳安徐君尊生，早用工于《春秋》，患公羊氏之苛刻烦细，缴绕支离，以其病经休之注，又复病传，乃立凡例：字求其义，句求其理，参之先儒，断以己意。书成十有四卷，精详缜密，正大平夷，其辟休尊信迎合谶纬之说，知其不可而故为之以阿世，责之至深，由此观之，君固大有功于《春秋》者矣。素少学明经，尝受教于君子，顾老而多病，何幸见君之致力之勤，因序而归之。君字大年。①

十二、送徐大年还乡序

君子之学，贵乎有诸己而得诸心，不有诸己无得于心，则亦徒事呫哔，资其口耳而已，安望其能化民成俗哉？始素得严陵钱先生著述诸书，犁然有以当其心，则掩卷而叹曰："此明体达用之言！"观《冬窝日记》，先生酽酢万变，凿凿精实，莫非天理之流行，非迂儒瞽生所能窥也！素尝刻《百行冠冕集》以训童子，奈之何人心风俗日趋于下，莫知夫学之必有所归宿，不待求之于身心之外者矣。先生之同里姻族徐君大年邂逅于金陵，犹能道先生之学行，且家藏其书，素为之惊喜。君久旅寓，色庄气和，其言温温，其行峻峻。孔子谓："鲁无君子，斯焉取斯？"是可以信先生流风余思致深长也。君始应诏至朝廷，纂前代之史，议颂台之礼，皆孔子反鲁之事。而先生之志，学之所施，其深切著明者，孰踰于此？以讫事之后，力辞东归，发明先生之言论风旨，以启迪乡人之子弟，诚能障颓波而辟正路，奚其为为政？先生没世已久，后裔凋落，蜀阜溪山虽在，池涸木寒，有千载之悲，幸而乞身以去，庶几从君之杖履间其别也。故序以要之。②

十三、保定路总管府题名之记

国朝灭金之六年，即清苑县置顺天府，立军民总管府。至元十二年，改保定路，隶七州十九县，盖河北大郡也。矧建都幽燕，为国南门，儗汉三辅。夫惟地重执尊若此，朝发号令，夕闻京师，宜得牧守之才且贤者临治之，庶几有以抚安斯民，无负于任使耳矣。当承平之运，桴鼓不惊，田野无事，其民乐耕桑，牵车牛，远服贾，秀出者羽仪天朝。故宦游是邦者，得以优游职业，道其官箴，故其为治也易。迨近岁，盗起徐、豫，蔓延荆、扬，调发馈饷，供给百须。将相重臣络绎不绝于道，迓送殆无虚日。故宦游是邦者，恒惴栗以度朝莫，

---

① （元）徐尊生《赘叟遗集·卷五》，国家图书馆 Z293，民国二十三年刻本按：原书题目下署，"危太朴题，前朝参政今翰林学士"。

② （元）徐尊生《赘叟遗集·卷五》，国家图书馆 Z293，民国二十三年刻本按：此文题目下题，"前人，江西抚州临川县人"，乃徐尊生后人署。《赘叟遗集》先为徐尊生八世孙徐弘直整理稿本，民国二十三年（1934），徐氏后人徐一桂斥资印制。文中已见危素自称，知为其所作。

226

故其为治也难。昔中统之初，责成五事于守令，其立法已为详密。今皇帝哀矜元元，忧守令之非才，设保任督摄之制，屡辍廷臣，列布郡县，委任责成而综核名实，其治效章著者，岁末再期，召还恐后，则朝廷之于民事，可谓尽心矣。于是宣政院断事官锁住士瞻繇东平移监此郡，吏部郎中王茂材可表繇棣州尹来为总管，僚寀协和，始谋刻氏名于石。两公与素交甚久，以书来属为记其首，故记之。

至正十五年九月癸未朔，中书工部侍郎、临川危素记并书，集贤大学士、郡人张璲篆额。至正十五年十一月十一日冬至立石；乡贡进士、静修书院山长杜禹摹勒。石工□□□。(后名记略)①

十四、师子林记

师子林者，天如禅师之隐处也。师既得法于天目山中峰本禅师，退藏于松江九峰者，十有余年。吴门之问学于师者，买地于郡城娄、齐二门之间，实宋名宦之别业。林木翳密，盛夏如秋，虽处繁会，不异林壑，遂筑室奉师居之。屋虽不多，而佛祠僧榻，斋堂宾位，萦回曲深，规制具备。林中坡陀而高，石峰离立，峰之奇怪而居中最高状类狮子，其布列于两旁者，曰含晖、曰吐月、曰立玉、曰昂霄，其余乱石磊砢，或起或伏，亦若狻猊然，故名之曰师子林。且谓天目有岩号师子，是以识其本云。立玉峰之前，故有栖凤亭，容石磴可坐六七人，遗基在焉。驾石梁绝涧，名小飞虹，昔人刻字尚存。修竹万个，绕其三面。高昌石岩公为书菩提兰若榜其门，简斋公题其燕居之室曰卧云，传法之堂曰立雪。庭有柏曰腾蛟，梅曰卧龙，皆故所名，今有指柏之轩，问梅之阁，盖取马祖赵州机缘，以示其来学。曰冰壶之井、玉鉴之池，则以水喻其法性云。狮子峰后，结茅为方丈，扁其楣曰禅窝，下设禅座，上安七佛像，间列八镜，镜像互摄，以显凡圣交参，使观者有所警悟也。师名维则，庐陵之永新谭氏世名家，初阅雪岩钦禅师禅铭，感其言之勇猛精进，励志求学。海印如禅师道过永新，问答有契，时师年才二十余，如禅师大奇之。其后乃师事本禅师最久，付授之外，深造远诣，莫可涯涘。本禅师尝嘱师发明《首楞严》之旨，因参酌诸家异同，为《会解》行于世。吴楚之名刹多欲屈师主之，而师坚卧不应，四

---

① 柴汝新，等.古莲花池碑文精选近现代新增碑刻[M].保定：河北大学出版社，2012：153.

方之为学者，奔走其门，皆虚往而实还。师之为教。(下阕)①

十五、金灯金船记

三真礼文既成，敬录一帙，焚于金炉。仍具简附求见金灯，焚罢，天色将晚。又祝云：如蒙不薄非文，下鉴鄙意，愿见金灯，以示人神相感之兆。如或弗宣圣德，弗如圣意，即当焚其稿，不敢流传于世。时宿山数十辈，悉皆拜叩，同愿睹此祯瑞。须臾微光发见，三三五五，渐渐百十，由是愈拜愈多，至于千万。乃夜分又见一金船中，载鼓乐旌节，幢幡宝盖，花台如意方壶，悉自紫元洞门，继继而出，遍满虚空，尽成金色，辉煌四达，所在见者莫不惊喜交集，不胜踊跃。予感荷无已。因作古风一篇，以志感云："积念撰俚文，投献冀灵异。去天咫尺间，可以通上帝。焚香敬百拜，星明夜不寐。请仙见金灯，以酬平生志。宿山数十人，果然愿皆慰，须臾清风生，微光发祥瑞。顷刻更渐盛，三五作遥势。欻然变千百，磊落环巨细。众目悉瞻之，感叹获神契。有生曷尝观，把笔宜相记。我欲命丹青，图之以传世。圣德所感召，自可书国志。作诗纪其由，摛词愧工丽。我将斯濯缨，脱去功名累。于斯卜终焉，常作玉皇侍。"②

十六、余姚州判叶恒颂（题目代拟）

余过越余姚州，父老来见，道其州判官叶君之政。且曰："世徒知叶判官作海堤而已，若其它政之可书者，顾安得而传之耶！"君四明人，而余姚是邻其父母之邦。施诸事功，使民不忘如此，然后知儒者之果足用也。乃采诸父老之言，序次以为之颂，以播其美于无穷。词曰：

我行海滨，海波沄沄。公作石堤，其来如云。大役斯兴，与海为敌。民弗告劳，道我以德。昔堤未作，岁为之防。征敛百须，叫嚣纷攘。潮汐啮冲，害我稼穑。公恤疲氓，其心孔恻。载抚载观，雨沐风餐。周行徘徊，谋虑聿殚。海塘之成，黍稌克积。贡赋以时，爰有粒食。州昔洊灾，新作谯门。范金刻漏，式谨昕昏。疏渠备畜，以时蓄泄。复此百人，什有伍茧。乃树公宇，崇墉墉言。岂为游衍，俎豆昔贤。茗莽锡贡，民忧实大。曾不逾旬，去其患害。附场之盐，

---

① （元）释道恂. 师子林纪胜集·卷上 [M]. 扬州：广陵书社, 2007: 236.
② （明）崔世召. 华盖山志 [M]. 长春：长春出版社, 2004: 105.

孰肆毒痛。公白漕使，民乐以输。兵卒巡盐，田野愁惕。愤疾其为，状乃贪墨。裨将造庭，长跪致辞。公实爱民，惟我怙私。上虞之令，文致范宝。杨言使者，盍正天讨。官盐五艘，军吏阻之。乃酌其情，罪止于笞。金陈之子，实相表里。私鬻海醝，根株无已。诸父訐姦，骨肉相夷。公议屈法，以厚民彝。农死其母，厚诬田主。公至治之，明诸宪府。发冢之盗，律著严刑。搧撼吾吏，抗言公庭。有盗党成，久稔凶恶。拒伤官兵，卒就擒缚。亦有昆弟，作伪厉民。移书长洲，令式毕陈。御史孔巖，芟剔积蠹。省抑浮费，民以宽裕。公在公堂，书延师儒。讲肄刑政，诵诗读书。层构俯江，太史实记。龙泉之山，空翠有蘬。询彼耆艾，播于颂声。系厥去思，用垂光荣。①

十七、春亭先生徐君子高墓志

宋季元初，淳安有处士，号春亭，讳梅叟，字子高，是为梅窗先生。讳鈜，字怀乡者之曾孙。讳必恭字季安者之孙。其人才美而学粹，守约以求仁，无所謟屈，倜傥疏通，不为俗学。其先君十二将仕为融堂舅氏，则梅叟于融堂弟也，师焉。公又学于融堂之子诚甫，故多得先生之学，所资为深。时尚举子业，邑士相率为经社月课，先生年最少，课每居上，主文奇之，邑咸传写其文以相劝励。未冠，两以《书经》中本州补试，年二十六又以《诗经》充诸生，例当入国学，不就，志欲从甲科成名。未几，宋亡。元至元，有司以望士聘，而绝意于出矣。比邻吕首之，讳人龙先生，为《易传》注未脱稿，临终以授先生，曰："成吾志者，子高也。"卒为订正以传。先生生于淳祐己巳十一月初十日，卒于至元庚寅八月初五日，年四十有六，以元延祐己未十二月初十日葬于湖头里。梅窗先生墓侧配方氏，生于宋淳祐庚戌九月二十日，卒于元至顺癸酉正月十三日，年八十有四，以后至元丁丑八月十九日附葬。子三：曰新之，字伯初；曰直之，字仲孺，郡庠生；季曰南老，字仲南，出继，景山林。大明洪武己酉，仲孺之子尊生，以布衣应诏来京，修《元史》，定礼书。讫事将告归，状先生之事于右示予，且请曰："尊生不及识大父为人，而逮事祖母，幼闻祖母及先子言及大父为人之略如此，先子尝欲求撰述于当世，未果。尊生蒙知爱于先生，愿乞文表诸墓上，以终先子之志，幸哀而昇之。"素曰："昔予修《宋史》，论著融堂之传，尝叹其学术之光明卓伟，今乃知其亦为徐之自出，而徐氏世传其学，

---

① 慈溪市地方志编纂委员会办公室. 慈溪海堤集[M]. 北京：方志出版社，2004：169.

文献犹足征哉！徐氏以儒名家，自将仕以下多达者，至春亭将达矣，而厄于时。尊生既赴青云之会，又雅志泉石，辞禄而归。吾闻屈久则伸，天道也，其又复有达者乎？且自将仕至尊生之兄弟，凡八世，几三百年，代运屡革，而一门儒绅弗斩，岂偶然哉？故为之铭曰：

春亭之学，远有综绪。将奋而潜，逢运之去。又三四传，缵承益固。积厚流光，惟天所与。我作显志，以昭祖武。以揭儒绅，以诏来者。洪武三年春三月，临川危素撰。"（徐尊生《赘叟遗集·卷五》）

十八、宋八行先生赠太师追封越国公史公表

越史氏数世显荣，胄系繁盛，求之古者，鲜与之俪。论者以为必其先世积累之久，而后致此也。乃若八行太师，言行有不可胜书者，抑何其世泽之深长哉！公七世孙温州路永嘉书院山长公袭以书抵京师，请表鄞县阳堂乡长乐里之墓，揭德振华，以励後之为善者。素以越巨海以为托，义不可辞。

公讳诏，字升之。世居鄞。曾祖维则，祖成赠太子少保，父简赠太师、冀国公。初为郡吏，事后母任夫人至孝。郡人为竞渡戏，任夫人欲观之。兄弟俱贫，冀国公独鬻衣具，酒肴以娱亲。郡守召，未遑即至，遂斥罢之，因愤悒以殁。冀国夫人叶氏方娠，父母将夺而嫁之。夫人泣曰："宁死，非所愿。尚冀遗腹以续史氏之祀耳。"越三月，实生公，宋嘉祐二年十一月二十九日也。公顾秀丰采，自少巍然有立志。同学有亡钗名钏，泣不敢还。公以所饰钗畀之，曰："弟归，毋泣也。"尝解衣以惠饿人，夫人闻之。曰："吾儿能尔，史氏不坠矣！"长从乡先生楼公游，与丰清敏公同砚席。叶夫人诫之曰："为士者，孰不操笔为文词？要当慕古人行己为先。"公益自策励，严於律身，而以孝义闻。大比之岁，三舍法行，辄引避。曰："无母之节，安有史氏？尚不自谦，复欲为利达计耶？"终其身以致养。或曰："取荐於乡，亦所以荣亲也。"公曰："朝廷设科，冀获其用。可窃之而为已荣乎？设与贡，则初志爽矣。忘亲欺君，所不可为。"幼习三礼，取《士礼》以为家法。初，叶夫人寡居，饘粥至弗给，攻苦食淡，铢累寸积，赀产寖饶，而汲汲以济人为事。尝曰："既已为人，无论已愈，特患力不足而已。"公委曲承顺，营度施予，以承母志。贫不能自给者，岁时周之以为常。故旧子弟，教养於家赖公成立者众。嫁遗女二十馀人。丧不能举者，买山葬之。他日适东郭，闻将鬻女偿官逋而悲泣者，公潜遗之钱，戒家童勿洩。逾数年，公舣舟其门，女以妨浣濯，诟令移舟。家童怒，竟以遗钱免鬻事责之。

女大惊，同父母罗拜於前，曰："今乃知恩人为秀才也！"公谢以为僮仆所妄言。既还，责之曰："吾岂以此要誉者乎？"

政和间举八行，其乡以公应诏。有旨津遣赴京。公曰："用事者设此科，必为所私地。诸公以某充数，误矣。"乃奉母东走七十里大田山。郡守遣从事趋就道，固辞不赴。崇宁二年，鄞进士王莘坐上书诋诬，下有司拘收。人自讼。公闻之，谓所亲曰："时事若此，而应此举乎！"丰公以直道自任，与公独能矫时自立，识者高之。丰公常称公学类徐仲车，阴德类窦禹钧，是世为婚姻。陈忠肃公著《尊尧录》，成，以书报公曰："君尘埃物外，四明士唯君可语耳。"乃徙天台，赋诗为别。

公读《尚书》，谓伊尹以太甲昏迷，营宫于桐以居仲壬之忧，实未尝放，而人犹以为放也。周公肃承王命，往洛卜宅，奉图献卜，复命於王，汉儒复辟之说无据。周、召同心王室，周公将告老，召公忧难其继，《君奭》一书，周公勉召公之辞。时先儒传注未行，公处海隅，无所因袭，得于卓然之见，盖如此。

建炎四年六月二十五日卒，享年八十有四。以孙曾贵，凡二十一赠，至太师，追封越国公。娶徐氏，追封越国夫人。生五子，师仲、才、木皆由乡贡游辟雍，尽呼之归曰："时事日非矣，归守坟墓，犹可赊死。"长子师仲闻命即还，后赠太师，追封越国公。才登政和八年进士，仕至端明殿学士、签书枢密院事，赠金紫大夫。木以曾孙嵩之入相，赠太师，追封卫国公。女真犯明州，公具巨舟，载姻族数百人避海中，给以廪饷。兵至城中，杀戮甚酷。俘指公之庐曰："史孝子家"，则以鼍灰书于门，曰："勿犯善人家。"公殁之，木以过哀卒。次曰禾，曰光。女六：婿贝必先、姚孚、王敏，一为比丘，二蚤世。孙男十三人：浩登绍兴十五年进士，相孝宗，以太师、保宁度使致仕，谥忠定，追封越王，配享庙庭。渊太府寺丞，知江阴军、宣义郎。溥承议郎、通判湖州军州事。源监绍兴府曹娥场，累赠大夫。湛修职郎。涓承议郎、南康军金判，主管冲右观，赠中散大夫。渐累赠太师，追封齐国公。溶承奉郎。浚通判婺州事。济赠承议郎。澄累赠朝义郎。泫赠中散大夫。

曾孙男四十有一人：弥大登乾道十五年进士，仕至礼部侍郎，进少傅、银青光禄大夫，追封奉化郡开国侯，谥献文。弥正赠少师。弥高赠奉直大夫。弥明、弥性、弥约、弥焕，俱学士，未仕。弥纶太子宫准备差遣。弥邵知邕州。弥文通直郎。弥年承节郎。弥广殿前中军统领。弥章海门县主簿。弥茂修武郎。弥壮学士，未仕。弥忠赠太师，追封齐国公，谥文靖。弥逊台州司法。弥亮建

231

昌县丞。弥著登仕郎。弥宁知泰州。弥迥知宝庆府。弥恕赠朝议大夫。弥谦承信郎。弥隆枢密院准备差遣。弥久学士，未仕。弥远登淳熙十四年进士，仕至太师、右丞相，赠中书令，追封卫国忠献王。弥愈登淳熙十四年进士，仕至中奉大夫，直敷文阁，赠大中大夫。弥庄、弥晔俱学士，未仕。弥坚仕至端明殿大学士、光禄大夫，赠资政殿大学士、奉化郡开国公，谥忠宣公。弥谨登庆元五年进士，仕至朝奉大夫。弥愿国学生，未仕。弥遵学士，未仕。弥进承务郎，知上饶县丞。弥林赠朝奉大夫。弥巩登嘉定十年进士，仕至中奉大夫，直华文阁少师，封鄞县开国男。弥迈赠朝奉郎。弥忞登嘉定七年进士，仕至朝议大夫，直宝章阁，封鄞县开国男。弥炳知邵武军，赠中奉大夫。弥厚仕至奉直大夫，知容州。弥应登嘉定七年进士，仕至朝请大夫。弥赞从政郎。元孙而下盖不胜书矣。

素尝承绍修《宋史》，征文献于东南，公之子孙往往能道其先世。《易》曰："积善之家，必有馀庆。"表公之墓于易世之后，所以昭公论于既往，垂劝戒于将来也。元至正二十四年甲辰八月既望，翰林院学士承旨、荣禄大夫、知制诰兼修国史临川危素表并书，集贤院大学士、光禄大夫、滕国公致仕清苑张瓁篆。①

十九、招讨副使倪公九畴墓碑铭

略曰：倪副使仕唐昭宗，时值乱，称疾谢事，由平阳航海抵象山缯掤岭。见一人状若童子，徘徊水际，达岸招之，遂失其人。登高四顾，爱其山盘地迥，遂卜居于此。□长居邑廛，次居梅溪，三居钱仓。又曰：当唐之末，盗贼纵横，豪杰并起。方钱镠诛董昌，并州郡，固修武荣名建功之日，乃退挈其妻孥遁藏山海间，可谓度越众人。视彼一时势位而声名泯没，其于修武遗爱在人更数百年者，得失较然矣。倪副使墓，今四百四十余年，其裔钲始得修复。至元三年八月刻石记之。②

二十、古鼎铭禅师塔铭

元顺帝至正四年，素以王事留觐，暇日泛钱湖至青山寺，盖古鼎铭禅师隐

---

① 史美露. 南宋四明史氏［M］. 成都：四川美术出版社，2006：190.
② ［明］毛得京，杨民彝，周茂伯，等. 天一阁藏明代方志选刊续编·嘉靖象山县志（浙江）·第30册［M］. 上海：上海书店出版社，1990：305.

处也。师方出主补怛洛迦山，瞻挹道风，莫能遂一见。素既还朝，师两升巨刹，大振玄学，道重东南。凡十有四年，为至正十八年，而师示寂，其门人仁淑万金以书若状来请铭其塔。按：师讳祖铭，字古鼎，姓应氏，世居四明之奉化。从祖徽宗参知政事，父贞，母叶氏。师生于元世祖至元十七年十二月二十九日，幼颖悟，不近荤食。稍长学道，通《左氏书》，而尤嗜释典。年十八，厌处尘俗，以父母命，从金峩寺横山锡公学出世法，锡公钟爱之。二十有五，得度受具戒，出游诸方，首以竺西垣公于天童山为内记，寻走闽浙，多所参访，莫有契者。时元叟端禅师在灵隐寺，师往谒焉。一日入室，扣以黄龙见慈明机缘，元叟诘之曰："只如赵州云'台山婆子被我勘破与'与慈明笑曰：'是骂耶？'你且道二老汉，为复肝胆相似？为复鼻孔不同？"师云："一对无孔铁锥。"叟云："黄龙当下悟去，又且如何？"师云："也是病眼见空花。"叟云："不是不是。"师拟进语，叟便喝，自是坦然无疑滞。未几，命居记室，晨夕警发，益臻其阃奥。一时德誉蔼著，所与交游，皆雅望之士，去留丛林轻，而师愈谦抑自持。有以与从为相迎者，悉谢绝云："惟杖履而已。"元统元年，师五十有四，始自径山出住昌国之隆教寺，学者不惮步险，争愿趋往席下。后八年，乃迁宝陀寺，即补怛洛迦山也。浙东都元帅完者都公威震海上，而于师执礼甚恭。日本商航数奉国命，盛赍金币来聘，师每避去。至正五年，浙江丞相朵儿知国王，领行宣征院事，特移师住杭之中天竺。七年，乃迁师还主径山。师在中竺时，有童子仇姓者，从师荷包笠，夜宿苏之承天寺，见空中有以宝鼎左右翼卫皆天神，若有所告，曰："天帝以此鼎还赐径山也。"诘旦，以事质其僧，曰："此必古鼎禅师还迁径山也。"日与之俱来，为求给役，俄而径山命下，闻者异之。京司以师法席之盛，锡号"慧性文敏宏学普济禅师"。十一年，颖豪乱作，师治妙明庵于放生池上，曰："吾将老于此焉。"十七年，杭再受兵，师退而庵居。又数月，苗獠焚掠径山。丞相达识铁木迩公延师至都之云居庵，暇则诣师，咨叩宗门玄旨，请礼弥笃。一日请看经次，师惟默坐，公问："长老何不看经？"师云："寻行数墨为看经耶？"公无语，师翻经云："老僧看经，看经去也。"公以手覆经云："请与说破。"师云："伊尹、周公阿谁做？"公遂领悟。周贞良公特主中竺，谓："'师'尝阐化是山，请归了幻庵。"已而有微疾，澡浴更衣，集众危坐。致书丞相，嘱以外护佛法之意。俄而指语其徒曰："观世音金台至矣，吾平生兼修之功有验也。"乃大书偈曰："生死纯真，太虚纯满。七十九年，摇篮绳断。"

书已，掷笔而逝，五月二十二日也。先一日，丞相梦师告别，即遣吏候问，而师已化去，为之嗟悼不已，致赙有加。龛留七日，颜貌如生，行院概郡府官僚，盛设俎奠于道。荼毗时，舌根数珠皆不坏，得五色光舍利无算。其徒收取舍利与不坏者，建塔于径山及隆教、宝陀、青山焉。世寿七十九，僧腊五十五。有《四会语录》暨外集若干卷传于世。师意度直率，不为缘饰，居处物用，清苦淡泊。晨兴盥颏以致瀚濯，未尝役僮仆。自幼至耆年，未尝少休，修净业礼观世音像，日必千拜。而于大法洞彻玄微，开示直截，踔历纵横，应变无穷。虽门庭峻拔，若不可少杀，随其凤器，慈悲诱掖，成就为多。至于文学乃师之世业，里中袁文清公桷、金华胡公长孺、黄公溍、蜀郡虞文靖公集、长沙欧阳公玄，咸称慕之。见诸文字者，举可征已。所度弟子若干。素向承诏纂修《宋史》，实论著参知政事。师为公世胄，虽离尘绝俗，而所建立章章若是，序而铭之，有不容辞。铭曰：达磨西来，直指心性。后列五宗，临济为盛。妙喜在宋，其道弥尊。灯分淑世，有烨后昆。猗慧性师，笃生海裔。家学有源，簪缨之系。乃慕空乘，受业金錂。壮游海岳，掉臂而过。投锡于吴，泠泉是游。遂逢硕师，开厥蕴奥。在昔黄龙，有大机缘。群疑一去，竟绍真传。为法出世，道行岛屿。竺峰再迁，其化益普。爰升双径，有奕有耀。元臣钜夫，稽首受教。十年化洽，息影岩扃。靡显靡晦，龙象纯纯。倏尔而逝，生死俱寂。空洞混冥，谁究其极。瞻彼窣堵，来学攸思。记德贞铭，宗伯告辞。（宋奎光《径山志·卷六》）

二十一、日本建长寺竺仙和尚塔铭

禅师讳梵仙，字竺仙，族徐氏，世居庆元之象山县。大父某，为校官。父应，母欧阳氏，生三子，师其季也。生至元二十九年十一月。六岁就学，逾年通韵书翻切，能诵《心经》。体清臞而绝荤腥。十岁，亲命从别流源公于吴兴资福寺。十有八依杭之灵山瑞云隐公受公牒，礼其师虎岩伏禅师塔，落发具戒。首见晦机熙禅师于净慈寺，复从天童山云外岫禅师。时景元端禅师在灵隐寺，东屿海禅师在净慈寺，止岩成禅师在虎跑，师皆造焉。至金陵保宁寺，以古林茂禅师为之依归。古林呼为日本国师，宅日留径山，会日本聘明极俊禅师，挽师偕行。岁己巳夏，鰺闽至日本，掌国诸官迎劳勤至，授馆大庆宅。江守江氏直庵，即欲以丰州万寿寺处师。僧意曰："师名已达国中，未可也。"明年入国，馆于建长寺。相州守平氏高时，一见如平生欢。明极住建长，师为第一坐。别驾藤高景为极弟子，请于国主，以师主南禅，欲其嗣明极，笑而却之。大江氏复以万寿聘，皆不起。岁壬申，平氏以净妙寺起师，高景峻阻。平氏曰："惟我命。"开堂然古林香，直庵甚喜。平氏亡，源氏当政，兄尊氏仁山、弟直义古山，为其母夫人延致私第，敬礼尤笃。寺前迫官舍，一夕兵燹。古山请以畀寺，开拓门径，为一方伟观。岁甲戌，直庵亡，遗命仍以万寿聘，源氏固留，而延论起师，主净智寺，赐金三万，地三千亩。及天柱峰下故址，为寿塔，下瞰大海，绝类楞伽山。作楞伽院，构亭绝顶，曰妙高。燕居曰一粟乾坤、曰语心堂、曰含晖室、曰最胜岩。岁戊寅，直庵之子吏部郎中大江氏泰，承先志，以关东三浦无量寿寺请师开山。明年辞净智。岁辛巳，住瑞龙山南禅寺，中使录所说法，命升其寺五山上，大纳言兼征夷大将军仁山，偕左武卫将军古山入寺。饭僧，请升坐说法，嘉叹而去。退处逾月，复主寺事，相其形势，凿陂潴水，曰豢龙陂，作锁春亭其上。岁癸未五月，太上皇咨叩法要，大悦，赐馔。且曰："师其加餐，国中荣之。"未几勇退，被命建寿塔，亦曰楞伽院。岁乙酉，仁山施田，资香灯。明年受真如寺命。又明年主建长，举行禅林典礼。岁戊子四月，以疾谢事。七月还净智。户部侍郎藤氏宪显来讯，言于仁山长子左典厩将军义诠君，施房州正木乡田若干亩，澹其塔。将终，门人悲泣，竞求真赞，援笔应之，大书遗偈，泊然而逝。七月十六日，归全身于最胜塔，世寿五十有七。僧腊三十有九，度弟子若干人。后十有七年，门人海寿，致师同门了庵欲禅师所记求铭其塔，且谓："师初闻开寿寺商隐予公，亲见此庵珙公。商隐隔壁闻咳嗽，问何人，师曰：'行脚僧。'曰：'尔胡不知时。'师曰：'豫晚通报，来早相看。'商隐异之，出问：'行脚切要事。'师曰：'非时要见主人翁。'曰：'若何是汝主人翁。'师曰：'今日相见太晚。'曰：'且坐吃茶。'尝宵征造保宁，适姑苏万寿寺。众请古林升坐，一闻举唱，心地豁然。及下坐进拜，问乡里，师曰：'明州。'曰：'有布袋和上否？'师曰：'今不在彼。'曰：'他说等个人，聻。'师曰：'即今来也。'曰：'作何面目？'师曰：'且请跌坐，容某礼拜。'古林欣然，许就弟子列，仍侍香保宁。他日方馔，古林曰：'菩萨子吃饭来。'师曰：'来也来也。'曰：'是何物来？'师曰：'和上唤（底曰唤即不无）来底不是？'曰：'和上年尊，认他不着。'古林喝曰：'吃饭去。'他日入室，古林曰：'一字不着画是何字？'师曰：'金刚铸铁券。'曰：'一字也不识。'师曰：'不识最亲。'古林便喝，师机锋颖脱，英气逼人。故古林示以卍庵在佛果处杂妄想之语，不觉流汗浃背，阅大慧广录于汤泉，所重脱然。古林问曰：'前日因何纳败阙？'师曰：'不敢。'"自此无所滞碍，则其所承传者，宜载诸此。

师有《六会语录》行于世，可观其所造矣。铭曰：大洋海上为扶桑，土俗柔仁性则良。身毒之法其源长，相承笃信久益昌。禅师蚤岁流声光，漫驾大舶天吴藏。稻荷之山瑞龙阳，真如建长法雨滂。机锋迅疾莫敢当，楞伽兰若生清凉。临行偈赞何浪浪，曾台林古栖凤凰。众雏萋徕五辨彰，和鸣邕邕应宫商。纷敷宝塔功德香，弟子雪涕俱彷徨。史家述铭示无疆，行业终古传东方。（释梵仙《四明竺仙和尚语录》）

二十二、同居帖

素顿首再拜照磨相公彦平先生侍右：不见颜色者两月，岂胜倾想！比审台候安乐，尉兹拳拳。仆往来雄、霸，苟安，皆休庇所逮，不烦念及。王文敏主簿家于陕右，亦七世同居，闻名门家法之懿，愿一见焉。亲友子白试中，平昔荷垂念，必为之喜。大学士丈丈、令侄博士相公昆仲，俱附致区区。春深，更冀顺序厚加保爱，式迓福祉。不备。晚契生危素状上。

二十三、附书帖

素顿首再拜彦平幕府相公侍史：向留虎林，过荷款遇。近洊蒙赐翰，损惠妙笔，感佩不可言。盛暑，伏惟履候纳福为喜。今日闻令侄将往上都，想亦自有音问。诸公闻使宅家法，皆欲歌咏盛美，第为史事所拘，未能各各求之，然谨在下怀也。陈君二书，欲烦寻便附到武义，盖欲求马公等逸事于彼。去岁外有数小书，恐抄毕，亦望附下，幸甚。匆匆布此，不能端谨，仰冀厚自保爱。不备。六月十日，契生危素状上。

二十四、史事帖

素顿首再拜长史浚常相公阁下：昨日专诣门墙，值车从未还。史局事再有公文上达相府，有烦投呈。此事有可成之时，亦圣君贤相事业垂世之一事也。数数渎台听，惟高明亮其心耳。不备。契生危素状上。（郑太和《麟溪集寅卷》）

二十五、题故中书舍人南丰先生曾公谥议后（题目代拟）

右《曾文定公谥议》，刘忠公□□。{素}□国家修《宋史》，奉命求天下遗书。来会稽，造忠公之家，得此议。伏读之，服其公论。昔先师吴文正{公}

谓："曾公之学，得于孟氏不传之后，程氏未显之前。"｛则文定｝之谥不为过矣。曾公口孙元默，类录其家所得诸名公文字，而阙（缺）此篇，将录以寄之。至正四年四月廿五日，第四局史官危素记。①

【校记】

〔一〕刘忠公口口，《（上虞）刘氏宗谱》作"刘忠公所作"。

〔二〕｛素｝口，《（上虞）刘氏宗谱》作"｛素｝以"。

〔三〕曾公口孙元默，《（上虞）刘氏宗谱》作"曾公族孙元默"。

二十六、题《铁笛道人传》绝句四首（题目代拟）

太液池头春昼迟，太行飞翠拂晴漪。落花啼鸟多芳思，试问游人恐未知。腊酒吹香度水滨，落花多处碾朱轮。春光不属闲莺燕，偏入晴窗更恼人。玉殿遥瞻雉扇开，凤笙龙管递相催。晚来千骑东华道，知是朝臣锡燕回。红杏枝头露未晞，玉阶无数乱花飞。故人昨日题诗罢，却从台臣奏疏归。危素上。（李日华《味水轩日记·卷八》）②

二十七、送郡博林双梧赴虔州时以作县改官

酹酒送君暑雨中，客踪何事逐飘蓬。风波世上真难料，竽瑟人间若最工。来去有期怜社燕，翻飞无意愧冥鸿。故国咫尺隔万里，安得行吟时杖筇！③

二十八、三皇飨祀乐章

降神，奏《咸成之曲》：

黄钟宫三阕

于皇三圣，神化无方。继天立极，垂宪百王。聿崇明祀，率由旧章。灵兮来下，休有烈光。

降神，奏《宾成之曲》：

---

① 张燕婴. 稿本《故中书舍人南丰先生曾公谥议》述略[J]. 文学遗产，2008（3）：126-132.

② 按：原文诗前文字：十六日，客有以姚云东楷书《铁笛道人传》见示者，爱而录之。铁笛道人者，会稽人。积书数万卷。……又危太朴小楷书绝句四首，想其自作也。

③ 黄林南. 赣南历代诗文选[M]. 南昌：江西人民出版社，2013：140.

大吕角二阕

帝德在人，日用不知。神之在天，矧可度思。辰良日吉，蕆事有仪。感以至诚，尚右享之。

降神，奏《顾成之曲》：
太簇徵二阕

大道之行，肇自古先。功烈所知，何千万年。是尊是奉，执事孔虔。神哉沛兮，泠风驭然。

降神，奏《临成之曲》：
应钟羽二阕

雅奏告成，神斯降格。妥安有位，清庙奕奕。肸蚃潜通，丰融烜赫。我其承之，百事无斁。

初献盥洗，奏《蠲成之曲》：
姑洗宫

灵斿庡止，式燕以宁。吉蠲致享，惟寅惟清。挹彼注兹，沃盥而升。有孚颙若，交于神明。

初献升殿。奏《恭成之曲》：
南吕宫

齐明盛服，恪恭命祀。洋洋在上，匪远具迩。左右周旋，陟降庭止。式礼莫愆，用介多祉。

奠币，奏《祗成之曲》：
南吕宫

骏奔在列，品物咸备。礼严载见，式陈量币。惟兹筐实，肃将忱意。灵兮安留，成我熙事。

初献降殿。与升殿相同。
捧俎，奏《阙成之曲》：

姑洗宫

我祀如何，有牲在涤。既全且洁，为俎孔硕。以将以享，其仪不忒。神共迪尝，纯嘏是锡。

初献盥洗。与前同。
初献升殿。与前同。
大曎宓牺氏位酌献，奏《阙成之曲》：
南吕宫

五德之首，巍巍圣神。八卦有作，诞开我人。物无能称，玄酒在尊。歆监在兹，惟德是亲。

炎帝神农氏位酌献，奏《阙成之曲》：
南吕宫

耒耜之利，人赖以生。鼓腹含哺，帝力难名。欲报之德，黍稷非馨。眷言顾之，享于克诚。

黄帝有熊氏位酌献，奏《阙成之曲》：
南吕宫

为衣为裳，法乾效坤。三辰顺序，万国来宾。典祀有常，多仪具陈。纯精邕达，匪籍弥文。

配位酌献，奏《阙成之曲》：
南吕宫

三圣俨临，孰侑其食。惟尔有神，同功合德。丕拥灵休，留娱嘉席。历世昭配，永永无极。

初献降殿。与前同。
亚献，奏《阙成之曲》：终献同。
姑洗宫

缓节安歌，载升贰觞。礼成三终，申荐令芳。凡百有职，罔敢怠遑。神具醉止，欣欣乐康。

撤豆，奏《阙成之曲》：
南吕宫
笾豆有践，殷荐宣时。礼文疏洽，废彻不迟。慎终如始，进退无违。神其祚我，绥以繁釐。

送神，奏《阙成之曲》：
黄钟宫
夜如何其，明星煌煌。灵逝弗留，飙举云翔。瞻望靡及，德音不忘。庶回景贶，发为祯祥。

望瘗，奏《阙成之曲》：
姑洗宫
工祝致告，礼备乐终。加牲兼币，讫薶愈恭。精神斯罄，惠泽无穷。储休锡美，万福来崇。①

---

① 注：（明）宋濂等《元史卷七十七志第二十七下》，清乾隆武英殿刻本。

参考文献

一、古代典籍
史部
[1] [宋] 欧阳修,等. 新唐书 [M]. 武英殿刻本. 清乾隆.

[2] [宋] 司马光,等. 资治通鉴 [M]. 四部丛刊景宋刻本.

[3] [宋] 路振. 九国志 [M]. 清守山阁丛书.

[4] [明] 夏良胜. (正德) 建昌府志 [M]. 明正德刻本.

[5] [明] 龚锡爵. 永新县志 [M]. 刻本,1578 [明万历六年).

[6] [明] 王世贞. 明朝通纪会纂 [M]. 清初刻本.

[7] [明] 雷礼. 国朝列卿记 [M]. 徐鉴刻本.

[8] [明] 李贤. 明一统志 [M]. 清文渊阁四库全书本.

[9] [明] 宋濂,等. 元史 [M]. 北京:中华书局,1977.

[10] [明] 陈建. 皇明通纪集要 [M]. 明崇祯刻本.

[11] [明] 姚广孝,夏原吉,等. 明太祖实录 [M]. 台北:台北"中央研究院"历史语言研究所,1962.

[12] [明] 廖道南. 殿阁词林记 [M]. 清文渊阁四库全书本.

[13] [明] 焦竑: 国史经籍志 [M]. 丛书集成初编. 第28册. 北京:中华书局,1985.

[14] [明] 冯梦龙. 甲申纪事 [M]. 刻本,1645 [明弘光元年).

[15] [明] 陆应阳. 广舆记 [M]. 清康熙刻本.

[16] [明] 佚名. 秘阁元龟政要 [M]. 明抄本.

[17] [清] 王昶. 金石萃编 [M]. 清嘉庆十年刻同治钱宝传等补修本.

[18] [清] 吴修. 续疑年录 [M]. 清嘉庆刻本.

[19] 光泽县志 [M]. 刻版, 1683 [清康熙 22 年).

[20] [清] 李绂. 陆子学谱 [M]. 清雍正刻本.

[21] [清] 黄宗羲. 宋元学案 [M]. 点校本. 北京: 中华书局, 1986.

[22] [清] 谢旻. (康熙) 江西通志 [M]. 清文渊阁四库全书本.

[23] [清] 张廷玉, 等. 明史 [M]. 北京: 中华书局, 1974.

[24] [清] 黄虞稷. 千顷堂书目 [M]. 清文渊阁四库全书本.

[25] [清] 永瑢, 纪昀. 四库全书总目 [M]. 清乾隆武英殿刻本.

[26] [清] 曾濂. 元书 [M]. 宣统三年曾漪堂刊本.

[27] [清] 张廷玉等. 明史 [M]. 清抄本.

[28] [清] 陆心源. 皕宋楼藏书志 [M]. 清光绪万卷楼藏本.

[29] [清] 莫友芝. 藏园订补郘亭知见传本书目 [M]. 傅增湘, 订补. 傅熹年, 整理. 北京: 中华书局, 2009.

[30] [清] 于敏中, 等. 清人书目题跋丛刊 [M]. 北京: 中华书局, 1995.

[31] [清] 金星轺. 文瑞楼藏书目录 [M]. 北京: 商务印书馆, 1935.

[32] [清] 谈迁. 国榷 [M]. 清抄本.

[33] [清] 查继佐. 罪惟录 [M].《四部丛刊》三编, 景手稿本.

[34] [清] 谷应泰. 明史纪事本末 [M]. 清文渊阁四库全书本.

[35] [清] 吴裕垂. 史案 [M]. 清道光六年大成堂刻本.

[36] [清] 夏之蓉. 读史提要录 [M]. 1772 年刻本.

子部

[1] (元) 吴镇.《梅道人遗墨》补 [M]. 陈华宗, 辑补. 嘉兴: 嘉善文史资料研究委员会·第 5 辑, 1990.

[2] [明] 周清原. 西湖二集 [M]. 明崇祯刊本.

[3] [明] 慎懋官. 华夷花木鸟兽珍玩考 [M]. 刻本, 1581 [明万历九年).

[4] [明] 陆容. 菽园杂记 [M]. 历代笔记小说大观. 上海: 上海古籍出版社, 2012.

[5] [明] 祝允明. 前闻记 [M]. 丛书集成初编本.

[6] [明] 朱存理. 珊瑚木难 [M]. 文渊阁四库全书本.

[7] [明] 凌迪知. 万姓统谱 [M]. 清文渊阁《四库全书》本.

[8] [明] 陈汝锜. 甘露园短书 [M]. 明万历刻清康熙重修本.

[9] [明] 张泰阶. 宝绘录 [M]. 四库全书存目丛书编纂委员会. 四库全书

存目丛书.济南：齐鲁书社，1995.

[10] [明] 张萱. 西园闻见录 [M]. 民国哈佛燕京学社印本.

[11] [清] 王懋竑. 白田杂著 [M]. 清文渊阁四库全书本.

[12] [清] 凌扬藻. 蠡勺编 [M]. 岭南遗书本.

[13] [清] 吴升. 大观录 [M]. 民国九年武进李氏圣译廔本.

[14] [清] 倪涛. 六艺之一录 [M]. 清文渊阁四库全书本.

[15] [清] 梁章钜. 浪迹丛谈 续谈 三谈 [M]. 历代笔记小说大观. 上海：上海古籍出版社，2012.

[16] [清] 高士奇. 江村销夏录 [M]. 北京：中国书店，2018.

[17] [清] 张照. 石渠宝笈 [M]. 清文渊阁四库全书本.

[18] [清] 陶梁. 红豆树馆书画记 [M]. 清光绪八年刻本.

[19] [清] 王杰，董诰，阮元. 中国历代书画艺术论著丛编 [M]. 北京：中国大百科全书出版社，1997.

[20] 鄞县西袁氏家乘 [M]. 天一阁藏光绪二十六年活字本.

[21] [清] 曹溶. 学海类编 [M]. 上海涵芬楼本.

[22] （日）高楠顺次郎. 大正新修大藏经 [M]. 东京：大政一切经刊行会，大正十三年至昭和九年（1924-1934）.

集部

总集

[1] [清] 曾燠. 江西诗征 [M]. 清嘉庆九年刻本.

[2] [清] 吴炎. 今乐府 [M]. 清抄本.

[3] [清] 董诰. 全唐文 [M]. 北京：中华书局，2013.

[4] [清] 沈德潜. 明诗别裁集 [M]. 上海：上海古籍出版社，1975.

[5] 北京大学古文献研究所. 全宋诗 [M]. 北京：北京大学出版社，1998.

[6] 杨镰. 全元诗 [M]. 北京：中华书局，2013.

[7] 李修生. 全元文 [M]. 南京：江苏古籍出版社，1999.

别集

[1] [宋] 周敦颐. 周元公集 [M]. 清文渊阁四库全书本.

[2] （元）欧阳玄. 圭斋文集 [M]. 清文渊阁四库全书本.

[3] （元）李存. 俟庵集 [M]. 清文渊阁四库全书本.

[4] （元）李存. 鄱阳仲公李先生文集 [M]. 北京图书馆古籍珍本丛刊影

243

明永乐三年李光刻本.

　　[5]（元）柳贯. 柳贯集［M］. 魏崇武，钟彦飞，点校. 杭州：浙江古籍出版社，2014年.

　　[6]（元）范梈. 范德机诗集［M］. 四部丛刊景元抄本.

　　[7]（元）虞集. 道园遗稿［M］. 元至正十四年金伯祥刊本.

　　[8]（元）虞集. 道园学古录［M］. 四部丛刊影景泰七年翻元小字本.

　　[9]（元）宋禧. 庸庵集［M］. 清文渊阁四库全书本.

　　[10]（元）赵文. 青山集［M］. 清文渊阁四库全书本.

　　[11]（元）顾瑛. 草堂雅集［M］. 清文渊阁四库全书补配清文津阁四库全书本.

　　[12]（元）丁复. 桧亭集［M］. 清文渊阁四库全书补配清文津阁四库全书本.

　　[13]（元）杨维桢著，吴复编. 铁崖古乐府［M］. 四部丛刊景明成化本.

　　[14]（元）杨维桢. 东维子文集［M］. 四部丛刊景旧抄本.

　　[15]（元）杨维桢. 乐府补［M］. 清文渊阁四库全书补配清文津阁四库全书本.

　　[16]（元）袁士元. 书林外集［M］. 上海图书馆藏七卷抄本.

　　[17]（元）胡助. 纯白斋类稿［M］. 清文渊阁四库全书补配清文津阁四库全书本.

　　[18]（元）迺贤. 金台集［M］. 明末汲古阁刻本.

　　[19]（元）刘诜. 桂隐文集［M］. 明嘉靖抄本，国图15568]

　　[20]（元）危素. 危太朴诗集［M］. 吴兴嘉业堂民国二年（1913）刻本，北京师范大学藏.

　　[21]（元）危素著，刘承干辑. 危太朴文续集［M］. 民国三年（1914）嘉业堂刻本.

　　[22]（元）危素. 说学斋稿［M］. 清东武刘氏味经书屋抄本，国图5136]

　　[23]（元）危素. 说学斋稿［M］. 清彭氏知圣道斋抄本，国图02115]

　　[24]（元）危素. 危学士全集［M］. 清乾隆二十年芳树园刻本.

　　[25]（元）袁桷. 袁桷集［M］. 李军，施贤明，张欣，校点. 长春：吉林文史出版社，2010.

　　[26]（元）吴澄. 临川吴文正公集［M］. 明成化二十年伍福刊本.

[27]（元）虞集. 道园学古录［M］. 四部丛刊影景泰七年翻元小字本.

[28]［明］戴重. 河村集［M］. 清抄本.

[29]［明］宋濂. 宋学士文集［M］. 四部丛刊景明正德本.

[30]［明］郑太和. 麟溪集［M］. 北京图书馆古籍出版编辑组. 北京图书馆古籍珍本丛刊114集部. 北京：书目文献出版社，1998.

[31]［明］宋濂. 宋濂全集［M］. 黄灵庚，校点. 北京：人民文学出版社，2014.

[32]［明］释妙声. 东皋集［M］. 清文渊阁四库全书本.

[33]［明］吴伯宗. 荣进集［M］. 清文渊阁四库全书本.

[34]［明］徐一夔. 始丰稿［M］. 清武林往哲遗著本.

[35]［明］蓝智. 蓝涧诗集［M］. 清文渊阁四库全书本.

[36]［明］戴重. 河村集［M］. 清抄本.

[37]［明］袁忠彻. 符台外集［M］. 四明丛书本.

[38]［明］郑真. 荥阳外史集［M］. 清文渊阁四库全书本.

[39]［明］杨士奇. 东里文集［M］. 北京：中华书局，1998.

[40]［明］徐尊生. 赘叟遗集［M］. 民国二十三年刻本，国图Z2931］

[41]［明］郑玉. 师山文集［M］. 明刻本.

[42]［明］朱元璋. 明太祖文集［M］. 清文渊阁四库全书本.

[43]［明］归有光. 震川先生集［M］. 周本淳，校点. 上海：上海古籍出版，2007.

[44]［明］钱谦益. 有学集［M］. 上海：上海古籍出版社，2003.

[45]［明］文德翼. 求是堂文集卷十七［M］. 明末刻本.

[46]［明］李贽. 李贽全集注［M］. 张建业. 北京：社会科学文献出版社，2010.

[47]［明］林鸿. 鸣盛集［M］. 清文渊阁四库全书本.

[48]［清］顾嗣立，席世臣. 元诗选［M］. 北京：中华书局，2001.

[49]［清］全祖望. 全祖望集汇校集注［M］. 朱铸禹，汇校集注. 上海古籍出版社，2000.

[50]［清］朱彝尊. 曝书亭集［M］. 四部丛刊景清康熙本.

[51]［清］钱熙彦. 元诗选补遗［M］. 北京：中华书局，2002.

[52]［清］葛潄白. 铁崖先生诗集三种. 附录同邑葛氏编辑铁崖全集跋语

十三则 [M]. 诸暨楼氏崇德堂, 光绪十四年补刊本.

[53] [清] 缪荃孙. 艺风堂文续集卷七 [M]. 宣统二年刻民国二年印本.

[54] [清] 汪由敦. 松泉集 [M]. 清文渊阁四库全书本.

[55] [清] 秦瀛. 小岘山人集 [M]. 清嘉庆刻增修本.

[56] [清] 王夫之. 船山遗书 [M]. 傅云龙, 吴可. 北京: 北京出版社, 1999.

[57] [清] 叶德辉. 叶德辉诗文集 [M]. 长沙: 岳麓书社, 2010.

[58] [清] 尤侗. 西堂诗集 [M]. 清康熙刻本.

[59] [清] 赵藩. 向湖村舍诗 [M]. 清光绪十四年长沙刻本.

[60] [清] 钱谦益. 列朝诗集 [M]. 北京: 中华书局, 2007.

[61] [清] 傅占衡. 湘帆堂集 [M]. 康熙六十一年活字本.

[62] [清] 王夫之. 船山遗书 [M]. 傅云龙, 吴可. 北京: 北京出版社, 1999.

[63] [清] 李绂. 穆堂类稿 [M]. 道光十一年奉国堂刻本.

[64] [清] 夏宝晋. 冬生草堂词录 [M] //清代诗文集汇编编纂委员会. 清代诗文集汇编. 上海: 上海古籍出版社, 2010.

诗文评

[1] [明] 王世贞. 艺苑卮言 [M]. 明万历十七年武林樵云书舍刻本.

[2] [明] 姜南. 蓉塘诗话 [M]. 明嘉靖二十二年张国镇刻本.

[3] [清] 吴仰贤. 小匏庵诗话 [M]. 光绪八年刊本.

[4] (元) 祝尧. 古赋辨体 [M]. 清文渊阁四库全书本.

[5] [明] 胡应麟. 诗薮续编 [M]. 北京: 中华书局, 1958.

[6] [清] 历鹗. 宋诗纪事 [M]. 清文渊阁《四库全书》本.

[7] [清] 陈田. 明诗纪事 [M]. 清陈氏听诗斋刻本.

二、近现代著作

[1] 柯劭忞. 新元史 [M]. 刻本. 天津: 退耕堂, 1920 (民国九年).

[2] 徐世昌. 晚清簃诗汇 [M]. 刻本. 天津: 退耕堂, 1929 (民国十八年).

[3] 杨钟羲. 雪桥诗话 [M]. 刻本. 湖州: 求恕斋, 1913 (民国二年).

[4] 刘承干. 明史例案 [M]. 刻本. 湖州: 嘉业堂, 1915 (民国四年).

[5] 王国维. 曲录 [M]. 上海：上海六艺书店, 1932.

[6] 余嘉锡. 疑年录稽疑 [M]. 新北：辅仁大学出版社, 1941.

[7] [日] 青木正儿. 元人杂剧概说 [M]. 陈树森, 译. 北京：中国戏剧出版社, 1957.

[8] 邵懿辰. 增订四库简明目录标注 [M]. 邵章, 续录. 上海：上海古籍出版社, 1959.

[9] 胡玉缙. 四库全书总目提要补正 [M]. 王欣夫, 辑. 北京：中华书局, 1964.

[10] 徐学聚. 国朝典汇 [M]. 台北：台湾学生书局, 1965.

[11] 蒙培元. 理学的演变 [M]. 福州：福建人民出版社, 1984.

[12] 唐圭璋. 金元明清词鉴赏辞典 [M]. 南京：江苏古籍出版社, 1989.

[13] 谢巍. 中国历代人物年谱考录 [M]. 北京：中华书局, 1992.

[14] 徐远和. 理学与元代社会 [M]. 北京：人民出版社, 1992.

[15] 幺书仪. 元代文人心态 [M]. 北京：文化艺术出版社, 1993.

[16] 杨佐经. 临川县志 [M]. 北京：新华出版社, 1993.

[17] 杜信孚, 漆身起. 江西历代刻书 [M]. 南昌：江西人民出版社, 1994.

[18] 宋佩韦. 明文学史 [M]. 上海：上海书店出版社, 1996.

[19] 张德意, 李洪, 江西省新闻出版局资料室. 江西古今书目 [M]. 南昌：江西人民出版社, 1996.

[20] 瞿冕良. 中国古籍版刻辞典 [M]. 济南：齐鲁书社, 1999.

[21] [日] 冈田武彦. 王阳明与明末儒学 [M]. 吴光, 钱明, 屠承先, 译. 上海：上海古籍出版社, 2000.

[22] 许结. 中国赋学历史与批评 [M]. 南京：江苏教育出版社, 2001.

[23] 杨忠民, 段绍镒. 抚州人物 [M]. 北京：方志出版社, 2002.

[24] 罗振玉. 雪堂类稿 [M]. 沈阳：辽宁教育出版社, 2003.

[25] 杨讷. 刘基事迹考述 [M]. 北京：北京图书馆出版社, 2004.

[26] 钱茂伟, 王东. 民族精神的华章：史学与传统文化 [M]. 北京：北京图书馆出版社, 2004.

[27] 慈溪市地方志编纂委员会办公室. 慈溪海堤集 [M]. 北京：方志出版社, 2004.

[28] 杨镰. 元代文学编年史 [M]. 太原：山西教育出版社，2005.

[29] 崔建英. 明别集版本志 [M]. 北京：中华书局，2005.

[30] 钱仲联. 历代别集序跋综录·清代卷 [M]. 南京：江苏教育出版社，2005.

[31] 傅璇琮，等. 中国古代文学通论·辽金元卷 [M]. 沈阳：辽宁人民出版社，2005.

[32] 虞铭. 塘栖艺文志 [M]. 杭州：浙江摄影出版社，2006.

[33] 周文玖. 朱希祖文存 [M]. 上海：上海古籍出版社，2006.

[34] 王水照. 历代文话 [M]. 上海：复旦大学出版社，2007.

[35] 上海嘉定博物馆，上海中国科举博物馆. 科举文化与科举学 [M]. 福州：海风出版社，2007.

[36] 山东大学图书馆. 山东大学图书馆古籍善本书目 [M]. 济南：齐鲁书社，2007.

[37] 杨宪萍. 宜春禅宗志 [M]. 北京：中国文史出版社，2007.

[38] 萧启庆. 内北国而外中国：蒙元史研究 [M]. 北京：中华书局，2007.

[39] 李新宇. 元代辞赋研究 [M]. 北京：中国社会科学出版社，2008.

[40] 天一阁博物馆. 别宥斋藏书目录 [M]. 宁波：宁波出版社，2008.

[41] 光泽县委员会文史资料委员会. 光泽文史资料·第25辑 [M]. 南平：中国人民政治协商会议福建省光泽县政协文史资料委员会，2008.

[42] 刘咸炘. 推十书（增补全本）[M]. 上海：上海科学技术文献出版社，2009.

[43] 罗宗强. 晚学集 [M]. 天津：南开大学出版社，2009.

[44] 冯尔康，等. 中国宗族史 [M]. 上海：上海人民出版社，2009.

[45] 傅增湘. 藏园群书经眼录 [M]. 北京：中华书局，2009.

[46] 白一瑾. 清初贰臣士人心态与文学研究 [M]. 天津：天津人民出版社，2010.

[47] 王国维. 王国维全集 [M]. 杭州：浙江教育出版社，2010.

[48] 陈心蓉. 嘉兴刻书史 [M]. 合肥：黄山书社，2013.

[49] 杜维明. 论陆象山的实学 [M]//杜维明. 杜维明文集·第五卷. 武汉：武汉出版社，2002.

[50] 徐复观. 象山学术 [M] //徐复观. 中国思想史论集, 台中: 东海大学, 1968.

[51] 钱穆. 读明初开国诸臣诗文集 [M] //钱穆. 中国学术思想史论丛（六）. 北京: 生活·读书·新知三联书店, 2009.

[52] 钱穆. 读明初开国诸臣诗文集续篇 [M] //钱穆. 中国学术思想史论丛（六）. 北京: 生活·读书·新知三联书店, 2009.

[53] 孙小力. 杨铁崖明清印象考论 [M] //黄霖. 云间文学研究. 上海: 上海古籍出版社, 2009.

[54] 段海蓉. 元末江南士人在大都的活动——以迺贤为例 [M] //李治安. 元史论丛·第13辑. 天津: 天津古籍出版社, 2010.

[55] 索宝祥. 论朱元璋的僭主心态——兼及刘基之际遇 [M] //刘基. 文化论丛. 延吉: 延边大学出版社, 2013.

三、期刊论文

[1] 冯先恕. 疑年录释疑 [J]. 辅仁学志第一第二合期油印本, 1939, 11 (1/2).

[2] 赖松伟. 从和陶诗文看元明间儒生之仕隐观念 [J]. 明清史集刊·第2卷, (1986-1988) (3).

[3] 腾复. 宋明浙东事功学与心学及其合流——兼论王学的思想来源及性质 [J]. 东南文化, 1989 (6).

[4] 陈高华. 元史纂修考 [J]. 历史研究, 1990 (4).

[5] 萧启庆. 元明之际士人的多元政治抉择: 以各族进士为中心 [J]. 台大历史学报, 2003 (32).

[6] 张燕婴. 稿本《故中书舍人南丰先生曾公谥议》述略 [J]. 文学遗产, 2008 (3).

[7] 路新生. "尊德性"还是"道问学"——以学术本体为视角 [J]. 天津社会科学, 2008 (4).

[8] 李新宇. 论元代辞赋"祖骚宗汉"的创作实践 [J]. 济南大学学报（社会科学版）, 2008 (3).

[9] 张佳. 明初的汉族元遗民 [J]. 古代文明, 2014 (1).

[10] 李超. 元代江西抚州文人群体论略 [J]. 曲靖师范学院学报, 2015

(7).

[11] 温世亮. 危素文学思想与创作实践平议 [J]. 山西师大学报（社会科学版），2015（1）.

[12] 温世亮. 元明易代与明初江西诗坛生态 [J]. 五邑大学学报（社会科学版），2015（3）.

[13] 王平. 明初无名氏杂剧《危太朴衣锦还乡》相关问题考辨 [J]. 安庆师范学院学报，2016（2）.

[14] 王若明. 危素著作考述 [J]. 关东学刊，2017（7）.

四、学位论文

[1] 吴晓红. 危素研究 [D]. 南昌：江西师范大学，1996.

[2] 张东海. 元代江西陆学教育哲学思想研究 [D]. 南昌：江西师范大学，2002.

[3] 查洪德. 理学背景下的元代文论与诗文 [D]. 保定：河北大学，2004.

[4] 甄洪永. 明初经学研究 [D]. 济南：山东大学，2009.

[5] 邵丽光. 元代散文研究 [D]. 石家庄：河北师范大学，2013.

[6] 吴愫劼. 元明易代之际悲剧人物危素研究 [D]. 兰州：西北师范大学，2013.

[7] 张丽娟. 刘崧与元明之际台阁文学 [D]. 北京：首都师范大学，2013.

[8] 高文杰. 洪武至安顺江西籍文人研究 [D]. 漳州：闽南师范大学，2013.

[9] 赵玉萍. 危素《云林集》注释与研究 [D]. 西安：陕西师范大学，2015.